BETTINA STANGNETH

SEXKULTUR

Mit einem Beiwort von Willi Winkler

ROWOHLT

3. Auflage Januar 2021

Originalausgabe
Veröffentlicht im Rowohlt Verlag, Hamburg, Dezember 2020
Copyright © 2020 by Rowohlt Verlag GmbH, Hamburg
Lektorat Willi Winkler
Covergestaltung Anzinger und Rasp, München
Coverabbildung privat
Satz aus der EideticNeo
Gesamtherstellung CPI books GmbH, Leck, Germany
ISBN 978-3-498-00145-2

*Für meine Männer
und Hartmut Finkeldey*

Do not go gentle into that good night,

Rage, rage against the dying of the light.

Dylan Thomas (1951)

DENNOCH

**If you are a woman, challenging patriarchy,
and you're bringing sex and sexuality
to conversation, run for your life.**

Leyla Hussein, Mitgründerin von
Daughters of Eve (2018)

Dieses Buch ist sinnlos. Für eine lärmende Zeit zu leise, für die Lust am Hassen zu freundlich, zur allseitigen Selbstinszenierung ganz falsch gekleidet, vor allem aber zu wohlwollend für das erste Viertel eines Jahrhunderts, das wie schon so viele davor ganz der Konfrontation gewidmet ist. Sex ist auch zu Beginn des 21. Jahrhunderts nichts, worüber man spricht, es sei denn, man befindet sich auf dem Kriegspfad. Kann es wirklich sein, dass wir, kaum der Besorgnis vor dem Jahrtausendwechsel entronnen, schon wieder nichts Besseres zu tun wissen, als Schützengräben auszuheben? Frauen rüsten gegen Männer, Männer gegen Frauen, und wenn jemand nicht ganz nach Vorschrift liebt, verfolgen alle gemeinsam das, was für ihre Vorstellungskraft nicht eindeutig genug ist. Das größtmögliche Unglück besteht darin, mit seinem Begehren nicht in eine Schublade zu passen. Für alles einen Namen zu schaffen scheint der einzige Weg zu wenigstens etwas Akzeptanz. Anders sein vielleicht, aber doch keinesfalls individuell, bloß nicht allein. Denn noch die eigene Identität ist offenbar nur denkbar, solange sie unter einem Begriff steht, also einer Regel unterliegt. Sex, nur darin besteht offensichtlich Einigkeit, ist zu gefährlich, um unkontrolliert zu bleiben. Sex scheint die Negation all dessen, worum es uns - eigentlich - geht.

Der Gedanke, sich nicht vor der, sondern um die körperliche Begegnung zu sorgen, scheint so absurd zu sein, dass uns das noch nicht einmal dann in den Sinn kommt, wenn es um die Frage geht, wie konsequent man ein Virus wirklich an der Ausbreitung hindern möchte. Party und Geschäft, Schule und Reisen - wer schon zufrieden ist, wenn es dafür reicht, hält doch offenbar die Möglichkeit für entbehrlich, sich wieder ganz unbefangen zu berühren, ohne zu gefährden, was man begehrt? Erlebt so mancher «Social Distancing» vielleicht sogar als Erleichterung, als willkommenes Argument gegen körperliche Annäherung? Überraschend wäre es nicht.

In der europäischen Tradition gilt Sex als Gegenteil der Kultur, und Kultur ist das Bollwerk gegen das Tier, von dem es sich unbedingt abzuheben gilt. Schon das Christentum steht in einer Tradition der Körperangst, die dann zu seinem Grundton wird: Sex, das ist der Inbegriff unserer Natur und sonst gar nichts, erst als das Gegenteil des Göttlichen gesehen, viel später als das Andere der Vernunft. Natur ist ein ständiges Hindernis, sogar ein Widerstand, ein Feind. Sie ist das krumme Holz, das es uns so schwer macht, etwas Gerades zu werden. Wenn irgendetwas aus dem Menschen geworden ist, dann nur, weil der göttliche Funke hilft, diesen gefährlichen tierischen Teil auf das unbedingt Notwendige zu beschränken, also möglichst klein und am rechten Ort zu halten. Gefühle, das liest man in der westlichen Tradition häufiger, als man es zitieren könnte, sind immer irrational. Wer ihnen folgt, sie auch nur ernst nimmt, hat schon den Schritt vom Wege getan. Nur wenn wir das Tier besiegen, wenn wir uns beherrschen, können wir uns mit Höherem beschäftigen. Und nur dieses Höhere ist wertvoll, auf dass wir endlich doch ganz zu dem zurückkehren, was im Anfang war: nicht etwa die sinnliche Erfahrung, sondern das Wort.

Natürlich würden heute nur noch die wenigsten sagen, dass die Natur das Reich des Teufels und das Weib die Agentin Satans ist, das beste Werkzeug, den Menschen ständig in Versuchung zu führen, weil der Widersacher mit Gott um unsere Seele kämpft, oder doch um die Seele des Mannes. Aber das Misstrauen gegen den eigenen Körper ist nach wie vor gegenwärtig, ebenso wie die Angst vor der unkontrollierten Natur und besonders vor der entfesselten weiblichen Sinnlichkeit. Alte Geschichten wirken lang. Sexualisiert, ja, schon als sexuelles Wesen angesprochen zu werden zählt zu den schlimmsten Demütigungen, unfreiwillige Nacktheit gehört zu den effektivsten Methoden der Folter. Aller Aufklärung seit dem 18. Jahrhundert und allen sexualpädagogischen Bemühungen zum Trotz scheint doch Sex im 21. Jahrhundert vor allem eines: ein Problem.

Wie soll man überhaupt davon reden? Entweder man gehört zu denen, die schon vorher krebsrot werden und sich zwischen Kichern, aufgesetzter Souveränität und ironischer Wegwitzelei hindurchmogeln müssen, wenn man nicht die ganz abgeklärte Pose vorzieht und jedes Thematisieren von Sex als unreifes Verhalten behandelt, das sich nicht gehört oder jedenfalls nicht mehr interessiert, weil man selbst längst über derlei hinaus sei. Oder man bringt Menschen in genau diese Verlegenheit, weil man zu den wenigen gehört, denen das Sprechen über Sex nicht so viel ausmacht. Kurz: Es ist ein einziger Krampf.

Missstände zu thematisieren ist viel einfacher, denn Abwehren ist angenehmer als die gedankliche Zuwendung, zumal sich die Empörung auch noch aufs Schönste mit einem moralischen Anliegen befeuern lässt. Man würde ja lieber nicht darüber sprechen, aber die Zustände zwingen dazu. Me-too-Anlässe, Missbrauch, Vergewaltigung, Beziehungsdramen, Menschenhandel, Beschneidungswahnsinn, Pornosucht, Körperkult, Potenzangst, genitale Schönheitsoperationen – wenn es um Phänomene geht, die niemand vernünftigerweise wollen kann, spricht es sich sogar über das Unsagbare leichter. Wer sich von Ungerechtigkeit und Verbrechen distanziert, wiederholt zwar oftmals nur das Selbstverständliche, aber das negative Vorzeichen schützt verlässlich vor der Nähe. So bitte nicht! Weg damit! Weit weg.

Auch deshalb geht es zumeist um das, was wir nicht wollen, und auch das am liebsten dann, wenn es eine ganz theoretische Debatte ist. Ein Mann darf einer Frau seine Hand nicht ungefragt aufs Knie legen, eine Frau darf keine uneindeutigen Signale aussenden, und wenn es dennoch erstaunlicherweise zu Intimität kommt, dann möchte die Gesellschaft bestimmen, in welcher Form sie erlaubt ist und in welcher nicht. Der Regulierungswahn entfesselt eine ungeahnte Aggressivität, wenn jemand wagt, sich nicht normgerecht zu verhalten oder von ambivalenter Erscheinung zu sein. Es reicht der Hinweis, dass Biologen inzwischen weit über fünfzehn Geschlechter nachweisen können, die alle das gleiche Recht auf Glück und Familie haben könnten, um mehr Menschen zur Demonstration gegen diese Irrlehren mit Gefahr für Staat und Familie auf die Straße zu bekommen als für den Weltfrieden. Regeln, Verbote, Normen, Maßangaben … keine Rede von der schönsten Nebensache der Welt, wenn die Hauptsache Tradition und Ordnung ist.

Wenn Sex aber auch für den modernen Menschen noch

ein einziger Abgrund ist, warum lassen wir es dann nicht einfach?

Nicht nur in den USA wird seit einigen Jahren ernsthaft darüber diskutiert, ob es uns und der Gesellschaft nicht besser erginge, wenn wir die leidige Peinlichkeit einfach ganz abschafften. Wir sind die erste Generation, die es wirklich könnte, ohne den Fortbestand der Art zu gefährden. Künstliche Befruchtung hier, künstliche Intelligenz da, und schon wären wir doch alle Probleme los. Dank Fortpflanzungstechniken wie der Haploidisierung braucht es nicht einmal mehr die Absprache zwischen den Geschlechtern. Keimzellen lassen sich längst aus jeder normalen Körperzelle herstellen. Der Mann ist schon heute nicht einmal mehr als Spermalieferant notwendig. Zwar geht es für die Geburt eines Kindes immer noch nicht ohne eine biologische Frau, einen Menschen mit einem Uterus, aber auch dafür werden wir in absehbarer Zeit zweifellos Ersatz schaffen können. Niemand müsste sich im harmonischen Familienleben durch einseitiges Begehren, absonderliche Begierden und so lästige Fragen wie Verhütung oder Schutz vor ansteckenden Krankheiten stören lassen, wenn man erst einmal begriffen hat, dass es sich letztlich auch hier nur um Ausscheidungen handelt, etwas also, das wir gewöhnlich allein und an dafür präparierten Orten verrichten, wo es bequemer und sauberer zugeht als im Busch. Wie man hört, hat die Corona-Pandemie den Absatz von «Sexpuppen» und anderem Körperersatz deutlich gesteigert. Was also scheint naheliegender, als wieder auf die Technik zu hoffen, wenn es darum geht, sich diskret Erleichterung von der überflüssig gewordenen Restlust zu verschaffen? Da ist nur eine Sache: Als man 2016 und 2018 in Amerika für wissenschaftliche Studien zur Interaktion mit humanoiden Robotern die Probanden auch danach fragte, wie ihr persönlicher Sexroboter zur gefahrlosen Triebabfuhr denn aussehen sollte, antwortete ein nicht ganz kleiner Teil: wie mein aktueller Lebenspartner.

Wenn vom Menschen die Rede ist, wird das Sprechen von Natur kompliziert. Für ein Wesen mit Bewusstsein gibt es einen wesentlichen Unterschied zwischen einem Gegenstand und dem erlebten Ding, das man selbst ist. Bewusstsein und Selbstbewusstsein ändern alles. Reflexion, das bewusste Erleben des Denkens, bringt den Zweifel nicht nur in die Welt, sondern auch in den Einzelnen. Wir erfahren Geist und Körper als grundverschieden, obwohl es doch unser Geist und unser Körper ist. Es ist etwas ganz Unterschiedliches, Körper zu sein und zu wissen, dass man körperlich ist. Das macht die sexuelle Erfahrung zur Selbsterfahrung der denkbar komplexesten Art. Bei keiner anderen Gelegenheit kommt man dem Wesen des Menschen und sich selbst so nahe. Dennoch gehört das Nachdenken über Sex seltsamerweise nicht zur Lieblingsbeschäftigung der Denkenden, nicht einmal der Philosophen.

Versuchen Sie, sich die Frage zu beantworten, wie Autoerotik überhaupt möglich ist, also warum sich ein Mensch durch die Berührung seiner eigenen Hand überraschen lassen kann. Können Sie erklären, warum sich die Brille auf Ihrer Nase oder sogar das Handy in der Hand manchmal wie ein Teil des eigenen Körpers anfühlt, man aber die eigene Hand nicht erkennt, wenn eine erotische Phantasie es so will? Verstehen Sie, warum viele sich schon durch die sexuelle Neigung eines anderen bedroht fühlen, wenn sich derjenige, der sie offenbart hat, doch überhaupt nicht für einen interessiert? Und können Sie sich einen Reim darauf machen, warum wir einem Menschen ohne Zögern unser Leben und auch unser Herz anvertrauen, aber nichts auf der Welt mehr fürchten als seinen ersten Blick auf unseren unbekleideten Körper?

Sex ist alles andere als selbstverständlich, sobald wir vom Menschen sprechen.

Ob es uns nun unheimlich ist oder nicht, nie sind sich unser Körper und unser Geist näher als in den seltsamen Höhenflügen unserer Lust. Nie ist die Macht unseres Denkens fühlbarer als in dieser Form des Denkens und Fühlens. Das war nicht zuletzt ein Grund für die vehementen Versuche, Menschen von der Selbstbefriedigung (ein interessantes Wort übrigens) abzuhalten: Das Verhältnis von Körper und Geist erleben Menschen nicht als statisch, so als wäre der Körper eine Puppe, die bleibt, was sie ist, wenn man mit ihr spielt. Gesuchte Selbsterfahrung, das wussten die Warner vor Onanie schon lange vor der Hirnforschung, ist immer schon eine Veränderung. Sexuelles Erleben ist kein isoliertes Ereignis. Es nutzt Erinnerung und hinterlässt Spuren, denn auch wenn man Körperteilen Namen geben und anatomische Modelle bauen kann: Der menschliche Körper ist plastisch, er wandelt sich ständig und ist auch durch unsere Gedanken substanziell beeinflussbar. Denken, Verhalten, Erleben, kurz: die bewusste Verwendung des eigenen Körpers verändert den Menschen in einem Ausmaß, das sich erfahrungsgemäß nicht lange unter der Bettdecke halten lässt.

Also, warum sprechen wir nicht ausführlicher über diese eigentümliche Selbstbildung? Warum sind wir nicht neugieriger darauf, was Sex überhaupt ist und sein kann, sondern sorgen uns nur wegen der vermeintlichen Gefahr? Wie kommen wir darauf, dass etwas nur ein Weg in den Abgrund sein kann, was so faszinierend und überwältigend ist? Warum sind wir so unwillig, die Lust zu respektieren? Stattdessen zelebriert ein großer Teil der Menschheit nicht ohne Stolz auf die eigene Prüderie das Gegenteil, lobt Jungfräulichkeit und Schamgefühle, preist Entsagung und Keuschheit als gottgefälligen Zustand, oder perfektioniert doch wenigstens die Heimlichtuerei, und erschrickt vor jedem, der es anders hält. Mit anderen Worten: Warum pflegen wir keine Sexkultur?

Wenn schon nicht aus Lust und Neugierde, dann vielleicht wenigstens aus Klugheit? Denn dass sich die meisten Debatten über Sex im Kreis drehen, ist nicht nur Zeitverschwendung, sondern vor allem eine unerquickliche Erfahrung. Zumindest hat, wer sich nicht hauptberuflich mit Irrwegen des Denkens beschäftigt, irgendwann genug davon, jedes Mal aufs Neue von einem Kategorienfehler zum nächsten Fehlschluss zu stolpern, als wären wir nach ein paar Jahrtausenden bewusster Denkerfahrung nicht alle zu mehr in der Lage. Die meisten wissen inzwischen doch längst, dass es nicht damit getan ist, einfach nur zu beobachten und zu beschreiben, weil menschliche Wahrnehmung alles andere als einfach oder ein mechanischer Vorgang ist. Es muss doch möglich sein, danach zu fragen, was ein Dialog der Körper denn nun sein könnte, und jedenfalls freier über Sex nachzudenken, als das bisher getan wurde.

Aber darf man das?

Die Frage muss natürlich präziser formuliert werden: Wie kann ausgerechnet eine Frau sich erdreisten, heute noch ein Hohelied des Liebens anzustimmen? Weiß sie denn nicht, wie furchtbar Frauen und alle, die nicht nach Vorschrift männlich sind, nur darum so behandelt werden, wie sie behandelt werden, weil es immer nur um das Eine geht? Darf man so über Sex nachdenken, wenn doch alles versucht werden müsste, Frauen erst einmal in den Stand zu versetzen, herauszufinden, wie sich Unabhängigkeit überhaupt anfühlt und wie auch sie sich ihres Verstandes ohne die Leitung eines anderen bedienen können? Wer auch hier die einfachen Fragen stellt, also so fragt und denkt, als wäre man einfach ein Mensch, egal ob nun Mann oder Frau oder alles jenseits und dazwischen, kann doch nur naiv sein, nicht wahr? Oder wie ein Kollege es noch kürzlich in einem eigentlich ganz ordentlichen Verlag vordenken durfte: Wie können wir hoffen, dass eine Frau überhaupt etwas zu dem Thema beizutragen hat, wo alle Frauen doch noch so tief in ihrer von außen aufgenötigten Rolle steckten, dass sie noch gar nicht wissen können, wovon wirklich die Rede ist? Was zu erforschen der weise Mann natürlich nur zu gern befördern würde, weil das sicher auch den Männern hilft. Gar nicht zu reden von all den phantastischen Darstellungen sekundengenauen weiblichen Lustempfindens, offenbar vor allem verfasst, um Frauen beibringen zu können, wie und in welchem Zeitraum sie welches Lustsignal senden müssen, um nicht als Betrügerin aufzufliegen, oder vielleicht auch nur, um nicht mehr als nötig mit einer Frau zu sprechen, was ja wenig nützen würde. Wir Frauen verstehen ja leider noch nichts davon. Dass es vornehmlich die Frauen sind, die erst noch Lektionen zu lernen haben, bevor sie sich eventuell äußern dürfen, steht seltsamerweise nicht nur in den Lehrbüchern männlicher Frauenerzieher. Sogar hochengagierte Feministinnen, die den Sex gar nicht abschaffen wollen, sprechen nicht selten davon, dass Frauen erst einmal lernen müssten, was sexuelle Lust überhaupt bedeutet, weil die weibliche Lust insbesondere für uns selbst absolutes Neuland sei. Was uns dann wenigstens zum wichtigsten Einwand gegen ein Buch wie dieses führt: Warum versucht man überhaupt, öffentlich über Sex nachzudenken, wenn die Aussicht zu gering ist, Gesprächspartner, also auch Leser zu finden, die vor lauter ritterlicher Selbstermächtigung, blindem Aktionismus, ihrem eigenen Rollenverständnis und der Angst um das eigene Alleinstellungsmerkmal überhaupt noch wissen wollen, wie man geradeaus denkt?

Ja, es ist eine Frau, die hier schreibt, eine Vertreterin der einzigen Menschengruppe also, die seit Jahrhunderten diskriminiert wird, obwohl sie die Mehrheit bildet, was schon für sich genommen ein bemerkenswertes Phänomen ist, das sich wesentlich von der Frage nach Minderheitsrechten unterscheidet. Dem Thema Sex wandten sich die Menschen unserer Zeit vor allem dann systematisch zu, wenn sie sich in den überkommenen Kategorien nicht wiederfinden konnten und darum den Platz für sich und ihre sexuelle Präferenz in eine Welt schreiben wollten, die schon ihre bloße Existenz bestritten. Wer sich als anders als die Mehrheit erlebt, fürchtet Nachteile oder doch Unerfreuliches von der Mehrheit, hat also nicht nur den Wunsch, für sich Begriffe, sondern damit auch Akzeptanz und möglichst andere mit vergleichbaren Erfahrungen zu finden. Wenn die Menschen schon so große Probleme mit dem Verstehen haben, so lassen sie sich doch vielleicht wenigstens besser ordnen? Aber Diskriminierung, das jedenfalls können nicht nur Frauen bestätigen, ist keineswegs eine Frage der Zahl, sondern zuallererst und immer die Folge einer Anmaßung.

Glaubt ernsthaft noch irgendjemand, dass man einer Frau, die immerhin ein halbes Jahrhundert durchgestanden hat, erst erklären muss, was es heißt, fortwährend darauf reduziert zu werden, eine Frau und damit weniger zu sein als ein Mann, je nach Weltgegend auch weniger als das Lieblingspferd? Wer traut sich wirklich, irgendeiner Frau vorzuwerfen, sie verstünde gar nichts von geschlechtsspezifischer Unterdrückung oder von der bestenfalls ängstlichen Observierung jeder ihrer sexuellen Regungen? Nun ist es selbstverständlich ein glücklicher Zufall, wenn man in einer Gegend aufwachsen darf, wo ein Mädchen zumindest von Rechts wegen nicht verstümmelt oder mit vierzehn Jahren verheiratet werden darf. Es darf hier sogar zur Schule gehen, Rechnen und Lesen lernen, und kann so Fausts Gretchen, Luise Millerin, Madame Bovary, Anna Karenina und Effi Briest kennenlernen, oder genauer: die großen Männer der letzten Jahrhunderte, die darum so große Dichter sind, weil sie das Elend fremder Frauen wieder und wieder so unvergesslich besungen haben, dass es ein wahrer Kulturgenuss ist, ohne den man sich das Leben kaum noch vorstellen kann. Auch an einer halbwegs sauberen Universität studieren zu können ist zweifellos eine Gnade, zumal dort in den achtziger Jahren des vergangenen Jahrhunderts zumindest theoretisch die Chancengleichheit galt. Dass sich die Bundesrepublik Deutschland seit der Aufnahme des Gleichheitsartikels ins deutsche Grundgesetz von 1949 langsam zu einer Gesetzes- und Rechtspraxis durchringt, die sich dem anzunähern scheint, ist zweifellos ein Fortschritt. Immerhin können sich Frauen hierzulande auch ohne männliche Erlaubnis noch nach einbrechender Dunkelheit in die Welt hinausbewegen und sogar ohne Geleit wieder nach Hause gehen. Aber wer darin einen Anlass sehen möchte, Diskriminierungserfahrungen zu relativieren, oder gar behaupten will, dass nur diejenige mitreden dürfe, die selber wenigstens Sexsklavin im fernöstlichen Kinderbordell, eine genitalverstümmelte Frau in Eritrea und osteuropäische Zwangsprostituierte in Budapest auf einmal ist, denkt in befremdlichen Kategorien. Anderslautenden Gerüchten zum Trotz benötigen auch Frauen keine gesonderte Mündigkeitsbescheinigung oder einen Lustkompetenzausweis und müssen auch nicht erst halb tot vergewaltigt worden sein, um zu verstehen, wovon die Rede ist. Vor allem aber ist ein Gespräch über Diskriminierungserfahrungen kein Quartettspiel. Wer Menschen in den Wettbewerb um die *Miss Opfer* drängt, schwächt sich selber oder betreibt Diskriminierung nur mit anderen Mitteln. Opferhierarchisierung ist bekanntlich eine der geschicktesten Waffen, um jemandem den Mund zu verbieten, vor allem aber die beste Technik, ein klar erkennbares großes Problem so weit zu differenzieren, dass viele kleine Einzelfälle daraus werden. Es gibt keinen geschickteren Weg, Solidarität zu sabotieren.

Ich habe bis heute von keiner einzigen Frau auf der Welt gehört, die nicht immer wieder Männern begegnet wäre, die sich und noch ihr abwegigstes Freizeitvergnügen ohne nachvollziehbaren Grund für etwas Besseres und Wichtigeres hielten, das keinen Aufschub duldet, weil alles im Vergleich dazu nur Weiberkram sein kann. Schon wer am Timmendorfer Strand aufgewachsen ist, hätte mit Geschichten über das Strandleben mehr Fallbeispiele für Missbrauch, Nötigung, körperliche Machtspiele und jedwede sexuell motivierte Übergriffigkeit in petto, als es für eine ganze Forscherkarriere bräuchte. In meiner Studienzeit dachten sich die meisten Professoren nichts dabei, wenn sie Frauen bei Stellenbewerbungen lieber aussortierten, weil wir ja eh bald Kinder bekämen oder weil man sich durch eine Frau im Büro zur Unbequemlichkeit genötigt fühlen würde, auf sein Erscheinungsbild zu achten. Zu Studentinnen, so ein gern gegebener Rat, passte etwas mit Ethik sowieso viel besser, vielleicht studierten sie doch lieber gleich auf Lehramt? Aus dem Mund so manchen Lehrers hatte die weibliche Endung, an der Universität in den neunziger Jahren in bester Absicht vorgeschrieben, sogleich einen unverhohlen abwertenden

Klang. «Philosophin» - das war amüsant, nicht ernst zu nehmen. Oder war das nur eine geschickte Lektion dafür, dass sich mit Wörtern beliebig an Ideen vorbeidenken lässt? Überhaupt: Verriet nicht eine Frau ihr Frausein, wenn sie sich allzu sehr für das selbstverständlich männlichste aller Prinzipien, für die Vernunft interessierte? Ohne Vernunft kam sie doch auch voran? Es war kein großes Geheimnis, wer körperlichen Einsatz erwartete, wenn eine Frau halbwegs gerechte Bewertungen für ihre Studienleistung wollte. Entsprechende Wünsche wurden ebenso selbstverständlich geäußert, wie man auch in der Gegenwart von Studentinnen herzhaft über einen Vertreter des Lehrkörpers aus einem anderen Fachbereich lachen konnte, der in einer Prüfung seine Studentin vor den anwesenden Kollegen gefragt hatte, ob ihre Argumentation immer so labberig sei wie ihr Busen. Die damals bereits lebendige Feminismusdebatte brachte dabei offensichtlich niemanden in Verlegenheit, denn wer die Episode zum Besten gab, ging selbstverständlich davon aus, dass auch die eigenen Schülerinnen sie nur lustig finden konnten.

Das Talent so manchen Mannes, sich allein durch die Existenz einer Frau gekränkt zu fühlen, ist schwer zu überschätzen. Um sich den Glauben daran zu erhalten, dass blanker Sexismus einfach eine Frage mangelnder Bildung sei, sollte eine intellektuelle Frau besser nicht das Haus verlassen. Es ist nicht einmal eine Frage der Machtverhältnisse, denn noch als sogenannte gestandene Frau sammelt man die absonderlichsten Erlebnisse und findet sich nicht selten in einer Kollegenrunde, in der Frauen vornehmlich danach taxiert werden, ob sie einem vielleicht noch ein Glas Wein holen könnten, wenn das Gespräch so spannend wird, dass ein Mann unmöglich fehlen darf. Das Spektrum reicht von adoptivväterlicher Fürsorge bis zur aggressiven Oberlehrerei, vom mitfühlenden Journalisten, der im Interview fragt, wie man denn «als Frau» bloß die Forschung zu einem Massenmörder aushalten konnte und ob man nichts Schöneres wisse, das doch viel besser zu einem passe, bis hin zum intelligenten und hochgebildeten Kollegen, der sich in einem gutbesuchten Restaurant wutschäumend von seinem Platz erhebt, um mit donnernder Stimme etwas zu fordern, das man drucktauglich als den verzweifelt vorgetragenen Wunsch beschreiben könnte, dass ich gefälligst endlich die blöde Klappe halten solle, und das möglichst zu allem, weil ich rein gar nichts von der Opfernatur der Frau und meiner Abhängigkeit von der mich nur großzügig duldenden männlichen Kultur verstünde - ein Zustand der Naivität, den er mit Hilfe meiner Massenvergewaltigung durch eine nordafrikanische Horde zu beheben wünschte. Die Rechtfertigung von Gewaltverbrechen als Mittel zur Aufklärung ist nun natürlich ebenso alt wie die Furcht romantischer Ritter, in einer Welt ohne Geschändete und Drachen zur traurigen Gestalt zu werden. Aber auch eine Frau, die über so einen armen Tropf nur schallend lachen kann, wundert sich nicht selten, dass sich dieser Schmarrn im 21. Jahrhundert noch immer nicht erledigt hat. Keine Frau wird als Feministin geboren, aber irgendwann wird sie dazu gemacht.

Ja, es stimmt, es macht müde. Es wäre so leicht, endlos weiter zu berichten und zu schimpfen. Mit den Jahren wird es immer verlockender, einfach aufzugeben, sich stillschweigend am privaten Glück zu erfreuen, vielleicht über Schillers Ästhetik zu räsonieren und nur gelegentlich darüber zu ironisieren, dass im besten Fall eben jeder die Freiheit habe, auf seine Weise am eigenen Unglück selig zu werden. Der kluge Mensch, legt der Manuskripte wie dieses nicht doch besser neben das Testament, damit nur der treue Erbe über derlei Überbleibsel noch pflichtschuldig erröten kann, bevor er sie diskret verschwinden lässt? Ja, vielleicht wäre das klüger, wäre da nicht der Verdacht, dabei genau den gleichen Fehler zu begehen, der so müde macht, nämlich selber ein wichtiges philosophisches Thema mit einem persönlichen lebensweltlichen Zufall zu verwechseln.

Es ist erstaunlich, wie oft es Menschen schon als ein Zeichen von Freundschaft erscheint, wenn sie einmal mit jemandem über Sex diskutiert haben. Überraschend viele halten schon das bloße Sprechen darüber für etwas, das naturgemäß nur hochvertraulich gewesen sein kann, in jedem Fall aber durch eine Art Beichtgeheimnis geschützt. Als wäre jedes Gespräch über Sex unumgänglich privat oder doch nichts anderes als der Versuch, ein privates Vertrauensverhältnis zu begründen, mit dem man aber keinesfalls ins Gerede kommen möchte. Als könnte man bei diesem Thema nicht einmal den Mund auftun, ohne zugleich alle Hüllen fallen zu lassen und vom Thema unkontrollierbar mitgerissen zu werden wie von einem wilden Strom. Wenn sich aber je etwas ändern soll, dann braucht es nun einmal das gemeinsame Nachdenken über etwas, das alle angeht, weil damit zusammenhängende Probleme auch von allen verstanden werden müssen. Ohne Stellungnahme oder doch wenigstens den Mut zum eigenen Problembewusstsein wird das ja wohl kaum gehen.

Es ist ganz einfach: Wer Sex unbedingt im Dunkeln halten will, bekommt nichts Besseres als Dunkelheit. Wer Dunkelheit überwinden will, muss über Licht sprechen. Statt einem Teil der Menschheit ständig Vorhaltungen zu machen, dass er sich nicht unter Kontrolle habe, und einen anderen zu etwas herabzuwürdigen, das erst noch befreit werden müsse, um die Begegnung mit einem Mann durchzustehen, braucht es mehr denn je eine positive Vorstellung von dem, was wir eigentlich miteinander wollen. Wenn wir aus dem leidigen Kreislauf von Tabu und Verbrechen, Denk- und Wahrnehmungsfallen, Versprechungen und Enttäuschungen je herauskommen wollen, dann werden wir das mit Verboten jedenfalls garantiert nicht schaffen. Kein Mensch kann aus Negationen leben, man wird schon gar nicht glücklich dabei. Und wer sich ernsthaft damit zufriedengeben will, dass moderne Sexkultur sich in Hashtags, Sexshops, Fifty Shades of Grey, Xhamster oder Tinder erschöpft, ist um seine Aussicht auf mehr Selbsterkenntnis auch nicht zu beneiden.

Es geht doch um viel mehr: Wie sollen wir sinnvoll über Vergewaltigung, Nötigung, Instrumentalisierung der Körper und sexuell motivierte Gewalt sprechen, wenn wir nicht positiv über Sex sprechen? Noch das lauteste «Nein!» markiert nur eine Grenze, aber es macht nicht wehrhaft, weil nur der kraftvoll ist, der weiß, worum es sich zu kämpfen lohnt. Wer nicht über Sex spricht, kann auch nicht wissen, was das Gegenteil ist. Vor allem aber gelangt man so nicht einmal zur Frage, ob und warum Sex eine erhellende Erfahrung sein könnte, die besonderen Respekt verdient. Auch wenn man es kaum glauben mag: Was uns fehlt, ist tatsächlich schon das Nachdenken darüber, was Sex überhaupt ist.

Wer wissen möchte, was etwas nun genau ist, wendet sich mit einer vorsichtigen Hoffnung an die Philosophie. Im Unterschied zum Gelegenheitsdenken leistet sie sich eine andere Perspektive auf alles, womit wir es zu tun haben. Philosophen wollen wissen, was das Böse, die Lüge und das Hässliche ist, etwa im Unterschied zu einem Apfel. Existiert es? Wie spricht man klar darüber? Was kann man darüber wissen, was denken wir uns nur so zurecht, und was glauben

wir nur zu wissen, weil wir bestimmte Gedanken und Strukturen gewöhnt sind oder sie liebgewonnen haben? Anders als
die hemdsärmelige Pragmatik des Alltagsdenkens ist Philosophie kein Reparaturunternehmen, das man nur im Notfall
anruft, damit sich jemand mal eben der drängendsten Probleme annimmt und ein paar bunte Pflaster anbringt, weil
der allgemeine Betrieb schnell störungsfrei weiterlaufen
soll. Aber es ist nicht nur die drohende Betriebsblindheit:
Was vor allem zu den grundsätzlichen Fragen treibt, ist das
unbehagliche Gefühl, dass schon mit den traditionellen
Kategorien etwas nicht mehr stimmen könnte. Frau und
Mann, weiblich und männlich, hetero- und homosexuell, Geschlecht und Körper ... wenn die vertrauten Ordnungsbegriffe nicht mehr zuverlässig ordnen, gerät mehr ins Wanken als
ein paar Wörter in einer Sprache, die doch nur zufällig die
eigene ist. Und es reicht offenbar auch nicht, schnell ein paar
neue Wörter zu lernen, um sich wieder zurechtzufinden. So
sehr es einen auch nach der einfachen Lösung verlangt, so
wenig glaubt man selber noch daran.

Es ist nicht das erste Mal in der Geschichte, dass zur gleichen Zeit weltweit ein Problem sichtbar wird, ein grundlegen-
der Orientierungsmangel also, der offensichtlich nicht mit
regionalen Sprachkonventionen, sondern viel tiefgreifender
mit dem Denken und der Orientierung überhaupt zu tun hat.
Wenn die Unsicherheit zunimmt, der Widerstand gegen das
Vertraute wächst und der Streit das Gespräch übertönt, ist
die Veränderung längst real. Wer dann immer noch auf die
selbstverschuldete oder gar taktische Unmündigkeit vertraut, hat längst verloren, denn Machtverlust lässt sich nicht
aussitzen, wenn Traditionsbestände fragwürdig werden. Es
bleiben nur zwei Möglichkeiten: sich in den Kampf zu stür-
zen, um im Durcheinander so viel Gelände zu sichern, wie

man kann, oder noch einmal die grundlegenden Fragen zu stellen, weil sich das geändert hat, was lange für eine sichere Grundlage gehalten wurde. Auch wenn die Vertreter beider Fraktionen den eigenen Weg selbstverständlich gern als den einzigen bewerben, versprechen beide Wege einigen Erfolg. Es gilt nur, das Grundsätzliche bei allem Schlachtengetümmel nicht aus den Augen zu verlieren. Um an einen Meilenstein der Frauenemanzipation zu erinnern: Natürlich war es ein heute kaum noch zu ermessender Fortschritt, als Frauen das Recht erstritten, auch Hosen tragen zu dürfen. Nur leider übersieht man im Rückblick allzu gern, dass es nie der Rock gewesen ist, der Frauen daran hindert, alles zu tun, was sie wollen, sondern allein die dazugehörige Regelung, wie weit eine Frau ihren Rock im Zweifel anheben darf. Wer ein Hindernis beseitigt, schafft etwas mehr Bewegungsfreiheit, aber nur wer auch die grundsätzlichen Fragen angeht, gibt sich nicht schon mit «etwas mehr» zufrieden.

Die Leser seien also gewarnt: Das langsame Denken, das seit je die Aufgabe der Philosophie ist, mag leise und freundlich daherkommen und auch mit den vertrauten Wörtern beginnen. Aber es will eben auch denkbar weit hinaus und gibt sich garantiert nicht mit einer weiteren Modevorschrift zufrieden. Philosophie ist eine Wissenschaft, spricht also wie alle Wissenschaften von dem, was alle angeht. Vermutlich ist das überhaupt der subversivste Gedanke, den Menschen je hatten: dass es die Menschheit gibt, die Einheit der Menschen mit folglich gleichen Rechten für alle, dass man sich also auch als Mensch verteidigen muss, wenn man in seinem Menschsein angegriffen wird. Warum sollte dann aber jemand sich damit begnügen, für Frauen- und Minderheitenrechte zu kämpfen, solange damit doch nur Menschenrechte zweiter Klasse gemeint sind? Niemand ist berechtigt, für ausgewählte Gruppen den Anspruch herunterzudefinieren, nur weil er unbequem sein könnte. Wer also Beweise dafür zu finden hofft, dass es hier darum gehe, bestehende Herrschaftsverhältnisse zu festigen und gar der Diskriminierung das Wort zu reden oder schreiendes Unrecht zu beschönigen, sollte sich die Zeit sparen und gleich etwas anderes lesen. Für böswilliges Missverstehen ist das Leben zu kurz, und es ist auch nicht lang genug, um abermals Seiten mit der Vorführung unsäglicher Dummheiten zu füllen, die nicht nur eigentlich kluge Männer zur Männer-, Frauen- und Geschlechterfrage geäußert haben. Ohnehin sollte man viel öfter auf Kurt Tucholsky hören und seinen Gegner nicht im Bett aufsuchen.

Dieses Buch ist keine Streitschrift. Es ist einfach das Buch eines Menschen für Menschen, in der festen Überzeugung, dass es uns gibt.

Natürlich ist das Schreiben über Sexkultur immer schon genau das: Sex-Kultur. Und weil ein Text erst im Lesen entsteht, gilt das auch für das Lesen. Es ist eine bewusste Entscheidung dafür, etwas zu tun, was die wenigsten für richtig halten: Es bedeutet, sichtbar und gegen die eigene Angst darüber nachzudenken, was Sex ist und was wir daraus machen können. Was auch immer wir uns einreden oder einreden lassen: Natürlich gibt es und gab es immer schon Menschen, die man nicht erst «zu ihrer Sexualität befreien» musste. Es gab und gibt sogar freie Frauen, die nie viel auf das allgemeine Gerede und die Rollenvorschriften gegeben und entsprechend eigene Erfahrungen haben. Allein, man hört ihnen selten zu. Könnte das nicht am Ende ansteckend sein? Genau die Frage, wohin wir dann kämen, halte ich aber nun einmal für eine der spannendsten. Wo kommen wir also hin?

Offen gesagt, denn was sollte man seinen Lesern in einem Buch wie diesem sonst zu tun versprechen, also offen gesagt habe ich nie verstanden, warum etwas nur ganz furchtbar problematisch enden kann, was ich von Anfang an so faszinierend fand und ohne das ich nie hätte denken und schreiben können, wie ich es tue. Ich habe schon als junge Frau nicht begriffen, warum die Menschen, die auch nur einmal eine entsprechende Erfahrung gemacht haben, die Lust und ihr unerschöpfliches Vermögen dazu nicht feiern oder doch ehren wollen – zumindest die Menschen nicht, die ich damals kannte oder im Fernsehen sah. Natürlich habe ich jedes verbotene Buch gelesen, das mir in die Finger kam, und jeden Skandalfilm angeschaut. Die meisten werden auch von dem einen oder anderen Titel gehört haben, obwohl sie selten in der ersten Regalreihe zu finden sind. Ich weiß nicht, ob man sich meine Verwunderung vorstellen kann, als ich am anderen Ende der Welt unvermutet vor einer vergoldeten und kostbar verzierten Bronzefigur stand, die zwei Menschen zeigte, die sich aufs Schönste ineinander verhakt hatten. Jemand hatte das sogar ganz selbstverständlich in ein geweihtes Haus gestellt. Und das mir, die ich doch religiös völlig unbegabt bin. Wo, wollte ich wissen, sind vergleichbare Dinge bei uns? Was gibt es da noch? Meine systematische Suche nach Zeugnissen der Sexkultur begann in Hongkong 1994. Ich bekam etliches ausgerechnet aus Ländern, denen man den Vorsprung, den sie in diesen Dingen doch hatten, nicht mehr ohne weiteres ansieht. Darum kann ich nicht nur auf unzählige Gespräche mit Menschen aus den meisten Teilen der Welt zurückgreifen, sondern auch auf eine umfangreiche Sammlung von überraschend eindeutigen Objekten. Die Wissenschaft hält sie mit dem ihr eigenen Sinn für Schicklichkeit selten für Kunst, sondern nennt sie lieber «sexologische Artefakte», nicht selten versehen mit dem Hinweis, dass es sich um Exotisches handelt, Fremdes also.

Auch ein philosophischer Text erlaubt ein paar Abbildungen, die keinem anderen Zweck dienen als dem, Defizite unserer Kultur sichtbar zu machen, also die eigenen Denkgewohnheiten herauszufordern. Denn auch wenn Johann Wolfgang von Goethe fürchtete, dass der Mensch nur erblickt, was er schon weiß und versteht, wusste doch auch dieser Sammler exquisiten erotischen Schnitzwerks das Überraschende daran offenbar sehr zu schätzen. Nur eines der abgebildeten Kunstwerke ist nicht aus meiner Sammlung. *Phryne vor den Richtern (Phryné devant l'Aréopage)* von Jean-Léon Gérôme war 1986 der Anlass, das erste Mal an ein eigenes Buch über Sex zu denken. Dieses Buch wurde tatsächlich zu einem großen Teil mit dem Blick auf Gérômes 1861 gemalte Phryne und ihren Anwalt in der Hamburger Kunsthalle geschrieben. Aber mein besonderer Dank gilt nicht nur der Kunsthalle für die Gastfreundlichkeit und den Hunderten von Museumsbesuchern, die sich in all den Wochen von mir beim Betrachten beobachten, manchmal auch befragen lassen mussten, sondern Willi Winkler, der sich auf den Gedanken eingelassen hat, für mich über ein Bild zu schreiben, das ich zu oft studiert habe, um mir das Schreiben darüber noch zuzutrauen. Ab einem bestimmten Stadium der Vertrautheit gelingt die Unterscheidung zwischen Sehen, Denken und Sein nicht mehr verlässlich. Darin liegt das besondere Geschenk der Versenkung ebenso wie des Vertrauens. In der Tradition der westlichen Philosophie gilt es als Kennzeichen der Meisterschaft, irgendwann tatsächlich ohne die Leitung eines anderen philosophieren zu können. Aber so selbstverständlich es uns auch erscheinen mag, heißt das eben nicht, dass der Gewinn für die Wissenschaft und insbesondere die Philosophie wesentlich darin bestünde, sich im Denken auch durch nichts und niemanden mehr berühren zu lassen. Der einsame Spaziergang war lange genug das Ideal der Philosophie.

Der Maler oder die Malerin des Ölgemäldes auf dem Buchumschlag hingegen wollte nicht erkannt sein. Dieses Bild aus Frankreich, gemalt vermutlich 1910, hängt seit vielen Jahren in meiner Bibliothek, aber ich trage auch ein Foto davon mit mir herum und belästige jeden Menschen, der nicht schnell genug flüchtet, mit der Frage, was wohl darauf zu sehen sein könnte. Allein mit den Interpretationen, die ich gehört habe, ließe sich ein deutlich umfangreicheres Buch schreiben. Zu den besonders lustigen (oder trostlosen) Erkenntnissen gehört nämlich diese: Niemand hat die geringsten Probleme, bei dem Schwanzende der nackten Schönheit sofort an einen Penis zu denken. Dass jedoch der sehr viel größere Schwanz des Vogels zu den wenigen Darstellungen einer Vulva gehört, die es in unserer Kunstgeschichte überhaupt gibt, fällt in Europa nur den wenigsten auf, bevor man sie auf diesen Gedanken bringt. Kultur, so sagt man, beginnt damit, zu wissen, wovon die Rede ist. Sexkultur beginnt mit der Frage, warum wir nicht sehen können, was wir doch besser kennen könnten als alles andere: unsere lustfähigen Körper. Aufklärung, die es ernst meint, sollte auch zum Mut auffordern, sich seiner eigenen Sinnlichkeit ohne die Leitung eines anderen zu bedienen. Wenn dieses Buch aber nur dazu verhilft, dass man sich beim Sprechen über Sex nicht mehr so fühlt wie mit fünfzehn und ohne erledigte Hausaufgaben, wär's auch schon nicht schlecht.

DER RUF DER NATUR

«Gott verdamme den Frühling!», sagte er in seinem
aggressiven Stil. «Er ist und bleibt die gräßlichste
Jahreszeit! Können Sie einen vernünftigen Gedanken
fassen (...), wenn es Ihnen auf eine unanständige
Weise im Blute kribbelt und eine Menge von
unzugehörigen Sensationen Sie beunruhigt, die,
sobald Sie sie prüfen, sich als ausgemacht triviales
und gänzlich unbrauchbares Zeug entpuppen?
Was mich betrifft, so gehe ich nun ins Café.
Das ist neutrales, vom Wechsel der Jahreszeiten
unberührtes Gebiet ...»

Thomas Mann, Tonio Kröger (1903)

Sexkultur? Wer wollte sich ausgerechnet an das Denken wenden, wenn es um Sex geht? Entstehen unsere Probleme nicht erst dadurch, dass man dem Natürlichsten der Welt mit künstlichen Überlegungen zu Leibe rückt oder es endlich durch Rationalisierung zerstört? Und überhaupt, was glaubt denn Vernunft mit ihrer leisen Stimme ausrichten zu können, wenn doch ihr größter Gegner die Natur mit ihren mächtigen Gesetzen ist?

Wenn die Kultur, von der man sich umgeben findet, einen nicht sein lässt, wie man sein will oder wie man sich nun einmal empfindet, dann hält man sich doch besser nur an die Empfindung, also an den eigenen Körper? Insbesondere in einer Tradition, die vor allem Seele und Geist gegen den Körper ausspielt, kann es nicht wundern, dass jemand den Versuch unternimmt, sich auf die andere Seite zu retten, also die Natur anruft, weil es einem die eigene Kultur schwermacht, sich in ihr auch nur geduldet zu fühlen. Denn war nicht alles von Natur aus gut und verkam erst unter den Händen der Menschen? So klingt es durchaus plausibel, sich Mutter Natur als das Andere der strengen Moral zu erhoffen, weil sie außerdem das ältere Recht hat.

Die Hinwendung zur Natur und das Vertrauen in die eigene Wahrnehmung hat die Menschen nicht nur in Europa befähigt, schon ganz andere Tyrannen zu vertreiben und vieles als Vorurteil, ja, als Aberglauben zu entlarven, dieses gefährliche Werkzeug der Knechtung und der Rechtfertigung von Vorteilsnahme, die das gerade Gegenteil der Erkenntnis sind. Warum also nicht mit der Renaturalisierung des Menschen und mit dem Fortschritt in der Naturwissenschaft auch zur sexuellen Freiheit gelangen? Wäre da nicht die beängstigende Gesellschaft, in der sich jeder wiederfindet, wenn er sich auf die Natürlichkeit des Verlangens beruft. Der Hinweis auf Natur hat nämlich schon vielen gedient und musste zur Rechtfertigung für alles andere als ein fortschrittliches Menschenbild herhalten.

Wer kennt diese kruden Denkwege nicht? Der Mensch ist ein Tier und wie jedes Tier zur Selbst- und Arterhaltung programmiert. Fortpflanzung ist aber nur möglich, wenn der Mann die Frauen regelmäßig bespringt, die darum eher passiv sind, wenn sie sich nicht um die Aufzucht der Jungen kümmern, während der ständig aktive Mann auf die Jagd nach Frauen oder anderem Wild geht, um die Sippe zu ernähren, sofern er nicht die Gelegenheit findet, die eigenen Erbanlagen noch breiter zu streuen. Nur so, als Jäger und Sammler, gibt man die eigenen Gene weiter, möglichst oft und möglichst viel. Darum ist der Mann von Natur aus stärker, mutiger und neugieriger und kann auch besser einparken. Männer haben natürlicherweise ein größeres sexuelles Verlangen und ein Naturrecht auf den sexuellen Akt, so wie die Frau das Recht auf Empfängnis und das Talent zu unendlicher Geduld hat. Um die großen Anforderungen der Natur auszuhalten, kann der Mann besser rennen und zählen und die Frau besser mitfühlen und kochen. Ihm gehört die Welt, ihr Heim und Herd. Menschen, die nicht in diesen Arbeitsplan der Natur passen, verhindern schon von selbst den Fortbestand ihrer eigenen Gene. Wer nicht mitspielen will, hat das Spiel um die Art verloren. Das war immer so, es wird immer so bleiben, denn nur das funktioniert, jedenfalls solange sich der Mensch auf seine Natur verlässt und ihr nicht mit Ideen, Vorstellungen oder gar Technik ins Handwerk pfuscht. Wer könnte daran zweifeln?

Erfreulicherweise können inzwischen viele das hinterfragen, womit frühere Generationen in bester wissenschaftlicher Absicht Buchregale füllten. Dennoch verbreitet sich die Erkenntnis nur langsam, dass auch die Naturwissenschaft eine Geschichte hat, Menschen also unterschiedliche Begriffe der Natur und Vorstellungen des Natürlichen entwickelt haben. Wir können zwar vieles Natur nennen, aber wissen doch, dass Aussagen über «die Natur» eine problematische Angelegenheit sind. Wer sich der Frage nach dem Natürlichen zuwendet, weil er daran verzweifelt, die Legitimität seines sexuellen Erlebens und Handelns durch bessere Argumente nachzuweisen, hofft auf etwas anderes als neue Probleme. Er hofft, dass Natur das bessere Bezugssystem sein könnte, weil es eine endgültige, also auch durch keinen mehr zu bezweifelnde Antwort zu bieten hätte, die ein für alle Mal das sichert, was Menschen ihm immer wieder bestreiten.

Es ist die Idee, dass sich aus der naturwissenschaftlichen Erkenntnis mehr gewinnen ließe als die bloße Beschreibung dessen, was ist. Und es ist die Vorstellung von der einen Natur und ihrem Plan, also von der Welt als Schöpfung aus einem Guss, die einen ganz eigentümlichen Trost verspricht. Es mag sich nun einmal kaum einer vorstellen, nicht vorgesehen, also nicht ins große Buch der Natur geschrieben zu sein wie all die anderen. Was natürlich ist, so doch der Gedankengang, können wir nicht ändern. Was natürlich ist, haben wir nicht gewählt. Was natürlich ist, muss also auch das Richtige sein, weil es das Unabänderliche, das Wirkliche ist, das jeder zu akzeptieren hat? Was ist, hat schon darum ein Recht zu sein, ein Naturrecht? Hört sich nicht sogar der «natürliche Tod» erträglicher an als jeder andere? Und obwohl auch diese Erzählung noch niemandem geholfen hat, wenn sich das eigene Leben, wie oft, so gar nicht von selbst erklärt oder fügen will, können sich doch immer noch Menschen mit verschiedensten Überzeugungen auf sie berufen.

So naheliegend die Hoffnung ist, zur sexuellen Freiheit zu gelangen, indem man vor dem Unbehagen der Kultur zurück in die unverfälschte Wildnis flüchtet, so umkämpft ist das, was als das wahrhaft Natürliche gelten soll. Und das ist noch gar nicht die größte Schwierigkeit. Es ist im Gewimmel der konkurrierenden Vorstellungen von der Natur und ihren Absichten schnell zu übersehen, dass am erstaunlichsten gar nicht die Sehnsucht nach einem unmissverständlichen Ruf der Natur ist, sondern die Vorstellung, man könne sich ausgerechnet auf die eigene Natürlichkeit berufen, wenn es einem um die eigene Freiheit geht. Wer leidenschaftlich über Sex spricht und damit das Natürlichste der Welt meint, tut gut daran, gleich am Anfang darüber nachzudenken, was sich damit überhaupt sagen lässt.

GANZ NATÜRLICH

Vergiss nicht, dass jeder Geist durch die banalsten
Erfahrungen geformt wird. Dass ein Faktum
banal ist, heißt, dass es zu denen gehört, die an der
Entstehung deiner wesentlichen Gedanken
den stärksten Anteil gehabt haben.

Paul Valéry, Schlimme Gedanken (1941)

Nüchtern betrachtet kann man doch nur staunen: Warum glaubt überhaupt jemand, darauf hinweisen zu müssen, dass Sex natürlich ist? Wer es tut, ist dabei aber selten gelassen, sondern spricht zumeist im Modus der Rechtfertigung oder doch empört: Sei es, um Prüderie etwas entgegenzuhalten, einer Haltung also, die zumindest vorgibt, Sex schon als Realität lieber nicht zur Kenntnis nehmen zu wollen, sei es, um dem Vorwurf zu begegnen, dass das eigene Sexualverhalten von allgemeinen Vorstellungen abweicht und, wie man sagt, Anstoß erregt. «Es ist doch ganz natürlich!» Wer es ausspricht, möchte offensichtlich nicht nur sagen, was doch spätestens seit Beginn der Neuzeit nicht mehr ernsthaft bestritten wird, dass nämlich Menschen Lebewesen sind und somit auch in ihrem Körperverhältnis und Fortpflanzungsverhalten ein Gegenstand biologischer Forschung sein können. Wer die menschliche Natur anführt, ruft sich vielmehr gleich zwei Instanzen zu Hilfe: die belebte Welt, so wie sie verfasst ist, und die Wissenschaft, mit deren Hilfe wir Lebendiges beschreiben.

Nun ist das menschliche Interesse an Natur überhaupt selten freiwillig, denn im Anfang war keine Erzählung, sondern das beängstigende Gefühl, in eine Welt geboren zu sein, die vor allem eine gefährliche Umgebung ist. Stabilität und Verlässlichkeit ist nicht unsere wesentliche Welterfahrung. Die Natur ist vor allem das Andere, das Fremde, worin wir uns möglichst schnell zurechtfinden müssen, wenn wir in ihr nicht umkommen wollen. Wir spüren auch unseren eigenen Körper erst bewusst als Naturding, wenn er sich eben nicht selbstverständlich anfühlt, sondern als das Fremde, weil sich beispielsweise dringende Bedürfnisse wie Hunger und Durst melden oder weil der Körper sich nicht als so tauglich erweist, wie wir es gewohnt sind, weil er überstrapaziert oder krank ist. Zu wissen, was genau man dann entbehrt, ist die Bedingung dafür, den Mangel ausgleichen oder doch die unangenehmen Folgen mindern zu können. Wenn wir uns nicht zurechtfinden, dann verlangen wir nach Wissen. Wer nicht lernt, wie man Wissen erwirbt, überlebt nicht einmal lang genug, um sich die Frage nach der Lust überhaupt stellen zu können. Man tut gut daran, den Anfang der Naturwissenschaft aus der Not nicht zu vergessen, auch wenn wir uns heute gelegentlich einbilden, das Studium des Natürlichen aus bloßer Neugier zu betreiben, also *das Wissen um des Wissens willen* anzustreben.

Nach der Natur der Dinge zu fragen hat sich sogar als überaus nützliche Überlebenstechnik erwiesen. Mögen uns auch Irrtümer unterlaufen, so sind die Fortschritte doch nicht zu übersehen. Wenn allerdings vom eigenen lustfähigen Körper die Rede ist, scheint diese Technik nicht mehr so zuverlässig zu sein. Jedenfalls hat derjenige, der uns ausdrücklich auf die Natur und ihre Erforschung verweist, wenn es um Sex geht, offensichtlich den Eindruck, dass die Anderen sich nicht konsequent genug dieser Technik erinnern. Ganz unabhängig davon, dass die Wissenschaft von der Natur wie jede andere auch gelegentlich Fehler produziert, hat es der Versuch einer systematischen Erforschung menschlicher Biologie mit einer besonderen Schwierigkeit zu tun: Der menschliche Körper ist kein Naturding wie andere, weil er ein Ding ist, das nach sich fragen kann. Es ist nicht irgendein Körper, sondern der belebte und bewusst erlebte Körper, der erkannt und beschrieben werden soll, wenn ich nach den Gründen dafür frage, dass ich bin, was ich bin. Dass man den eigenen Körper aber genauso untersuchen könnte wie den eines jeden anderen, ist nur in einem naiven Sinn selbstverständlich, da doch unsere Fähigkeit, uns etwas zuzuwenden und darüber nachzudenken, ebenfalls nur aufgrund unseres Körpers möglich ist. Die Erwartung, gleichzeitig objektiv und das subjektiv erlebte Objekt, sachlich und die erfahrene Sache zu sein, lässt uns nicht ohne Grund eine Art Zirkelschluss vermuten, weil es ja um nicht weniger geht als darum, mich selbst danach zu untersuchen, was denn nun an mir natürlich und was vielleicht etwas anderes sein könnte. Schon die Frage überschreitet unvermeidlich die Möglichkeiten des naturwissenschaftlichen Wissens, weil wir damit die naturwissenschaftliche Perspektive verlassen haben. Aber fangen wir etwas einfacher an, nämlich mit einigen Gedanken darüber, warum dieser Zugriff auf die Welt sonst so erfolgreich ist und wie er funktioniert.

Menschen haben gelernt, dass die Methoden der empirischen Wissenschaft nützlich sind, weil sie Werkzeuge der Vereinfachung sind. Sie helfen uns, vielfältige und komplexe Erscheinungen auf allgemeine Begriffe und Regeln zu bringen, mit denen wir uns schneller in der Welt orientieren können als mit dem Tappen von Einzelfall zu Einzelfall. Naturwissenschaft ist - und genau das ist es ja, was wir von ihr erwarten - ein Instrument der Reduktion. Sie ermöglicht uns, in der überaus verwirrenden Vielfalt Strukturen zu sehen, Muster also, die leichter und vor allem schneller erfasst werden können. Wissenschaft ist der Versuch der Klassifikation. Was im Zwischenmenschlichen ein Vorwurf ist, nämlich in Schubladen zu denken, statt sich auf ein Individuum einzulassen, ist genau das, was wissenschaftliches Erkennen im Unterschied zur bloßen Beobachtung auszeichnet. Nur durch Abstraktion ist Ordnung möglich, damit aber auch Orientierung. Der Pragmatismus, unser Handlungsinteresse, bedingt den normierenden Blick, und das nicht etwa deshalb, weil wir der Natur Vorschriften machen wollten, sondern weil wir uns in ihr nur zurechtfinden, indem wir uns auf Normierbares konzentrieren. Je größer die Sammlung von Beobachtungen ist, desto wichtiger wird es, die Daten in wesentliche und unwichtige zu unterteilen, denn es geht um das Wesentliche *für uns*. Wir suchen hier also nach dem Natürlichen im Sinne des Normalen. Das Ziel besteht darin, nicht ständig alles vorsichtig und konzentriert zu beobachten, sondern möglichst schnell Erscheinungen auszumachen, die sich verstehen lassen und so verlässlich da sind, so wie wir uns auch in einer fremden Stadt darauf verlassen, dass ein hohes Gebäude ebenso wie eine Brücke dort ist und bleibt, wo es ist, wenn wir unseren Weg zurück ins Hotel finden wollen. Die große Leistung des wissenschaftlichen Denkens besteht eben gerade darin, Bewegliches und vor allem Seltenes als Zufall herauszurechnen und sich auf das zu konzentrieren, was berechenbar ist und sich im Idealfall auch voraussagbar verhält. Man könnte es auch so sagen: Die Hoffnung auf die naturwissenschaftliche Durchdringung des Menschen und der Welt ist die Hoffnung auf mehr Banalität, weil wir nur so zurechtkommen und nicht ständig durch alles irritiert werden, das uns in die Sinne fällt.

Das Interesse an mir jedoch, also an meiner je eigenen Verfasstheit, ist ein ganz anderes. Einem Wesen mit Bewusstsein, Selbstbewusstsein und einem Gedächtnis, das nach sich selbst fragt, ist eben genau das wesentlich, was bei der Suche nach Systematik und Struktur vor allem stört. Ich zu sagen bedeutet auch, einen Anspruch darauf zu erheben, immer etwas zu Beachtendes zu sein, ganz unerheblich, welche Bedeutung man für eine Mustererkennung hat, also ob man als Modell für die Erkenntnis taugt oder den Fortschritt der wissenschaftlichen Erkenntnis maßgeblich befördert. Es kann zwar gute Gründe geben, aus Erkenntnis- und Organisationsinteresse über Eigentümlichkeiten hinwegzusehen, wenn es sich beispielsweise um biologische Forschung zur Natur des Menschen im Allgemeinen handelt oder auch um soziologische Fragen nach der Struktur menschlicher Gesellschaft, weil man ohne Verallgemeinerung überhaupt kein Wissen bilden könnte, etwas also, das sich auch lehren und diskutieren lässt. Wenn man jedoch nach der eigenen sexuellen Lust fragt, dann fragt ein einzelner Mensch, dem nicht mit einer Antwort zum Verallgemeinerbaren geholfen ist, wenn Intimstes und die je eigene Geschichte des Erlebens ganz in der Aufmerksamkeit für das Besondere besteht. Die Sexualität des Menschen als Thema unterschiedlicher Wissenschaften, ja, sogar als Gegenstand der Kunst, ist schon darum etwas anderes als das, was das Individuum als Sex erfährt. So oft man auch denken, lesen und hören mag, dass das eigene Erleben nicht dem entspricht, was sich am häufigsten findet, wird dadurch die eigene sexuelle Lust nicht aufhören, so konkret lustvoll zu sein, dass alles Allgemeine von minderem Interesse ist. Die eigene Wirklichkeit ist schlicht nicht durch den Hinweis auf das zu erhellen, was ein ordnender Zugriff auf Beobachtungsdaten als Richtwerte hervorgebracht hat, weil das Normierbare nur in den seltensten Fällen das ist, was tatsächlich erfahren wird. Das menschliche Individuum, das mehr über sich wissen will, ist wesentlich der Zufall, der sich nicht herausrechnen kann.

Der Vorwurf, dass Denken und infolge jeder intellektuelle Zugriff auf das sexuelle Erleben ohnehin nur Verwirrung anrichten kann, hat hier seinen ernstzunehmenden Grund. Das kognitive Vermögen des Menschen beruht auf einer besonderen Freiheit, nämlich der Möglichkeit, sich dem unmittelbaren Sinneseindruck dadurch zu entziehen, dass man den Fokus ändert. Statt einfach nur dem Fühlen eines Dings ausgeliefert zu sein, kann der Mensch sein Interesse lenken, also nicht nur fühlen, sondern sich auch fragen, was genau und warum fühlbar ist. Leser kennen das. Wenn wir lesen, können wir für einige Zeit völlig vergessen, dass wir ein Ding in der Hand haben, nämlich das Buch, obwohl das doch ein gewisses Gewicht und eine Oberfläche hat, die jeweils im Unterschied zu den Gedanken in einem Text direkt auf den Körper einwirken. Wer sich dann auch noch fragt, was Lesen überhaupt ist, kann nicht einmal mehr dem Text folgen. Sobald wir bewusst wahrzunehmen versuchen, wie genau die Augen einer Zeile folgen und wie es möglich ist, dass sich Lesen wie ein gleichmäßiger Prozess anfühlt, obwohl das Auge doch an jedem Zeilenende zurückspringen und die nächste Zeile finden muss, wird der Inhalt des Gedruckten beim Vorgang des Lesens völlig unwesentlich. Wahrnehmen und bewusst wahrnehmen ist nicht dasselbe, weil es sich bei Letzterem um den Versuch handelt, das Wahrnehmen selbst wahrzunehmen, also kognitive Vorgänge als solche zu beobachten. Selbstwahrnehmung fühlt sich wie eine Richtungsänderung der Aufmerksamkeit an. Wie alles müssen Menschen auch das erst üben. Das Ausmaß der erlernbaren Kontrolle ist wortwörtlich gewaltig. Wer sich einem intensiven Training unterwirft, kann sich sogar noch Sinnesempfindungen entziehen, die einen anderen vollkommen überwältigen. Dabei muss man nicht gleich an das Schlimmste denken, wie beispielsweise an Menschen, die sich für ein mönchisches Leben der Meditation entschieden haben, oder Soldaten, die eine Spezialausbildung durchlaufen, um Folter länger durchzustehen. Es reicht schon, eine geübte Köchin zu beobachten, die so viel Erfahrung mit möglichen Verletzungen in der Küche hat, dass eine leichte Verbrennung oder auch ein ausgerutschtes Messer die Routine nicht durcheinanderbringt. Der Raum der Freiheit gegenüber den eigenen Empfindungen lässt sich erheblich erweitern, wenn man bereit ist, das zu lernen, was nicht weniger bedeutet, als seinen eigenen Körper im Wechselspiel mit Vorstellungen und Erkenntnissen, kurz: mit dem bewussten Denken zu verändern.

Der Furcht aber, dass Reflektiertheit auf Kosten der Empfindung, insbesondere des sexuellen Erlebens, gehen könnte, liegt etwas ganz anderes zugrunde, nämlich die Gleichsetzung von Körpererfahrung mit Körperunterdrückung. Man spricht gern von Selbstkontrolle oder Selbstbeherrschung, obwohl es doch gar nicht das Selbstbewusstsein, also ein bewusstes Ich sein kann, das hier beherrscht sein soll, sondern der Körper, den das Bewusstsein nicht ungestört reagieren lassen will oder soll. Es ist die seltsame Vorstellung, als wäre ich eigentlich ganz Körper, der nur dadurch nicht mehr sein darf, wie er ist, weil er von einem mir wesensfremden Intellekt gewaltsam unterdrückt oder doch fremdbestimmt würde. (Was übrigens besonders lustig ist, wenn man bedenkt, dass der Intellekt in der europäischen Kultur traditionell als männlich galt.) Die Idee einer Befreiung der Lust durch die

Entmachtung des Intellekts, also als Befreiung des Körpers, ist vielleicht das eindrücklichste Beispiel dafür, wie gefährlich es ist, sich in den Kategorien des eigenen Denkens zu verheddern.

Das Gegeneinander von Natur und Kultur mag einem Europäer noch so selbstverständlich vorkommen, es ist zumindest in der uns vertrauten Form doch vor allem ein Leitmotiv der eigenen Kultur. Oder anders: Es handelt sich um die Koordinaten, die für eine historisch entstandene Weise, sich in der Welt und im eigenen Denken zu orientieren, wesentlich geworden sind. So naheliegend es ist, Natur von Kultur, das in der Welt Vorfindliche von dem durch den Menschen Veränderte, Geformte und Entwickelte, zu unterscheiden, so speziell ist es, beides als Gegensatz zu verstehen und in der Trennung von beidem eine Aufgabe zu sehen.

Wer sich fragt, wie man auf diese Vorstellung verfallen konnte, ist gut beraten, sich an den Anfang des naturwissenschaftlichen Interesses zu erinnern: die Not, sich nicht auszukennen – und zwar mit dem, was ich bin. Wir reden von Natur, als wäre sie ein klar Definierbares, so wie wir auch Körper und Geist unterscheiden, und sprechen so, als ginge es hier um ein Ding unter Dingen und um einen Geist oder auch ein Bewusstsein, das mit anderen in eine Beziehung gebracht werden könnte. Aber es ist doch viel komplizierter. Ich stelle mir Natur nicht einfach vor, ich *bin* Natur und erfahre mich nicht nur in ihr, sondern erst durch sie. «Unser Leib», formulierte Maurice Merleau-Ponty 1945, ist «ein System von Bewegungs- und Wahrnehmungsvermögen», und genau darum kein «Gegenstand für ein ‹Ich denke›: er ist ein sein Gleichgewicht suchendes Ganzes erlebt-gelebter Bedeutungen.» Wir leben nicht in einer Welt voll von Objekten, sondern objektivieren die Welt, weil wir in der Lage sind, uns zu uns selbst in ein Verhältnis zu setzen, und das keineswegs nur intellektuell. Welterfahrung findet für den Menschen statt, weil wir uns selbst welthaft sind, und das keineswegs ausgeglichen. Dass wir uns bewusst welthaft sein, also darüber nachdenken können, ändert nichts daran, dass ich mich ohne meine eigene Naturhaftigkeit weder in «der Natur» wiederfinden könnte, noch es müsste. So gern wir uns auch einbilden, dass wir uns die Welt nach unseren Ideen ordnen oder gar die Welt nach unserem Bilde denken, ist das doch allenfalls die halbe Wahrheit: Wir fühlen die Welt nach unserem Körper, und wir erleben sie, wie wir sie erleben, weil sich das Erleben unserer selbst zum Erleben der Welt erweitern lässt. Es ist unser eigener Körper, den wir in die Welt verallgemeinern, die wir dann «Natur» nennen, weil wir die Welt mit uns als Maß vermessen, so wie wir dann auch unseren Geist in einer allgemeinen Kultur wiederfinden können, weil wir schon kulturvermittelnd sind.

Das ist kein Anlass zu träumerischer Esoterik von blumiger «Ganzheitlichkeit», sondern die Bedingtheit menschlicher Existenz. Wir sind nicht frei, die Welt und uns anders zu erfahren, als unsere eigene Natur es uns vermittelt: Die scheinbare Alternative Natur-Kultur entspricht meiner eigenen Körper-Geist-Erfahrung und ist durch sie sowohl überhaupt erst möglich als auch begrenzt. Ob nun das Selbsterleben oder das Welterleben – die Unterscheidung in Natur und Kultur ist ebenso nachträglich wie die Differenzierung zwischen Körper und Geist. Beide kommen immer schon zu spät, wenn es darum geht zu erleben, was ich bin, so wie die Vorstellung einer objektiven Natur, von der ich ein Teil sein könnte, nichts als der Versuch einer Integration des Urbilds der Einheit in die Einheit ist. Kurz: Es handelt sich um ein Unterschätzen der fundamentalen Bedeutung meiner eigenen Verfasstheit als selbstbewusstes Lebewesen für jede Wahrnehmung, jeden Gedanken, jede Erkenntnis.

«Natur» und «Kultur» bilden zunächst einmal ein Ideenpaar, mit dem wir aus pragmatischen Gründen versuchen, strikt zwischen dem, was Menschen als materielle Voraussetzung gegeben ist, und dem, was der Mensch selber daraus gebildet und geschaffen hat, zu unterscheiden. So als wäre das, was wir uns überhaupt erst durch die systematische Beobachtung nach dem Modell unserer Selbsterfahrung konstruieren, nämlich eine Vorstellung von «der Natur», allein darum von unserem Denken unabhängig, weil wir sie uns unabhängig von menschlichem Tun denken, so wie wir in der Lage sind, uns unseren Körper unabhängig von unserem Geist zu denken, obwohl sie nicht unabhängig voneinander sind. Natur und Kultur darüber hinaus auch noch als Gegensatz zu denken und beide außerdem mit einer Wertung zu verbinden folgt keineswegs zwingend aus der spezifischen Verfasstheit des Menschen. Diese Vereinfachung hat sich schließlich als Werkzeug im Umgang mit den Dingen als sehr nützlich herausgestellt, weil es unter anderem die Vorstellung von Mechanik erlaubt, also das Modell von einem Geist, der alles andere instrumentalisiert, sobald er Ursache und Wirkungen durchschaut. Aber sie scheitert unvermeidlich an den Fragen nach der menschlichen Körperlichkeit, weil man damit die menschliche Selbsterfahrung genau dort nicht vollständig beschreibt, wo sie in ihrer Komplexität erlebt wird, und verkennt außerdem die Gewalt des menschlichen Geistes. Der große Erfolg vereinfachter Vorstellungen und unterkomplexer Ordnungsschemata bei der Weltaneignung hat aber vor allem dazu verführt, die jeweils eigenen Vereinfachungen für die einzig möglichen zu halten. Auch diese nur systematisch zu nennende Abwehr ist vermutlich das größte Eingeständnis, wie sehr wir um den Halt fürchten, den wir uns dadurch verschaffen, dass wir ordnen.

Sex, der ohne bewusste Körperlichkeit für den Menschen weder erlebbar noch denkbar ist, sprengt jede Vereinfachung auf, weil er uns die Selbstbegrenzung vor Geist und Sinne führt. Die schlichte Verwechslung von Ordnungsbegriffen mit der Wirklichkeit und die Reduktion erlebter Körperhaftigkeit auf das *Haben* eines Körpers, den man ganz nach Belieben zu unterschiedlichsten Zwecken gebrauchen könnte, hat nicht zufällig in der Geschichte des Nachdenkens über Sex immer wieder Theorien hervorgebracht, die man allenfalls im Rückblick amüsant finden kann. Wer wollte die Abhandlungen zählen, in denen mit aller Akribie nachgewiesen werden sollte, dass die Faszination des Mannes für die weibliche Brust eine natürliche Fixierung ist, die sich unmittelbar aus der Veränderung der Gesäßlage durch den aufrechten Gang erklärt, sodass der Mann als solcher eben auch überhaupt gar nichts dafür könne, also ausnahmslos jeder Mann einer Frau auf den Busen starren muss und schon Jungen, wie es noch in einem engagierten Aufklärungsbüchlein aus den späten sechziger Jahren des 20. Jahrhunderts heißt, nun einmal hilflos einer «öffentlichen Zurschaustellung der weiblichen Brust aufsitzen». Zwar ist der weibliche Oberkörper gar nicht in jeder Weltgegend sexuell markiert, sodass Frauen auch nicht in allen Teilen der Welt zur größten Sorge angehalten werden, die unveränderliche männliche Natur auf keinen Fall derart in Versuchung zu führen, also die denkbar anstrengendsten Körperhaltungen und unbequeme Bekleidung auf sich zu nehmen, weil das anders gar nicht ginge. Frauen bedecken aber nicht etwa instinktiv ihre Brüste, wenn man sie im Bad überrascht, wie jeder wissen könnte, der beispielsweise schon mal von der hohen japanischen Badekultur gehört hat. Der Irrtum hätte sich also auch schon lange auflösen lassen, wenn die westliche Kultur sich in der ihr eigenen Überlegenheit nicht so sicher wäre, dass sie noch die offensichtlichsten Widersprüche zur eigenen Überzeugung mit dem Hinweis wegerklärt, dass die schamhafte Bedeckung des Oberkörpers zu den Zivilisationsleistungen der wahren «Hochkultur» gehört, die es in anderen Regionen der Welt erst noch zu erlangen gelte. Das unsägliche Gerede von den «Naturvölkern» gehört zu dieser Blindheit für die Bedingtheit der eigenen Überzeugungen.

Dabei spielt es eine ganz untergeordnete Rolle, ob man die Kultur oder die Natur sozusagen versittlicht, also das jeweils andere zum Grund des Übels erklärt. Der schlimmste Aspekt des Natur-Kultur-Gegensatzes für die Entwicklung eines selbstbestimmten Verhältnisses zur eigenen Lust ist vermutlich die These von der reinen, der unbestechlichen Natur, die jederzeit als unwiderlegbarer Zeuge gegen den verlogenen verkommenen Menschen aufgerufen werden könnte. Was auch in der Medizin immer wieder das Bild der Krankheit als Strafe für eine unverantwortliche Lebensführung hervorgebracht hat, führt in der Suche nach der vermeintlich richtigen Sexualität zur immer noch verbreiteten Vorstellung, dass sich der Körper eines Menschen wie ein Sündenregister lesen ließe, weil jede «unnatürliche» Betätigung unvermeidlich Spuren auf der reinen Natur hinterlässt, die einem kundigen Auge nicht verborgen bleiben können. Von der Erfindung des «Jungfernhäutchens» bis zur «Hottentottenschürze» – die Überzeugung, dass man insbesondere einer Frau die Geschichte ihrer sexuellen Erfahrungen einfach zwischen den Beinen ablesen kann, ist nicht nur unbegründet, sondern folgt auch offensichtlich anderen Interessen als der bloßen Neugierde an Natur. Wer auf den

Gedanken verfällt, dass «die Natur» uns alles sagt, als wäre der Körper ein öffentliches Buch, hat offenbar vor allem keine Lust auf ein Gespräch. Er hält zumindest Frauen für nicht vertrauenswürdig genug, wenn er meint, auch noch ihren Körper gegen sie als Beweismittel anführen zu müssen. Frauen wurden folglich und werden immer noch dazu angehalten, auf und in ihrem eigenen Körper keine Spuren zu hinterlassen, die auf ihre eigene Unsittlichkeit hinweisen könnten. Wie sehr Irrtümer dieser Art das Verhältnis des Menschen zu seinem eigenen Körper und dem des Anderen beeinträchtigen, lässt sich kaum überschätzen. Es galt dennoch als wissenschaftliche Erkenntnis, gewonnen aus sorgfältigster Beobachtung der Natur. Und nur, weil an dieser Stelle die ausdrückliche Versicherung vielleicht immer noch nicht schaden kann: Es gibt wirklich kein Jungfernhäutchen, sondern allenfalls einen Schleimhautsaum, und kein Mensch auf der Welt kann an der Form der Vulvalippen oder an sonstigen anatomischen Details einer Frau erkennen, ob sie sich gern anfasst oder oft berühren lässt, ebenso wenig wie Haltungsschäden und gelegentliche Zerstreutheit bei Männern notwendig auf exzessive Onanie schließen lassen, weil auch hingebungsvoll gepflegte Autoerotik beim Mann weder zu Knochenmarkverlust noch zu Rückgratverkrümmung führt. Es ist nicht so. Und es war nie so, obwohl es ganze Generationen nicht abgehalten hat, Körperschäden durch Selbsterregung für die natürlichste Sache der Welt zu halten und sich so viel Angst wie möglich einzujagen.

Natürlich ist das, was wir für natürlich halten. Das ist nicht unbedingt dasselbe wie das, was von der Welt und uns erkennbar wäre, wenn uns der unbefangene Blick auf uns selbst leichter fiele. Schon das Sehen ist aber nicht selten kulturbedingt. Das liegt nicht nur an den innerhalb einer Gemeinschaft über Generationen gepflegten Tabus, die einem großen Teil der Welt offenbar noch bis ins 21. Jahrhundert den neugierigen Blick auf weibliche Geschlechtsteile so undenkbar machen, dass man selbst dann schamhaft wegschauen möchte, wenn man Anatomie-Lehrbücher für operierende Mediziner verfasst. Dass Genitalien jeder Art hässlich seien, ist auch eine dieser Erkenntnisse, die sich kaum auf einer empirischen Basis finden lassen, auf keiner jedenfalls, die den Ansprüchen wissenschaftlicher Methodik genügte. Es passt nicht einmal mehr zur beliebten Phrase des kultivierten Bürgers, dass Schönheit im Auge des Betrachters liege.

Aber es ist nicht nur der Wille zu schauen, was ist, der bedingt, ob wir etwas auch erkennen können. Es hängt vom eigenen sexuellen Erleben ab, was wir zu beschreiben in der Lage sind, und das nicht etwa, weil es erst ein eigenes sexuelles Interesse bräuchte, um empfänglich für entsprechende Reize zu sein, sondern weil nur das als sexuell relevant erkannt werden kann, was dem je eigenen Konzept von Sexualität entspricht. Einen Körper zu haben, der nach aktuellem medizinischen Lehrbuch, also normal funktioniert, genügte dafür nicht einmal dann, wenn die Lehrbücher vollständig wären. Der komplexe Zusammenhang von Körpererfahrung und Welterwartung geht weit über das menschliche Vermögen zur Projektion hinaus. Dass man nahezu beliebig alles in alles hineinsehen kann, so wie man noch im Nebel oder in Wolken Konturen zu erkennen meint, beschreibt nur den Extremfall der menschlichen Sehnsucht nach sinnlicher Wahrnehmbarkeit, die uns dazu treiben kann, noch dort etwas erkennen zu wollen, wo die Welt zu diffus für unsere Sinne erscheint und undurchdringlich bleibt. Gerade weil jeder, der schon einmal den Versuch unternommen hat, sich einem anderen Menschen körperlich anzunähern, genau weiß, dass das ohne unser Projektionsvermögen gar nicht möglich wäre, kennt auch jeder den Unterschied zwischen Einbildung und Erkennen aus ihrer unterschiedlichen Wirkung. Ohne ein Wissen um das spezielle sexuelle Erleben in seinem Zusammenspiel von Körper- und Geisterfahrung, ist das, was man Ekstase nennt, nicht möglich; durch Beobachtung allein wird der Mensch die Lust eines Anderen nicht erkennen. Auch das könnte man trivial nennen, wären da nicht die seltsamsten Theorien über Sex im Tierreich oder erst recht in anderen Kulturen, die hauptsächlich Auskunft darüber geben, wie begrenzt die Erfahrung der Theoretiker gewesen sein muss, die meinten, nur zu beschreiben, was ist. Auch das sorgfältigste Vermessen und Dokumentieren und die beste Statistikmethode nützen einfach nichts, wenn der eigene Begriff von sexuellem Begehren sich nur rudimentär entwickeln konnte. Was wir meinen, wenn wir Sex «natürlich» nennen, hängt wesentlich davon ab, wie wir uns dem zugewandt haben, dessen Natürlichkeit wir so gern behaupten.

ES IST,
WIE ES NICHT IST

Eure Rede aber sei: Ja! Ja! Nein! Nein!

Was darüber ist, das ist vom Übel.

Evangelium nach Matthäus 5,37 (80/90 n. Chr.)

Wer Natürlichkeit und die Erkenntnisse moderner Naturwissenschaft als Argument vorbringt, um sein sexuelles Verhalten gegen Angriffe zu verteidigen, will nicht selten nicht nur auf Intimes, sondern auf etwas Persönliches hinaus: die Behauptung der eigenen Existenz. Wer am sexuellen Begehren eines anderen Anstoß nehmen will, beschränkt sich bekanntlich nicht darauf, dessen konkretes Verhalten zu kritisieren, sondern greift den ganzen Menschen an, der zu einem sogenannten abweichenden Verhalten neigt. Es geht also nicht nur darum, einen Fehltritt zu verteidigen oder sich gegebenenfalls auch dafür zu entschuldigen, was unter Menschen doch gar nichts Ungewöhnliches wäre. Es geht um den Vorwurf, manchmal auch den Verdacht gegen sich selbst, eine Fehlkonstruktion zu sein. Verhalten ließe sich schließlich durchaus ändern oder zumindest unterlassen. Aber wenn ein Mensch in einer seiner wesentlichen Eigenschaften als falsch oder schlecht bezeichnet wird, hat er allen Anlass zur Sorge.

Zwar dürfte allgemein anerkannt sein, dass Sex im legitimen menschlichen Interesse liegt, doch nützt das ebenso wenig wie der wissenschaftliche Nachweis, dass Menschen es nun einmal genauso tun wie die Vögel und Bienen, wenn sich ein konkreter Mensch in diesen Geschichten nicht wiederfinden kann. Das Bedürfnis danach, anerkannt zu werden, ist tief in einer Kultur verwurzelt, die davon bereits in einem ihrer Grundlagentexte handelt. Der Herr, so heißt es im über 2000 Jahre alten Buch Jesaja der *Bibel*, habe Jacob geschaffen wie die Welt, in der er lebt. «Fürchte dich nicht», tröstet ihn der Prophet im Namen Gottes, «denn ich habe dich erlöst; ich habe dich bei deinem Namen gerufen; du bist mein.» Wer nicht gerufen wird, wer nicht im Buch von der Natur vorkommt, muss die Folgen eines unordentlichen Lebens fürchten. Für den Menschen, wir erinnern uns, ist Wissen oder das, was sie dafür halten, nicht unverbindlich, denn weil es aus pragmatischem Interesse gesucht wird, verändert sich mit dem Wissen auch das Verhalten der anderen. In den Büchern der Menschen vorzukommen ist also notwendig, wenn man als einer von ihnen erkannt werden möchte, und das gilt nicht zuletzt für Gesetzestexte.

Verfolgung und Vernichtung anderer aufgrund ihrer sexuellen Merkmale oder einer sexuellen Praxis sind, soweit man bisher weiß, spezifisch menschlich. Man wird sie also zu den menschlichen Kulturleistungen zählen müssen. Nicht ohne Grund stellt sich daher die Frage, ob es eine gute Idee ist, ausgerechnet mehr Sexkultur zu fordern, etwas also, das doch offensichtlich ein bewusstes Denken zum Ziel hat, um unseren Umgang mit Sex zumindest zu verändern. Darum ist es unumgänglich, sich wenigstens einmal zu fragen, ob es sich bei den Argumenten, mit denen Diskriminierung immer wieder gerechtfertigt wird, um zufällige oder unumgängliche Folgen des Nachdenkens über Sex handelt. Ist also etwas dran an dem Verdacht, dass es nicht nur dem Sex, sondern auch manchem Menschen schadet, wenn sich die Vernunft einmischt?

Frauen können viel davon erzählen, welche Folgen es hat, wenn der eigene Körper in den Büchern nicht vorkommt und man bei der Frage nach Rechten und Bedürfnissen weitgehend ausgesperrt bleibt. Es lässt sich problemlos eine Geschichte der Frauendiskriminierung schreiben, die darauf zurückgeht, dass Frauen zumindest in der westlichen Kultur vor allem durch etwas definiert wurden, was sie nicht haben, nämlich einen Penis. Wer erst einmal als Mängelwesen gilt, ist Zweite Wahl, selbstverständlich auch als Objekt der Wissenschaft, was bekanntlich dazu geführt hat, dass Medizin und Pharmazie bis heute zumeist den Mann als Normfall zugrunde legen. Wie selbstverständlich es war, Frauen weder genauer anzuschauen noch ernst zu nehmen, lässt sich an der Reaktion der europäischen Öffentlichkeit ablesen, die Anfang des 20. Jahrhunderts mit japanischer Kunst in Berührung kam, zu der auch detailfreudige Darstellungen genau jener Körperteile gehörten, die doch des Hinsehens nicht wert waren. *Shunga*, die bei französischen Sammlern schnell beliebten *Frühlingsbilder*, zeigten noch eine weitere Sensation: Frauen, die erstaunlicherweise Verlangen und Lust hatten und sich aktiv auf alles einließen, was Erregung versprach. Der Reflex, hier den Männerblick am Werke zu sehen und Bilder und Plastiken übertrieben zu finden, ist ein westlicher Reflex, der vor allem für eines blind macht: Auch wer nicht glauben will, dass einer Frau derartige Darstellungen ernsthaft gefallen würden, kann nicht leugnen, was man in Japan jedenfalls sehr genau wusste, nämlich dass nicht nur Männer Geschlechtsteile haben und dass man dort auch viel darüber wusste, wie Frauen sich lustvoll daran erfreuen. Die anatomische Blindheit, deren Folgen sich bis heute sogar noch in der Chirurgie finden lassen, war offensichtlich kein universales, sondern ein westliches

Phänomen. In der europäischen Welt wurde sie sogar zum Richtmaß für Kultur: Während es in Japan für Kunstwerke mit sexuellen Darstellungen sogar besondere erotische Museen (Hihoukan) gibt, die man vornehmlich in Badeorten findet, gehören sie bei uns nur in Ausnahmefällen überhaupt in museale Sammlungen, gelten nicht selten als «primitive Kunst», noch lieber als «Kunsthandwerk», und ihre Sammler heißen «Erotomanen». Damit ein belletristisches Werk nicht als Literatur gilt oder ein Film als anspruchslos abqualifiziert wird, reicht die Darstellung sexueller Handlungen, soweit sie nicht unerlässlich für die Handlung sind, und auch dann dürfen sie nur in dezenter Form vorkommen. Pornographie wurde im 19. Jahrhundert in Europa erfunden, als sich bei der Wiederentdeckung von Pompeji und Herculaneum erotische Darstellungen fanden, die offensichtlich eine alltägliche Erscheinung im antiken Haushalt waren. Dem feinsinnigen Europäer erschien das als so gefährlich, dass man dafür unbedingt ein eigenes Wort und Gesetze brauchte, weil das so wunderbar Aufgetauchte vor jedem verborgen werden musste, der kein adeliger Mann von Sitte, Anstand und Bildung war und genug dafür zahlte. Es ging dabei angeblich um den Schutz von Unterprivilegierten, von Frauen und Kindern, der zweiten Kategorie der Mängelwesen in sexueller Hinsicht, deren Entwicklung es unbedingt zu kontrollieren galt. Das reiche Lustleben, das aus der lateinischen Antike und der japanischen Kultur überliefert ist, steht jedenfalls im krassen Gegensatz zu diesen Männern, die offensichtlich möglichst wenig über ihre potenziellen Partnerinnen erfahren und auch noch verhindern wollten, dass Frauen etwas über sich und Männer erfuhren.

Menschen, die weder in Erscheinung noch im Gespräch ernst genommen werden, erleben so viel Missachtung und

Geringschätzung, dass es einem Wunder gleichkommt, wenn sie dennoch in der Lage sind, sich selber noch eine Ahnung davon zu verschaffen, wer und was sie sind. Noch schwerer fällt es ihnen, eine Sprache zu finden, um wenigstens das Erleben, das ihnen bewusst werden kann, gegen die Ignoranz der anderen zu verteidigen. Um noch gar nicht zu reden von den Ärzten und Chirurgen, die im Europa des 19. Jahrhunderts intervenierten, wenn eine Frau sich so auffällig für ihren eigenen Körper interessierte, dass es die Weltsicht ihres Mannes zu korrigieren drohte. Beschneidung und Totaloperationen galten auch im christlichen Europa allen Ernstes als gesundheitsfördernde Maßnahme auf wissenschaftlicher Grundlage. Wer sich heute für unsere «Aufgeschlossenheit» lobt und sich einer humanistischen Wissenschaft rühmt, tut gut daran, nicht zu vergessen, dass der Weg dorthin ein langer Weg sein kann und grausame Irrwege nicht ausschließt.

Wer würde es also einem Menschen verdenken, wenn er lieber endlich respektvoll anerkannt und angemessen als das beschrieben werden möchte, was er nun mal ist? Die Hoffnung, dass eine Wissenschaft und damit auch eine Kultur um ihre Irrwege und die Vorläufigkeit jeder Beobachtung weiß, hat nicht zuletzt das Zutrauen derer gestärkt, sich anschauen und beobachten zu lassen, die sich bisher übersehen fühlen mussten. Wir wissen heute mehr über Körper und Geschlecht als je zuvor, was nicht zuletzt den Forschern zu verdanken ist, die andere Fragen stellen, weil sie selbst nicht dem Normbild des mitteleuropäischen Mannes entsprechen und sich deshalb schon aus Eigeninteresse in die Lehrbücher einschreiben wollen.

Dennoch ist nicht zu übersehen, dass die meisten Gesellschaften an einer sehr einfachen Vorstellung von Sex hängen, nämlich der Heterosexualität, dem Konzept also, dass der natürliche, der angeblich einzige echte Sex nur zwischen Mann und Frau stattfindet, womit alle anderen Erscheinungen sexuellen Verhaltens zu Vorformen oder Abirrungen erklärt werden. Die große Beunruhigung, die sich sofort meldet, wenn die Rede auf andere Konstellationen oder auch andere Akteure kommt, ist zu auffällig, als dass sie sich nur mit einem Mangel an Aufklärung oder als psychologische Abwehr einer Versuchung, vom rechten Wege abgelenkt zu werden, erklären ließe.

Tatsächlich gibt es etwas in unserer Verfasstheit, das wir nicht vernachlässigen dürfen, wenn von dieser seltsamen Neigung zum Denken in nur zwei Geschlechtern die Rede ist. Es gibt zumindest eine weitere Ursache dafür, dass dieser Hang zum heteronormativen Blick mehr ist als nur eine blöde Angewohnheit oder die Furcht vor der Entdeckung eigener nicht idealtypischer Wünsche. Es hat unmittelbar mit dem Menschen als Denkendem zu tun. Gerade weil unübersehbar ist, dass nicht wenige Menschen unter den Folgen dieser Vereinfachung leiden, darf man der Frage nicht ausweichen, womit wir es hier zu tun haben.

Menschen hängen nicht etwa darum an der idealtypischen Vorstellung von Mann und Frau, weil heterosexuelle Menschen unbedingt die Heterosexualität als Norm der zwei Geschlechter in die Welt betonieren wollen. Es ist vielmehr umgekehrt. Menschen halten sich sogar dann, und zwar erst recht, wenn sie daran zweifeln, an die Idee universaler Heterosexualität, weil sie sich davon etwas versprechen, das tatsächlich nur die Idee der Zweiwertigkeit geben kann: das Gefühl, die sicherste Grundlage für die Orientierung gefunden zu haben. In Handlungsrahmen, für die Unsicherheit wesentlich ist, und das ist beim Versuch der sexuellen Annäherung in besonderem Maße der Fall, wird der Wunsch nach endgültiger Gewissheit zwar offenkundig unsinnig, aber umso stärker.

Das klingt kompliziert? Sie fühlen sich provoziert oder fordern unbedingt eine verständliche Erklärung? Ja, und das nicht nur zurecht, weil es nämlich wirklich kompliziert ist, sondern weil auch Sie sich nicht vom zweiwertigen Denken lösen können, solange Sie urteils- und handlungsfähig bleiben wollen. Sein oder Nicht-Sein ist darum die einzig relevante Frage, weil Menschen Pragmatisten sind. Handele ich oder handele ich nicht? Trägt die Brücke oder trägt sie nicht? Ist der Mensch auf der Brücke gefährlich oder nicht? Verspricht diese oder jene Hypothese ein erfolgreiches Forschungsprojekt oder nicht? Ist der Mann, der mir am Tisch gegenübersitzt, ein potenzieller Partner oder nicht? - In einer Welt, die sich selten eindeutig gibt, aber in der wir doch handeln müssen, ist das eindeutige Wissen von größtem Wert. Und eindeutig ist etwas nur dann, wenn ich genau weiß, was etwas nicht ist. Darum fühlt es sich so erleichternd an, wenn sich wenigstens klare Unterschiede ausmachen lassen. Männliche und weibliche Biologie lässt sich meist vergleichsweise gut unterscheiden; die beiden Geschlechter bilden außerdem zusammen grob die Mehrheit der Menschen. Das ermöglicht nicht nur die einfache Klassifikation der Mehrheit in ein einfaches Gegensatzpaar und damit eine weitgehende Ordnung der Erscheinungen, sondern erlaubt auch, alles andere als von dieser Normalität Abweichendes, aber immer noch innerhalb dieses Bezugssystems zu beschreiben. Ganz abgesehen von der Frage, welche Rolle die natürliche Anlage eines Lebewesens beim modernen Menschen für die Fortpflanzung noch spielt, sollte man die beruhigende Wirkung einfacher Ordnungssysteme auf den Menschen dennoch auch heute nicht unterschätzen. Das Denken mit der Hilfe von zwei verschiedenen Werten oder doch zwei Größen hat sich einfach am besten bewährt.

Philosophen hatten schon früh den Verdacht, dass insbesondere das menschliche Leben komplexer als jede Denkgewohnheit ist und dass die Welt über das menschliche Handlungsinteresse hinausgeht. Die Versuche, in mehr als zwei Werten zu denken, sind mehr als zweitausend Jahre alt. Der griechische Philosoph Aristoteles bemerkte, dass besonders beim Nachdenken über Vorgänge, also über Geschehen in der Zeit, doch nicht alles, womit wir es zu tun haben, entweder ist oder nicht ist. Es gibt offensichtlich auch etwas dazwischen, mit dem wir rechnen können und müssen, nämlich das, was zwar im Moment nicht ist, aber doch gewesen sein kann oder noch sein könnte. Auch etwas, das jetzt nicht ist, kann doch möglich sein. Der Mensch als Dasein in der Zeit, das wurde auch Immanuel Kant nicht müde zu betonen, ist fähig zur Bildung von voreiligen Vorstellungen, die er auch immer wieder kritisch beurteilen kann und muss, eben weil wir nicht nur auf das reagieren, was konkret ist, sondern mit mehr rechnen, beispielsweise auch mit unterschiedlichen Folgen unseres Handelns. Das Gesetz in mir ist ebenso wie die Gesetze, die Gesellschaften sich auferlegen, überhaupt erst notwendig, weil uns immer mehrere Handlungsmöglichkeiten gegeben sind (und sei es die Entscheidung, nicht zu handeln oder sich als handelnde Person ganz abzuschaffen). Ob nun bei der wissenschaftlichen Beschäftigung mit Geschichte oder bei der Beurteilung einer einzelnen Handlung vor Gericht: Die Abhängigkeit des Urteils über ein Handeln aufgrund eines Denkens in mehr Alternativen gilt auch darum als Fortschritt der Menschlichkeit, weil wir immer wieder die Erfahrung gemacht haben, dass die eigene Bindung an Zweiwertigkeit große Probleme bereiten kann, wenn man aus dem logischen Wert eine unverrückbare Größe im menschlichen Miteinander machen will. Gut/böse, wahr/falsch, schwarz/weiß, Aktivität/Passivität, Täter/Opfer, Mann/Frau … alle Vorstellungen des absoluten Kontrasts machen die Orientierung zwar einfach, führen damit aber nicht notwendig zu einer Welt, die wir auch wollen.

Seit Beginn des 20. Jahrhunderts gibt es Versuche, Systeme eines Denkens in mehr als zwei Werten zu entwickeln. (Wer mehr darüber erfahren möchte, wird mit den Stichworten *Jan Łukasiewicz* und *Mehrwertige Logik* schnell fündig.) Es ist eine überaus faszinierende Erfahrung, zu beobachten, wie anders sich das eigene Denken anfühlt, und es macht – der Dank an meine Lehrer in mehrwertiger Logik sei hier nicht vergessen! – auch großen Spaß. Einige entwickelten in diesen Seminaren sogar den Wunsch, für den Rest des Lebens nichts anderes mehr zu tun. Aber das änderte nichts daran, dass allen die unvergleichliche Bedeutung der Zweiwertigkeit sofort wieder einfiel, wenn es darum ging, pünktlich zur Lehrveranstaltung zu erscheinen. Da zu sein oder nicht da zu sein, das betrifft etwas anderes als die Frage, ob man eventuell gleichzeitig anwesend ist oder irgendwie auch nicht, wirklich oder möglicherweise zur eindeutig festgesetzten Zeit dabei ist. Die Zweiwertigkeit hat eine Bedeutungsebene, die schlicht wichtiger ist, weil die anderen ihr untergeordnet oder doch in der Praxis von ihr abgeleitet bleiben. Auch die technische Umsetzung dreiwertiger Logik, also der Versuch, Maschinen zu bauen, die drei verschiedene Werte erkennen und darin rechnen können, stößt auf nicht geringe Schwierigkeiten. Unser Geist vermag zwar dem Unentschiedenen, der Unschärfe, dem Plasma und den Sphären einen gewissen Wert beizumessen, aber ein Gerät zu bauen, das das in vergleichbarer Weise könnte, also mehr Zustände kennt als an/aus, ist bisher nicht möglich, ohne doch wieder auf diesen Gegensatz zurückzugreifen. Einfach gesagt, können wir einer Maschine bisher nur das beibringen, was uns Menschen insbesondere auf unserem Themenfeld nun eher unangenehm vertraut ist: Abwarten, also Zögerlichkeit. Überrascht es irgendjemanden, dass technische Simulationen mehrwertiger Datenverarbeitung die größten Probleme bereiten, sobald man auch noch versucht, Verarbeitungsketten zu bilden, also die Unentschiedenheit und Unschärfe aneinander zu reihen?

Typisch! So könnte man jetzt denken. Der Mensch reproduziert seine eigene Mangelhaftigkeit und wundert sich dann, dass seine Kreaturen genauso scheitern wie er selbst. Aber es ist viel einfacher: Die Schwierigkeit liegt in der Funktion, die alle Kognition hat. Wer gehen muss, braucht Grund unter den Füßen. Auch wenn der Mensch die Fähigkeit hat, sich seiner Datenverarbeitungsprozesse bewusst zu werden, sich also zu der unmittelbaren sinnlichen Erfahrung in Distanz zu setzen, abwägen und so eine Entscheidung bewusst fällen kann, muss er sie doch irgendwann fällen, wenn er handeln will. Wie komplex, wie differenziert, wie besonnen und umsichtig wir auch denken: Am Ende bleibt das Ja/Nein.

Das Verabsolutieren der Heterosexualität zur eigentlichen Sexualität war im Laufe der menschlichen Wissensentwicklung nicht nur deshalb naheliegend, weil die Kopulation von Mann und Frau für den Fortpflanzungsprozess unumgänglich war. Wer sich eine befreiende Wirkung vom weiteren technischen Fortschritt in der Reproduktionsmedizin verspricht, wird also mit ähnlichen Erfahrungen rechnen müssen wie jene, die sich einst von der Möglichkeit zur Empfängnisverhütung die Gleichberechtigung erhofft haben. Die Attraktivität eines heterosexuellen Ordnens des Miteinanders ist nicht nur der Faszination für die Gewalt geschuldet, die eine Mehrheit über eine Minderheit nun einmal ausüben kann. Wer auf die Revolution hofft, unterschätzt das, was Menschen mehr zu fürchten gelernt haben als einander: die Unsicherheit, nicht zu wissen, wie man sich orientiert. Es ist nicht immer ein bestimmtes Gedachtes oder Erlebtes, das von den einen gegen die anderen zur Norm erhoben würde. Aber das, was jede dualistische Vorstellung so attraktiv und überhaupt erst normfähig macht, ist schon die Funktion des Denkens selbst.

Um es deutlich zu sagen: Heteronormativität wird selbstverständlich nicht auch schon dadurch richtig, dass Menschen als Denkende zumeist Pragmatisten sind, die mit plakativen Schemata nun einmal einfacher zurechtkommen als mit differenzierten Theorien. Das Denken zwingt jeden von uns immer wieder in einen Dualismus, nämlich in dem Moment, in dem wir zu denken aufhören müssen, um handeln zu können. Noch diejenigen, die aus eigener Erfahrung wissen, dass das ausschließliche Sprechen vom Männlichen und Weiblichen unzureichend ist, weil ein Mann-Frau-Dualismus für ihre Selbstbeschreibung nicht genügt, und die sich darum mit der Benennung nicht-binär besser beschrieben sehen, möchten eben doch genau das: nicht-binär genannt werden und nicht etwa anders. Es gibt keine Alternative zu Sein oder Nichtsein, wenn man nach sich fragt und damit auch den Grund meint, auf dem man weitergehen muss. So wertvoll es für die Allgemeinheit ist, Erkenntnisse zu sammeln, und so folgenreich es für Menschen, die eine Minderheit bilden, ist, als solche gesehen und anerkannt zu werden, bleibt die naturwissenschaftliche Perspektive für den Einzelnen unbefriedigend. Wer seine eigene Verfasstheit erlebt, möchte sich zwar im Katalog der sexuellen Spielarten abgebildet sehen und im Leben als Mensch unter anderen akzeptiert und respektiert sein, aber wenn von Sex die Rede ist, dann ist das doch nicht alles. Die eigene Geschichte zu erzählen, sich sichtbar und erforschbar zu machen, führt aber bestenfalls dazu, zu einem Beispiel für eine weitere Klassifikation zu werden. Auch wenn die Ersten, die den Versuch unternehmen, den Kanon menschlicher Sexualität zu erweitern, Pioniere sein müssen, sind sie aus naturwissenschaftlicher Perspektive höchstens der erste Fall. Die wissenschaftliche Annäherung an ein Phänomen bedeutet aber für den konkreten Einzelnen die Entfernung von seiner Geschichte. In seiner Eigenart gesehen zu werden heißt eben gerade nicht, als Einzelner gesehen zu werden. Genau das aber ist es, worum es uns geht, wenn wir uns unserem sexuellen Begehren zuwenden.

Das wahrhaft Absurde an unserem Nachdenken über eine vermeintlich natürliche oder unnatürliche Geschlechtlichkeit, das immer wieder so viel Unglück für die Menschen bringt, ist also etwas ganz anderes: Wenn wir uns der Natur und der Naturwissenschaft vor allem zuwenden, weil wir uns in der Welt zurechtfinden müssen, dann müsste das doch auch zur Gegenprobe führen, also zu einer Antwort auf die Frage, ob das Wissen um das Geschlecht eines einzelnen Menschen denn tatsächlich etwas nützt, und das ganz unabhängig davon, ob von einem biologischen Geschlecht oder einer sozialen Erwartung an die Geschlechterrolle die Rede ist. Was erwarten wir uns überhaupt von diesem Wissen über uns selbst, vor allem aber über einen anderen? Warum gehen wir davon aus, dass es von allgemeinem Interesse sein könnte, das Geschlecht eines anderen so genau zu kennen? Denn eines ist doch wirklich so, wie es immer war: Wenn ein

Mensch sich in der Nähe eines anderen Menschen so wohl fühlt, dass die Vorstellung unwiderstehlich wird, den anderen Körper zu berühren und sich von ihm berühren zu lassen, und man dann trotzdem vorher noch unbedingt Klarheit darüber möchte, wie dieser Körper ganz genau aussieht und wie der andere Mensch seine Körperlichkeit denkt und fühlt, dann gibt und gab es immer nur eine Möglichkeit, das herauszufinden. Wir müssen einander fragen. Aber sollten wir nicht erst mal an uns selbst die Frage richten, warum uns die Antwort nicht genügt, die unser eigener Körper gibt, der das andere Wesen doch offensichtlich genau so will, wie es ist?

MAKE LOVE,
NOT WAR!

**Zum Glück sind die Aggressionstriebe niemals
allein, immer mit den erotischen legiert.
Diese letzteren haben unter den Bedingungen
der vom Menschen geschaffenen Kultur
vieles zu mildern und zu verhüten.**

Sigmund Freud, Neue Folge der Vorlesungen
zur Einführung in die Psychoanalyse (1933)

V om erzkonservativen Traditionsbewahrer, der den
Willen Gottes durch seine unveränderliche Schöpfung gesichert wissen möchte, bis zum postmoder-
nen Revolutionär, der am liebsten nicht einmal mehr von
Männern und Frauen sprechen will – letztlich soll alles, was
man will, was immer wir begehren, unbedingt «natürlich»
sein, möglichst noch angeboren, also nicht erst von mir gewollt, sondern vor allem von der Natur ganz genau so ange-
legt. Allem Gerede vom Ende der Metaphysik, vom Tod Gottes
und der Behauptung menschlicher Selbstbestimmung zum
Trotz treibt Menschen heute nicht weniger als vor Tausen-
den von Jahren um, den eigenen Platz im großen Rollenspiel
zu finden, indem man einen Marionettenspieler voraussetzt.
Es scheint, als ginge es immer noch um Letztbegründung,
um die letzte Gewissheit, den gesicherten Weg unter unseren Füßen. Mehr noch als gewollt möchte man geplant sein,
auf dass niemand mehr in Frage stellen kann, dass man ein
Recht darauf hat, so zu sein, wie man ist. Dieses besondere

Naturrecht, direkt abgeleitet aus dem Faktum des Seins, ist der Traum von der Normativität des Faktischen. Ich bin, also zieht nicht in Zweifel, dass ich auch sein darf.

Die Schwierigkeit besteht nur darin, dass die Natur nicht jedem das Gleiche über das zu erzählen scheint, was ist. Erzählen und verständlich machen nämlich will immer der Mensch. So sehr wir uns auch als Getriebene fühlen, sind es doch vor allem wir, die uns treiben, nämlich schon mit dem Suchen nach dem Plan der Natur. Der *Begriff* der Natur und damit auch das jeweilige Verständnis der Naturwissenschaft ist eine Leistung, die *wir* erbringen müssen, also eine Kulturleistung. Und wie immer, wenn Menschen erzählen, erscheint das, was ist, aus ihrer eigenen Perspektive und drängt in die epische Breite. Während die einen alles, was nicht in ihr Naturverständnis passt, je nach eigenem Geschmack als Missgeburt oder Laune der Natur aussortieren, versuchen die anderen, noch für die ungewöhnlichste Erscheinung einen Kontext zu finden, aus dem sie sich schlüssig erklärt. So wurde beispielsweise Homosexualität einmal als mehr oder minder gefährliche Abweichung von der Norm beschrieben, die sich - so der weise Naturplan - immerhin nicht fortpflanzen kann, was die kleine Schwierigkeit übrig lässt, dass sie dennoch nicht längst ausgelesen wurde; von der anderen Seite lässt sich das gleichgeschlechtliche Lieben nicht weniger eingängig auf eine ebenso weise Naturanlage zur Verhütung von Überbevölkerung zurückführen, was die andere kleine Schwierigkeit übrig lässt, dass das offensichtlich auch nicht sehr gut funktioniert. Und so häufen wir mehr und mehr Geschichten des natürlichen Werdens und Vergehens an, die vor allem die gar nicht kleine Schwierigkeit übrig lassen, dass sie sich nicht zusammen denken lassen, obwohl wir doch offensichtlich zusammen leben müssen. Einigkeit über das, was als natürlich gelten kann, ist eindeutig nicht naturgegeben, wenn schon so erbittert darüber gestritten werden kann, was überhaupt ist und was wir nur gern so hätten. Wer die Weisheit der Natur sucht und Uneinigkeit darüber, was weise sein könnte, nicht zu übersehen vermag, kann sich nur noch in der Suche nach dem Schuldigen einig werden: Verbockt hat's sicher nur der andere Mensch, und das nicht etwa, weil er falsch erzählt, sondern weil einige den Ruf der Natur erstaunlicherweise immer wieder hartnäckig überhören wollen, obwohl doch alle ganz sicher sind, dass er genau ihnen den richtigen Weg weist.

Es ist doch interessant: Obwohl wir lebendige Wesen sind und uns darüber hinaus als empfänglich für die Reize anderer erleben, reicht uns dieser Wink unserer Körperlichkeit offenbar nicht aus, um unser sexuelles Begehren einfach ernst zu nehmen. Denn wir sind uns immer auch bewusst, dass es eben *unsere* Körperlichkeit ist, die noch ganz andere Wünsche und auch Befürchtungen signalisieren kann. Ganz unabhängig von der Frage, welche Konsequenzen es haben könnte, diese oder jene Person zu berühren, verunsichert uns schon die Tatsache, dass Sex uns wichtig ist. Unser ganzes Wissen hat bis heute nichts daran geändert, dass sexuelles Lustempfinden nicht einfach nur so großartig sein darf, wie es sich anfühlt. Wie sonst erklärt es sich, dass wir so viel Aufwand betreiben, um es mit anderer Begründung zu rechtfertigen, damit wir es für erlaubt halten können?

Einig ist sich ein immer größerer Teil der Menschheit nur bei Extremfällen, über die schon allein darum schwer zu streiten ist, weil sie die Grundlage jeden Rechts und nur darum auch das sexuelle Verhalten betreffen: Aus Bedürfnis oder Spaß, aus natürlicher Anlage oder aus spontanem

Einfall – kein Mensch hat das Recht, andere in ihrer Freiheit einzuschränken, zu schädigen oder gar zu töten. Darum soll doch wenigstens einmal gesagt sein, dass es selbstverständlich keine speziellen Sexualgesetze bräuchte, wenn Menschen ihre eigene Idee von Recht konsequent befolgen und die Freiheit zur Selbstbestimmung nur dann einschränken würden, wenn sie mit der Freiheit anderer kollidiert.

Inzwischen erkennt sogar die katholische Kirche an, dass ein einvernehmliches Geschlechtsleben nicht nur der Fortpflanzung, sondern auch der Paarbindung und damit der Stabilität von Beziehungen dient, also auch jenseits der Zeugung einige Achtung verdient – jedenfalls in einer regelkonform geschlossenen Ehe und unter Berücksichtigung diverser Regeln, die jeder im aktuellen *Katechismus der Katholischen Kirche* von 1992 nachlesen kann. Sein Chefredakteur, inzwischen Papst im Ruhestand, geht sogar noch weiter. Er ließ im Januar 2020 vernehmen, dass auch die Berufung eines Menschen zum Zölibat keineswegs «la conséquence d'un mépris de la corporéité et de la sexualité», die Folge einer Verachtung für Körperlichkeit und Sexualität sei. Im Gegenteil erfordere auch die Hingabe an Gott, die ein Priester erstrebt, den ganzen Menschen, was den wohlwollenden Leser doch zum Umkehrschluss ermutigen kann, dass sogar dieser (Ex-)Papst ganz persönlich, *des profondeurs de nos cœurs*, seine Sinnlichkeit als Teil der Heiligen Ordnung versteht und damit offenbar auch etwas anzufangen weiß.

An Alternativen zur Rechtfertigung von Sex fehlt es nicht. Auch wenn man das Muster leichter erkennt, sobald es in einem Priestergewand daherkommt, ist der Hang zur großen Erzählung ungebrochen.

Sex, natürlich nur im «richtigen» Maße, wirkt ausgleichend auf die Psyche, wirkt therapeutisch, ist gut für das Immunsystem, macht garantiert zufrieden und glücklich und den Menschen so zu einem produktiveren Mitglied der Gemeinschaft, einem besseren Mitarbeiter und noch besseren Mitbürger. Sex bindet Menschen fester aneinander, die Zweisamkeit stabilisiert die Gesellschaft, die sexuelle Erfahrung mit Menschen erweitert den Horizont und stärkt unsere Motivation zu Gemeinschaft und zur allumfassenden Liebe. Sex ist Sport, trainiert den Körper, baut Spannungen, vielleicht sogar Aggressionen ab, fördert also auch das friedliche Miteinander, darum ist sexuelle Befreiung immer gleich alles auf einmal: Opium fürs Volk und Befreiung zur Mündigkeit, Selbstfindung und Grundlage der Demokratie – von «Finde die Göttin in dir!» bis «Ficken für den Weltfrieden!» ist uns inzwischen so viel eingefallen, dass doch eigentlich nur noch eine Frage übrig bleibt: Warum erzählen wir uns das alles, wenn Sex doch so offensichtlich gut ist, dass der Mensch nicht einmal Vernunft bräuchte, weil man gar nicht anders kann, als die Vorteile sexueller Betätigung zu erleben?

So gut einem die Vorstellung gefallen mag, dass mehr Zeit für Sex in der Welt zu etwas Gutem führen könnte, also beispielsweise dazu, dass die jungen Leute sich lieber aneinander vergnügen, als ihr Heil in Schützengräben oder anderen suizidalen Unternehmungen zu suchen, und noch die Ältesten oft genug beglückt seufzen, um gar nicht auf den Gedanken zu verfallen, die Welt in Kriege zu zetern, hilft es uns doch bei der Frage nach dem Verhältnis des Menschen zu seinem Lustempfinden nicht weiter. So viele Sinnzusammenhänge sich auch konstruieren und zum Teil sogar begründen lassen, führt doch die Frage nach einer möglichen Instrumentalisierung von etwas nicht zu einer Antwort auf die ganz andere Frage nach diesem Etwas. Jedenfalls nicht der Sache nach. Dennoch haben wir offensichtlich ein schwer abweisbares Bedürfnis zu wissen, wozu wir etwas tun, noch bevor wir wissen, was es ist.

Es gibt einen Hang des denkenden Lebewesens Mensch, den man nicht unterschätzen sollte: unsere Sehnsucht nach Kohärenz, nach dem Sinnzusammenhang, weil uns die Tatsache, dass wir sind, nämlich keineswegs genug ist, auch wenn wir einander weismachen wollen, dass zu sein genügt. Und das liegt nicht nur an unserem Handlungsinteresse, obwohl auch das hier eine Rolle spielt. Weil wir wissen müssen, was zum sicheren Überleben nützlich ist, fragen wir gern immer nach Nutzen. Und auch der einzelne Mensch fragt danach, wozu er gut sei. Wer sich bewusst um seine Orientierung sorgen kann, verallgemeinert nicht nur seine eigene Naturhaftigkeit zur Natur der Welt, sondern auch seinen Geist zur Kultur der Welt. Da den meisten Sex nicht nur gefällt, weil es der einfachste Weg ist, Nachkommen zu zeugen, reichte die Gattungsperspektive vermutlich noch nie aus, um uns unser Begehren so verständlich zu machen, wie wir es gern hätten.

Es ist nicht zu übersehen, dass uns insbesondere beim Nachdenken und beim Erleben sexueller Erregung und Lust unsere verschiedenen Naturbegriffe ebenso durcheinandergeraten wie unsere verschiedenen Interessen. Wenn sich das Orientierungsbedürfnis mit dem Wunsch, von sich zu erzählen, vermischt, dann liegt die Ursache dafür darin, dass es dem Einzelnen nicht hilft zu wissen, dass Sex für die Gattung natürlich, ja, auf diese oder jene Weise für die Gemeinschaft nützlich ist, wenn das eigene sexuelle Begehren wesentlich irritierend ist. Es ist meine Schwierigkeit, mich selbst unter einen Begriff zu bringen, es ist also meine verwirrende Selbsterfahrung, nach deren Modell wir uns eine ebenso verwirrende Welt entwerfen, von der wir dann aber erwarten, dass sie uns eine klarere Antwort gibt, als wir sie zu geben imstande sind. Ein vernunftbegabtes Lebewesen hat die größten Schwierigkeiten, sich selber zur Erfahrung freizulassen, weil es immer auch die Erfahrung von Neuem ist.

SEIN UND SOLLEN

**Wenn man als Jude angegriffen wird,
muss man sich auch als Jude verteidigen.**

Hannah Arendt im Gespräch

mit Günter Gaus (1964)

Der Verdacht, dass die Probleme der Menschen mit ihrem sexuellen Verlangen nur entstehen, weil der Mensch der Natur ins Handwerk pfuscht, ist beides: berechtigt, aber eben auch banal. Auch der Mensch ist offensichtlich ein Lebewesen, aber wir sind nicht einmal in der Selbsterfahrung nur Natur, sondern beschreiben uns und die Welt aus unterschiedlichsten Interessen mit Hilfe von Ordnungsbegriffen, Kausalvorstellungen und Kategorien, zu denen auch entsprechend unterschiedliche Naturbegriffe gehören. Schon die Abhängigkeit von der gewählten Perspektive schließt aus, dass die jeweils daraus gebildete Vorstellung von Natur zur Rechtfertigung des Verhaltens herangezogen werden kann, weil selbstverständlich das Interesse an einer solchen Rechtfertigung den jeweiligen Naturbegriff hervorbringt. Das gilt nicht weniger, wenn es um eine Hinwendung zur Natur geht, die als eine Kritik an Kultur oder Alternative zur Kultur unternommen wird. Wer sich die Natur als Korrektiv der Kultur vorstellt, misst nicht etwa «die Kultur» hier an «der Natur» dort. Es ist nur ein Nachdenken über von uns aufgestellte Ordnungsbegriffe, mit denen wir schon unsere Selbsterfahrung ordnen, was zwar seine ganz eigene Berechtigung hat, aber doch nicht helfen kann, wenn ein Mensch dem anderen in sein Selbsterleben hineinredet oder ihm gar das Recht abspricht, so zu leben und zu lieben, wie es ihm nahezuliegen scheint. Wenn Lebewesen mit komplexen kognitiven Fähigkeiten, mit Bewusstsein, Selbstbewusstsein und dem Drang zu verstehen begabt sind und ihre Begabungen nutzen, um sich nicht nur zu verstehen, sondern dieses Verstehen auch bewusst zu nutzen, um sich zu entwickeln, kann man diese Entwicklung zwar als «unnatürlich» oder «künstlich» beschreiben. Die Frage ist nur, was man dann noch mit diesen Wörtern anfangen kann.

«Zurück zur Natur!» klingt anheimelnd, ist aber sinnleer, wenn man nicht dazu sagt, welche Natur denn in normierender Absicht propagiert werden soll. Wenn man es aber dazu sagt, bedarf diese selbstgewählte Norm der Rechtfertigung, was dann - nach der eigenen Devise - nicht mehr die selbstverständliche Natur wäre, zu der man doch offenbar einfach nur zurückzukehren braucht, weil es für alle dieselbe wäre. Die forsche Behauptung, dass Natur eben einfach das sei, was ist, sodass alles, was sich als anders herausstellt, nur «krank» und «unnatürlich» sein kann, lässt sich zwar aussprechen, aber nicht denken.

So legitim es ist, auch dann, wenn es um Sex geht, die Perspektive auf den Menschen zu begrenzen und dadurch Naturwissenschaft zu treiben, so vermessen ist es, diese methodische Verengung irgendwann zu vergessen, wenn es um etwas anderes geht als die Modellierung eines Naturwesens aus einem klar definierten, aber damit notwendig einseitigen Interesse. Für einen Biologen ist alles biologisch, sobald er Biologe ist. Nur dadurch, dass man den eigenen Methoden zunächst einmal zutraut, damit alle Erscheinungen erhellen und alle Zusammenhänge zu erklären, lässt sich die Leistungsfähigkeit einer Wissenschaft auf die Probe stellen.

Aber Genesis und Geltung sind nicht dasselbe. Die Frage,

.

wie ein Ding wurde, was es ist, hat nichts mit der Frage zu tun, ob ein Ding auch sein sollte, wie es ist. Auch wenn Menschen beide Fragen stellen und auch zu jeweils interessanten Antworten gelangen können, geraten wir doch unvermeidlich in große Schwierigkeiten, wenn wir diese Perspektiven nicht sorgfältig auseinanderhalten.

Dass insbesondere das Nachdenken über Sex hier gefährdet ist, liegt am Zusammenfallen von Gegenstand und Urteil in einem konkreten Wesen, und das auch noch auf verschiedenen Ebenen. Der Mensch ist als Lebewesen mit sinnlicher Begierde ebenso wie mit einem Interesse an sicherer Orientierung durch Regeln und Normen begabt, und nur darum können wir die Frage stellen, wie mit der Begierde umzugehen sei. Den Einzelnen kann man als Beispiel für die Gattung betrachten, sich also auf das konzentrieren, was an diesem Einzelnen typisch ist. Sobald mich der Einzelne aber als Einzelner interessiert, werde ich ihn nur beschreiben können, indem ich die Abweichungen zum Wesentlichen erkläre. Selbst wer sich gar nicht verstehen, sondern nur bewusst erleben will, bringt alle Ordnungsbegriffe an ihre Grenze. Wenn es sich bei diesem Einzelnen darüber hinaus um mich handelt, dann ist das, was ich genau beobachten und beschreiben will, auch das, was beobachtet und beschreibt, eine Komplikation, die komplexer nicht vorstellbar ist. Ich klassifiziere mich? Drei Wörter reichen, um den Anspruch dieser kognitiven Anforderung zu fühlen. Kategorienfehler auf diesem Gebiet aber hatten oft genug die schrecklichsten Folgen.

Menschen, die sich in ihrer Begierde von dem unterscheiden, was auch ihrer eigenen Einschätzung nach die meisten Menschen zueinander zieht, hatten immer wieder die Hoffnung, sich selbst besser zu verstehen und dadurch auch die

Diskriminierung und Verfolgung zu beenden, wenn denn der Nachweis gelänge, dass auch ihre Begierde «natürlich» sei. Darum klang es im Jahr 2011 so unverhofft fortschrittlich, als die amerikanische Künstlerin Lady Gaga «Born this way» sang: Wenn ich nun einmal anders geboren bin, dann brauche ich doch auch keine Rechtfertigung mehr, dass ich anders bin? Wenn es auch in der Tierwelt neben der Homosexualität alle möglichen Spielarten der Diversität gibt, dann ist es doch nicht mehr erklärungsbedürftig, dass sich diese Phänomene auch unter Menschen finden? Wenn weder mein Körper noch meine sexuellen Vorlieben die Folge meiner Wahl sind, weil ich schon mit ihnen geboren wurde, dann kann mir auch niemand vorwerfen, dass ich sie beispielsweise als Lifestyle gewählt hätte. Verheißungsvoller noch: Wenn ich mich letztlich in meiner Sexualität gar nicht orientieren kann, weil mein begehrlicher Blick «von Natur aus» voreingestellt ist, kann auch niemand vernünftigerweise von mir verlangen, dass ich mich anders orientiere, oder mir gar eine Heilung anbieten? Wo keine Wahl ist, da ist auch keine Schuld. Dennoch erweist sich diese Naturalisierung des eigenen Verlangens als Irrweg, sobald es um ethische Interessen, um Moral, Sitte und Recht geht. Das so erleichternd klingende «Ich bin nun mal so gemacht» bringt nämlich gefährliche Risiken und unangenehme Nebenwirkungen mit sich, und das sowohl für diejenigen, die sich darauf berufen, als auch für Menschen, die das gar nicht wollen.

Die Berufung auf die eigene Naturgegebenheit bringt notwendig jeden in Bedrängnis, der im Laufe seines Lebens etwas Neues an sich entdeckt oder sich, und sei es aus Neugierde oder Gelegenheit, tatsächlich orientieren möchte, also beispielsweise Experimente oder Veränderung wagt. Auch wenn es viele Menschen gibt, die das, was man unscharf «sexuelle Orientierung» nennt, als etwas erleben, das so selbstverständlich zu ihnen gehört wie das Herz oder Gliedmaßen, bringt doch die damit einhergehende Behauptung, dass diese Orientierung eben vorgegeben ist, diejenigen unter Rechtfertigungsdruck, die sich nicht als festgelegt empfinden oder experimentieren wollen. Der Körper, mit dem ich geboren wurde, muss sich darum nicht zwangsläufig richtig anfühlen. Das, was uns anzuziehen vermag, kann sich im Laufe des Lebens ändern. So mancher hat eine sexuelle Vorliebe erst in höherem Alter entdeckt. Die vorwurfsvolle Frage, warum man nicht mehr attraktiv finden kann, was einen doch offenkundig jahrelang so angezogen hat, also warum man es denn nicht vorher gewusst habe, folgt unmittelbar aus der Vorstellung, dass jede sexuelle Orientierung eine Anlage, also eine naturgegebene Prädisposition sein müsse. Wenn wir das moralische Urteil über ein Verhalten davon abhängig machen, ob das Verhalten sich in der Zeit gleich bleibt, verurteilen wir all jene, die sich diesem Muster nicht fügen, als müsste man nicht vielmehr fragen, was denn so verwerflich daran sein sollte, wenn ein Mensch beispielsweise sein eigenes homosexuelles Verhalten für eine Phase oder Probe hält oder es als Selbstinszenierung wählt oder einfach für eine günstige Gelegenheit hält. Wie es zu einer Verhaltensweise kommt, mag interessant sein. Für die Frage, ob dieses Verhalten in einer Gesellschaft erlaubt ist, ist es nicht entscheidend, und zwar weder für ein allgemeines Gerechtigkeitsinteresse noch für das Recht des Einzelnen auf sexuelle Selbstbestimmung. Wer Toleranz sucht, möchte doch nicht Mitleid dafür, dass die Natur auch mal einen Sonderfall hervorbringt. Es ist auch kein Antrag auf mildernde Umstände, die für das allgemeine Urteil berücksichtigt werden müssten. Toleranz ist weder das Mitgefühl für ein vermeintliches Schicksal noch großzügige Duldung, sondern Akzeptanz einer Art zu sein oder zu leben, und zwar ganz egal, ob diese Lebensweise nun die Folge einer Veranlagung oder einer spontanen Idee ist. Eine Naturalisierung eigener Neigungen hebt die Normsetzung aber gerade nicht auf, sondern verschiebt nur den Maßstab der Abwertung. Auch darum hat man sich nicht selten auf Naturanlagen berufen, wenn es um die Rechtfertigung von Gewalt gegen Andersliebende ging.

Wer einen Menschen, und sei er es auch selbst, nur dann für existenzberechtigt hält, wenn er glaubhaft machen kann, einer Naturanlage zu folgen, greift nicht nur andere Lebensweisen und Entscheidungen an. Auch die Ablehnung von allem außer heterosexuellem Verhalten bedeutet ja nicht nur einen Angriff auf ein konkret Anderes, also beispielsweise Autoerotik, Homosexualität, Bi-, Pan- oder auch Asexualität, sodass man sich nur zu wehren hätte, wenn man direkt angegriffen wird, weil es alle anderen nichts anginge. Wer Naturdeterminismus als Lizenz zur Abwertung anderer anführt, attackiert immer schon die Idee der Menschheit, und zwar in jeder Person. Wer sich dagegen nicht auch als Mensch verteidigt, also ganz unabhängig davon, was uns jeweils geprägt und geformt hat, der unterschätzt, was da auf dem Spiel steht. Der amerikanische Primatenforscher Paul L. Vasey erwähnt gern, dass man zwar vielfältiges homosexuelles Verhalten unter höheren Primaten beobachten könne, aber niemals Homophobie, die offenbar eine menschliche Erfindung ist. Doch gesetzt den Fall, dass sich irgendwann in einem Seitenarm des Amazonas kleine Fischlein fänden, die Artgenossen mit gleichgeschlechtlichen Vorlieben konsequent mit ihren scharfen Zähnchen kastrieren – was wollen Menschen denn daraus für die Organisation ihres Zusammenlebens schließen? Katzen spielen auch Mäuse tot, ohne dass wir sie zu Vorbildern erklären.

Jede Flucht in die Naturwissenschaft in der Hoffnung auf die Rechtfertigung des eigenen Seins und Verhaltens durch die biologische Verfasstheit ist eine Kapitulation, und das nicht etwa, weil menschliche Freiheit uns in die Lage versetzen sollte, allein durch den Willen die Körperhaftigkeit zu überwinden. Das ist ja auch offensichtlich unsinnig, wie jeder weiß, der schon einmal versucht hat, sich die Hand im Feuer nicht zu verbrennen. Wenn wir einander aber dazu treiben, in einer empirischen Wissenschaft nicht nur unserer Neugierde nachzugehen oder nützliche Werkzeuge zu finden, sondern auch Absolution zu suchen, haben wir den Gedanken aufgegeben, dass Menschen mehr sind als das, wozu wir einander degradieren können. Wenn etwas der Rechtfertigung bedarf, dann doch vor allem die menschliche Angewohnheit, einander selbst dann zu verurteilen, wenn uns das Sein und Tun anderer nicht das Geringste angeht, sobald sich dazu auch nur irgendein Vorwand vorbringen lässt, und sei er auch noch so durchsichtig.

Eine von der Mehrheit abweichende sexuelle Orientierung, die als angeborene Abweichung definiert wird, ruft außerdem nicht zufällig in schrecklicher Regelmäßigkeit Hygieniker auf den Plan, die sich berufen fühlen, das Übel an der Wurzel auszurotten. Die Hoffnung, sich nicht rechtfertigen müssen, gilt nämlich auch für diejenigen, die mit dem Hinweis auf eine Naturanlage dazu aufrufen, gewisse Menschen als Unfälle der Natur zu markieren, weil sie zum Schutz der Allgemeinheit unbedingt zu vernichten seien, meist begleitet von schöpferischen Anmaßungen wie detailfreudigen Zuchtwahlträumen, selbstverständlich nur, um eine weitere «Entartung» zu vermeiden. Reißt man nicht auch Unkraut aus? Für diejenigen, die den allgemeinen Erwartungen nicht entsprechen, ist das auch nicht besser als Sittenlehrer, die sich anmaßen, Menschen ausreden zu können, das zu lieben, was sie lieben, oder selbsternannte Konversions-Therapeuten, die mit Pillchen, Einläufen und Elektroschocks ein neues Leben mit den einzig wahren Neigungen versprechen, also denen, die ihnen normgerecht erscheinen.

Dieser dennoch immer wieder getriebene Unfug ist selbstverständlich kein Argument gegen die wissenschaftliche Erforschung der menschlichen Sexualität und ihrer biologischen Ursachen. Aber selbst eine Theorie der Entstehung individueller Neigungen, die nach besten Wissenschaftskriterien vollständig hergeleitet wäre, hat noch gar nichts mit der Frage zu tun, was Menschen tun dürfen oder nicht, wie auch immer sie geboren sein mögen. So beliebt es ist, vom Sein auf ein Sollen zu schließen, könnte man den moralischen Anspruch nicht deutlicher verfehlen: Die ethische Perspektive auf den Menschen wird nämlich überhaupt erst dadurch gewonnen, dass wir die Frage nach dem Sollen als Fähigkeit des Menschen zu einer ganz anderen Sicht auf dieselben Phänomene entdecken, die für sich steht und stehen bleibt. Das gilt in beide Richtungen: Eine Wissenschaft, die sich der Aufgabe widmet, möglichst genau zu beschreiben, was ist, kann damit nicht den Anspruch verbinden, so auch begründen zu können, ob etwas bleiben darf oder soll, nur weil es ist. Um zu beschreiben, was ist, muss Wissenschaft sich darum auch dem Ideal bloßer Beschreibung annähern, also immer wieder um einen Blick auf die Welt ringen, der kein kulturbedingtes Zuordnen, sondern genaues Hinsehen ist. Ethische Normen und sogar komplexe Regelsysteme wie Religionen und Ideologien gefährden die Wissenschaft immer dann, wenn sie sich in die Forschung mischen und so den eigenen Blick normieren wollen, damit nicht mehr gesehen werden kann, was ist, weil von vornherein festgelegt wird, was gesehen werden soll. Der Arzt Sigmund Freud verschwendete eindeutig zu viel von seiner bewundernswerten Intelligenz für ganze Abhandlungen über den reifen und den unreifen Orgasmus der Frau, um die Masturbation zugunsten des Geschlechtsverkehrs mit einem Mann abzuwerten. Diese abwegige Vorstellung erschien ihm offenbar wichtiger, als tatsächlich ein wissenschaftliches Interesse an weiblicher Anatomie zu zeigen. Die war schon zur vorletzten Jahrhundertwende auch jenen zugänglich, die es ängstlich vermieden, eine Frau genauer anzusehen, denn es existierten bereits seit 1844 die Anatomiestudien von Georg Ludwig Kobelt. Ganz zu schweigen von den neidelnden Sängern der vermeintlich luxurierenden Weiblichkeit, die in der Lage sind, mehr und mehr Forschungsergebnisse zur Funktion des weiblichen Orgasmus bei der Fortpflanzung zu ignorieren, weil es sich mit der Vorstellung so viel besser lebt, dass dieser Höhepunkt für eine Frau ja eigentlich, also wenn es nach «der Natur» ginge, gar nicht notwendig wäre. Leichter, als sich durch entsprechende Literatur zu quälen oder wenigstens die eigenen Naturbegriffe kritisch zu verwenden, ist das mit Sicherheit. Das Tragische an diesem geringen wissenschaftlichen Anspruch und der begrenzten Neugierde der Autoren ist aber gar nicht die mit so viel Kraftaufwand betriebene Lebenszeitverschwendung, sondern die grundsätzliche Praxisferne dieses Bemühens. Es gibt den weiblichen Orgasmus nun einmal, ganz egal, ob man es versteht oder nicht, ganz gleich, ob man es begründen und herleiten kann. Wer also zu den Menschen gehört, für die Frauen eine große Rolle spielen, wenn von Sex die Rede ist, wird heute mit der These, dass gewisse Dinge von Natur aus eigentlich nicht nötig oder nur auf vorgeschriebene Weise erlaubt wären, vermutlich nicht den besten Erfolg haben.

Es stimmt so hoffnungsfroh, vom Fortschritt in der Naturwissenschaft auf Liberalisierung und damit auf eine immer größere sexuelle Freiheit zu schließen. Es fehlt auch seit je nicht an den großen Versprechen, dass dieses oder jenes Forschungsprojekt uns nun endlich befreien wird, weil es das Potenzial habe, den Menschen durch Kenntnis, also durch Verstehen, mit der Welt zu versöhnen. Wissen allerdings befreit nur dann, wenn Menschen sich auch um gegründetes Wissen jenseits persönlicher Ängste bemühen und sich außerdem Rechenschaft darüber ablegen, wozu sie es überhaupt erwerben wollen. Das gilt nicht nur für Wissenschaftler, sondern mindestens ebenso für die Konsumenten von Wissenschaft, die Forschung am liebsten dann gefördert haben, wenn sie zu viel verspricht, das man dann aber gern in einfachen, kurzen, vor allem aber ewiggültigen Antworten geliefert bekäme. Das moderne Wissenschaftsverständnis schließt das Wissen um die Vorläufigkeit empirischer Forschung ein. Wir können unsere Verantwortung, wie wir miteinander umgehen wollen, nicht auf Naturwissenschaftler abschieben und dann mit dem Finger auf sie zeigen, als wäre die Forschung an einer offensichtlich grausamen Sexualgesetzgebung schuld.

Was tatsächlich befreien kann, ist eine Wissenskultur, die immer auch den Respekt vor Erkenntnis und damit die Bereitschaft zu Selbstkorrektur und Weiterentwicklung einschließt. Das gilt auch für den Respekt vor den Erkenntnislücken und schließt den ehrlichen Umgang der einzelnen Wissenschaftler mit ihren eigenen Ängsten und Widerständen ein. Wer schon den Widerwillen nicht überwinden kann, sich einem Objekt überhaupt zuzuwenden, sollte vielleicht wenigstens nicht darüber schreiben.

Der Mensch, so sagen nicht nur Reiseanbieter und Zoobetreiber, kann nur schätzen, was er kennt. Aber im Unterschied zu fernen Ländern und sicher eingesperrtem Viehzeugs liegen die Dinge anders, wenn es um unsere sexuellen Fähigkeiten geht. Hier ist schon jeder für sich das Ferne und das fremdvertraute Tier, das es zu besichtigen gilt. War nicht die Forderung «Erkenne dich selbst!» immer schon die Aufforderung, eine Reise ohne Wiederkehr anzutreten, bei der es um etwas ganz anderes geht als das Sammeln von Souvenirs, mit denen sich dann daheim Eindruck schinden lässt? Man kann niemandem verdenken, wenn er schon den Reiseantritt scheut, denn alle Ängste sind begründet.

TIEFENANGST

Unser Sommer ist nur ein grün angestrichener
Winter, sogar die Sonne muß bei uns eine Jacke von
Flanell tragen, wenn sie sich nicht erkälten will.
Heinrich Heine, Reisebilder. Reise von München
nach Genua (1830)

E s ist zweifellos eine Errungenschaft, wenn sich in
einer Gesellschaft die Überzeugung durchsetzt, dass
das gewaltfreie Erkunden des eigenen Körpers gar
nicht falsch sein kann. Wer heute immer noch den Untergang der Zivilisation fürchtet, wenn ein heranwachsendes
Kind entdeckt, dass es sich Lust bereiten kann, gilt als bestenfalls weltfremd. Warum sollten für Körperwissen und Erfahrung andere Regeln gelten, sobald es der eigene Körper
ist, den man studiert? Wer in einem anderen Jahrhundert
aufgewachsen ist, schaut durchaus mit wehmütigem Neid
auf Aufklärungsbroschüren, die Jugendlichen heute in
Deutschland von staatlichen Stellen an die Hand gegeben
werden. Die Angstmacherei früherer Generationen ist dem
vorsichtigen Vertrauen gewichen, dass jemand, der seinen
eigenen Körper kennen und vor allem lieben lernt, nicht

nur mit sich, sondern auch mit den Körpern anderer sorgsamer umgeht wird. Keine Rede mehr von krankhafter Onanie, drohender Verblödung, Einstieg ins Verbrechen und anderen vermeintlichen Folgeschäden für Körper und Geist, auch wenn es immer noch zu viele Mädchen gibt, die man vor den Folgen vom Spaß an der Autoerotik für ihr körperliches Erscheinungsbild warnt, und nicht wenige Jungen fürchten, dass die Anzahl sexueller Höhepunkte in ihrem Leben begrenzt sein könnte, man sie also nicht allzu sorglos verbrauchen sollte, weil einem Mann die schöne Lust sonst womöglich vor der Zeit ausgeht. Sexmythen können hartnäckig sein und werden es vermutlich bleiben, weil sexuelle Aufklärung sich auch von den entspanntesten Eltern nicht verteidigen lässt, solange immer noch die Anstandshüter im nächsten Strandkorb lauern, die den Kleinsten schneller, als man es verhüten könnte, beibringen, dass man sich für seinen Körper zu schämen habe.

Die heutige Welt steht auch nicht ohne Grund unter dem Verdacht, jeden noch so schönen Erziehungstraum zu durchkreuzen. Es herrscht eine allgegenwärtige Freizügigkeit, die jeden zu überfordern droht, auch wenn man nicht nachts vor die Tür geht. Schon wer ein Mobiltelefon bedienen kann, bekommt reichlich Gelegenheit, mehr zu erfahren, als sich so einfach verstehen lässt. Pornographie und die nicht immer so gut behüteten Mitschüler erziehen unvermeidlich mit. Wenn man aber nicht die inzwischen todzitierte Empfehlung des Philosophen Jean-Jacques Rousseau aus dem 18. Jahrhundert beherzigen möchte, sein Kind mit einem untadeligen Erzieher allein in der Einöde ohne Internetanschluss so lange zu verwahren, bis es sich zu einem eigenbrötlerischen Einzelgänger ohne Sozialkompetenz und Wissen von der Welt entwickelt hat, kann man nur eines versuchen: schneller zu sein und die Geschichten vom Klapperstorch zu überspringen.

Schon Kinder benötigen heute mehr Medienkompetenz und Widerstandskraft, als sie so mancher Erwachsene sich anzueignen bereit ist. Ob es uns gefällt oder nicht, Kinder sind immer schon mitten in der Welt der Erwachsenen und damit auch in Gegenden unterwegs, von denen die meisten von uns so wenig wissen wollen, dass es nicht einmal dazu reicht, angemessen aufzuklären. Gerade wer den verderblichen Einfluss der vermeintlichen Übersexualisierung fürchtet, muss umso früher und offener über Sex sprechen. Die traditionelle Orientierungsmarke, also die Festlegung der Geschlechtsreife auf die beginnende Reproduktionsfähigkeit und die Reduktion der Aufklärung auf die Verhütung ungewollter Schwangerschaften, ist von den realen Verhältnissen längst weggefegt. Wer junge Menschen schützen möchte, muss sich und sie kundig machen, und das auch gegen überholtes Wissen. Das gilt selbstverständlich auch für das eigene.

Trotz der allgemeinen Versicherung, dass Autoerotik doch ein längst akzeptiertes harmloses Vergnügen sei, fehlt es erstaunlicherweise heute dennoch selten an drastischen Warnungen, auch wenn sie moderner klingen. Aber ist nicht das Sprechen von Pornographisierung, von Sexsucht, allgegenwärtiger Sexualität und sexueller Reizüberflutung meist ebenso auffällig alarmiert wie die alten Befürchtungen direkter physischer Folgen? Ob gestern oder heute, vor allem die Kunst, möglichst elaboriert am Thema vorbeizureden, wird noch immer besonders gepflegt. Die Neigung, bei bester aufklärerischer Absicht doch lieber nicht über Sex zu sprechen, wenn man sich erst mal die Gefahren in schrillen Farben ausmalen kann, scheint keineswegs überwunden, nur weil es heute weniger nach mangelhafter Körperkunde, sondern mehr nach Medien-, Fortschritts- und Technikkritik klingt, die auch nicht immer solide begründet ist.

So stellt man es sich doch seit den Anfangstagen der sexuellen Revolution gern vor: Eltern, die einen ermuntern, Sex zu kultivieren, die eigene Lust zu erkunden, und einem sagen, dass vieles in den Aufklärungsbüchern und Filmen bodenloser Quatsch ist, besonders über Mädchen und Frauen, weil man bei der Selbstentdeckung bestimmt nichts kaputt machen wird; Erwachsene, die zu jedweder Nachfrage ermuntern und genug Sicherheit vermittelt haben, damit sich die Kinder auch an sie wenden, falls Probleme auftauchen oder falls sie etwas hören oder sehen, das sie nicht verstehen. Heute wäre gegebenenfalls noch ein Gutschein eines vertrauenswürdigen Onlineshops nicht schlecht. (Auch wenn man die Tochter besser gleich davor warnt, das, was sie sich für den Gutschein aussucht, nicht vor lauter Begeisterung sofort der besten Freundin zu leihen, weil manche Eltern eben noch überholte Bücher lesen und darum so in Sorge geraten könnten, dass sie das Jugendamt rufen.) Ansonsten hilft nur das Vertrauen, dass es am besten funktioniert, wenn man die Kinder in Ruhe lässt, also ungestört und keinesfalls körperlich begleitet von wohlmeinenden Erwachsenen, die ihnen unbedingt helfen wollen. Die sexuelle Erfahrung, das jedenfalls haben wir inzwischen hoffentlich alle begriffen, braucht körperlichen Freiraum, also die Möglichkeit, sich unbeobachtet und unkontrolliert der eigenen Körperlichkeit zuzuwenden, vor allem aber, ohne dass jemand sich mit seinem eigenen Körper und seinen Begierden dazugesellt. Autoerotik dadurch erlernen zu sollen, dass es mir ein Erwachsener zeigt, der es schon kann, ist so offensichtlich ein Widerspruch, dass man nur staunen kann, wie irgendjemand das je anders sehen konnte.

Autoerotik ist kostenlos, leicht verfügbar, tut niemandem etwas Böses, bereitet Vergnügen und wirkt entspannend. Der sexuelle Höhepunkt ist ein so einzigartiges, so überwältigendes, so wesentliches Erleben und der Weg dahin von entsprechend zauberhaftem Reiz, dass schon der Gedanke traurig stimmt, es könnte Menschen geben, die jetzt nicht wissen, wovon die Rede ist. Sie wären noch mehr zu bedauern als alle, die einen Sonnenuntergang nur aus Erzählungen kennen.

Wie konnte überhaupt jemand auf den Gedanken verfallen, dass dieses Vergnügen gefährlich sei?

Nun, weil schon am deutschen Wort Selbstbefriedigung so ziemlich alles falsch ist, weil ganz und gar nicht sicher ist, was man bei dieser Suche nach sich selbst vorfinden wird, und weil dann, wenn diese Begegnung sich als verstörender entpuppt als alles andere, nur noch die wenigsten darüber reden möchten, schon gar nicht mit ihren Kindern. Da kann man noch so oft Woody Allens Versicherung zitieren, dass Masturbation doch Sex mit jemandem sei, den man liebt. Aber auch Sex mit sich selbst ist nicht notwendig einvernehmlich.

ERKENNE
DICH SELBST!

Merke **Es gibt keine Onanierrichtlinien.**
Onaniere so oft – soviel oder sowenig – wie du
willst und solange es dir Spaß macht.
Günter Amendt, Sexfront (1970)

S pätestens jetzt ist natürlich die Erinnerung fällig, dass die meisten Menschen gar nicht in einer Situation sind, die ihnen und ihren Kindern ein derart entspanntes Heranwachsen und Lernen des sexuellen Lebens erlaubt. Die Idylle von der gut beheizten großen Wohnung mit eigenem Kinderzimmer oder doch einem Baderaum, in dem sich für das erste Rendezvous mit sich selbst filmgerecht Kerzen aufstellen ließen, kennen die meisten eben nur aus dem Film, ganz zu schweigen davon, dass selbst die beengtesten Wohnverhältnisse für zu viele nur ein Traum sind, der sie mit ihren Familien durch die Welt fliehen lässt. Wenn schon für das Nötigste kaum Zeit ist, wie dann für bewusste Sexkultur?

Aber es ist nicht nur die Armut oder das schlichte Pech, in einer Gegend aufzuwachsen, über die Krieg hereinbricht. Es ist schon der Zustand der Kultur, in der die Eltern aufgewachsen sind, die niemanden so frei sein lässt, wie man es sich idealerweise wünscht – und das gilt ausnahmslos für alle Kulturen dieser Welt. Man kann einem jungen Menschen nicht von Freiheit reden, wenn sich niemand beim Entdecken seiner Sexualität ganz unbeobachtet fühlen darf, weil man überhaupt nicht unbeobachtet sein kann, wenn gleichzeitig der eigene Körper oder Teile davon sexuell markiert, also auch jederzeit Anlass zur genauesten Beobachtung sind. Ob es sich dabei nun um den Fußknöchel, den Busen, den Bartwuchs oder die Augen handelt - sich unbefangen entwickeln zu können und in Ruhe gelassen zu werden ist schöne Literatur. Auch diejenigen, die sich für aufgeklärter als andere halten, sind eben nicht nur aufgeklärt. So sind Europäer seltsam begabt zur demonstrativen Selbstgewissheit, die aber keineswegs so viel Körpersicherheit einschließt, wie man sie gern zur Schau trägt. Würden sonst schon Phänomene wie Homosexuelle, Bisexuelle und Trans-Menschen eine so große Verunsicherung auslösen? Vom verengten Schönheitsideal, das sich selbst noch an Haar- und Hautfarben stören kann, gar nicht zu reden. Jede historisch gewachsene Kultur bedeutet immer auch die Entwertung anderer Traditionen und bleibt es so lange, bis Menschen genau diese Begrenztheit erkennen und nach einem bewussten Kultivieren menschlicher Anlagen fragen, die alle vernünftigerweise wollen können. Wie hilfreich der Blick in andere Kulturen für diesen Korrekturprozess ist, lässt sich anhand der sexuellen Erfahrung leicht beweisen - und die Menschen nutzen es auch seit jeher, wenn auch nicht immer mit der gebotenen Aufrichtigkeit, aber dazu später etwas mehr.

Unsere Vorstellungen davon, was der Mensch und eine Gemeinschaft zu sein hat, haben auch dann noch Einfluss auf unser Selbstempfinden, wenn sie auf den ersten Blick gar nichts mit Sex zu tun haben, denn alles, was wir tun, hängt von unserem körperlichen Selbsterleben ab. Das Bewusstsein dafür nimmt immerhin in den letzten Jahrzehnten sprunghaft zu, was Anlass zu der Hoffnung gibt, dass wir tatsächlich dazulernen können. Eltern, das hat Immanuel Kant (ja, der!) bereits vor 250 Jahren geschrieben, sind als Erzieher in erster Linie der Menschheit verpflichtet, also dazu, Kinder für ein Miteinander aller Menschen, unabhängig von ihrer Herkunft und Religion, heranzubilden. Nur so besteht eine Chance, dass die Kinder irgendwann nicht nur den elterlichen Blödsinn nachplappern, sondern es besser machen - auch besser als ein Kant.

Kein Mensch kann sich aussuchen, wo und wie er heranwächst. Niemand kann seine Kinder ganz vor den Körper- und Gesellschaftsidealen der Tradition schützen, in der er aufgewachsen ist, und auch keine andere Kultur konsequent abwehren, die uns jeweils umgibt. Das lässt sich schon an einem sieben Jahre alten Mädchen aus dem protestantischen Norden erleben, das sich aller Herkunft und Erziehung zum Trotz gleich beim ersten Besuch in Bayern unsterblich in katholische Barockkirchen verliebt. Die wirkungsvollste Lenkung geschieht nicht durch Gewalt, sondern kommt anschmiegsam daher wie ein Kleidungsstück, das sich nur maßgeschneidert anfühlt, wenn man sich darin auf bestimmte Weise bewegt, dann aber besser sitzt als jedes andere. Niemand kann einen daran hindern, etwas Fremdes zu entdecken, das trotzdem einfach passt. Allerdings kann man konsequent sein und wenigstens den Körper eines Menschen unversehrt lassen.

Jede mutwillige Schädigung eines Menschen erschwert das Kultivieren der Lust am eigenen Körper, und das nicht nur materiell, was schlimm genug wäre, sondern auch, weil es eine Störung der ohnehin empfindlichen Dynamik zwischen Körper und Psyche ist. Eine mutwillige Manipulation des Körpers verändert mehr als nur einen Gegenstand, den wir etwa nur bewegen würden. Wie viel man mit Gewalt

gegen Körper wirklich anrichtet, können wir bis heute nur
ahnen, was schon für sich genommen Grund genug wäre, es
zu lassen, weil man nun einmal nichts tun sollte, wenn man
so wenig über die Konsequenzen weiß. Dabei reicht selbstverständlich, was man längst darüber wissen könnte. Das
ganze Grauen der Verstümmelung, von der sogenannten
«Beschneidung» der Frauen bis zu «vereindeutigenden» Ope-
rationen an Neugeborenen, die nicht in irgendein angeblich
normales Geschlechterschema passen, erschließt sich doch
jedem, der von der Lust weiß, die der unversehrte Körper bereiten kann. Weil das so ist, haben gerade die Menschen, die
mit den Folgen dieser Verbrechen leben müssen, ein Recht
darauf, dass wir uns mehr für die Bedingungen und Möglichkeiten sexueller Erfahrung interessieren. Die Antwort «Du
bist leider kaputt, kann man nichts machen!» bekommen
auch Opfer einer Vergewaltigung noch viel zu oft und müssen sich auch noch anhören, dass es zum Opferstatus gehöre,
von nun an lebenslang im Körperverhältnis gestört und un-
fähig zu unbefangenem Lustempfinden zu sein. Dabei wäre
doch genau das Gegenteil geboten: mit allen Kräften und mit
allem Wissen herauszufinden, was trotz so brutaler Gewalt
gegen den Körper und die Körperlichkeit wirklich noch zu
machen ist. Die bessere Verbreitung von Kenntnissen in Anatomie und Chirurgie, mehr Geld für die viel zu wenigen medizinischen Einrichtungen und eine öffentliche Wertschätzung für die Lust, die mehr ist als nur ein nebensächlicher
Aspekt des menschlichen Lebens, sind aber unverzichtbar,
um allen Geschädigten leichten Zugang zu bester Beratung,
Therapie und auch jeder hilfreichen Operation zu ermöglichen. Zuerst aber braucht es eine Atmosphäre, in der jemand
offen aussprechen kann, was ihm geschehen und dass Hilfe
vonnöten ist, weil Sex und das sinnliche Verhältnis zu sich

und anderen kein Kapitel ist, das man im Leben einfach abhaken kann. Unwissen, betroffenes Schweigen oder gar prüde Reflexe bieten jedenfalls garantiert keine Unterstützung.

Auch Gewalt gegen den Körper, die keine sichtbaren Spuren hinterlässt, ist eben nicht das Treten gegen einen Ball, der dann in einer bekannten Reiz-Reaktions-Kette Form und Lage verändert, sich aber materiell gleich bleibt. Es ist der Angriff auf einen Menschen mit seinem eigenen Körper als Mittel. Wer meinen Körper gegen mich verwendet, schafft mir einen Gegner, dem ich nicht ausweichen kann, weil ich von ihm abhängig bin und er mir überhaupt erst mich und die Welt erschließt. Dass die sexuelle oder sexuell motivierte Gewalt in den allermeisten Fällen tatsächlich im eigenen Haus oder dem emotionalen Umfeld stattfindet, verstärkt diesen Effekt, nämlich die Gewalt kaum noch von mir trennen zu können.

Nur in den wenigsten Fällen empfinden Kinder, aber auch erwachsene Menschen ihren Körper gegenständlich. Wir leben durch ihn und können unsere Körperlichkeit als Durchdringen der Welt erstaunlich vergrößern. Der gern noch einmal erwähnte französische Philosoph Merleau-Ponty beobachtete mit großer Faszination, dass Frauen sich auch mit weit ausladenden Hüten in einer Menge bewegen können, ohne auch nur eine Feder abzuknicken, so als wäre der Hut ein Teil ihres empfindungsfähigen Körpers, der Hindernisse wahrnehmen und ihnen ausweichen kann. Wir stoßen mit dem Fuß einen Stein, weil wir den Schuh, den wir tragen, so selbstverständlich zu uns rechnen, dass wir auch die schwungvolle Berührung des harten Dings nicht scheuen, das unsere bloße Haut sofort verletzen würde. Und wenn ein mutmaßlicher Einbrecher unten lautstark die Haustür malträtiert, dann fühlen wir uns noch in unserer Wohnung im zweiten Stock körperlich bedroht. Es sind keine theoretischen Gedankenketten, die uns hier reagieren lassen. Die Möglichkeit, sich räumlich erweitert zu fühlen, kennt jeder, der ein Sportgerät verwendet, ein Musikinstrument spielt oder auch nur ein Mobiltelefon benutzt. Wenn der Golflehrer einen ermutigt, man solle eins werden mit seinem Schläger, dann ist genau das gemeint, auch wenn dieses erstaunliche Vermögen sich erst in anderem Zusammenhang als besonders nützlich erweist. Prothesen, also beispielsweise schon ein künstlich nachgebildeter Unterarm, werden, so unvollkommen sie im Vergleich auch bleiben, mit der Zeit als Ausdehnung des eigenen Körpers wahrgenommen, so wie Menschen auch unfallfrei mit ihren Fahrzeugen aneinander vorbeifahren können, ohne sich jedes Mal die Abmessungen ihres Autos vorzurechnen – sicherlich ein Grund dafür, warum manchem eine Schramme im Lack so zu Herzen gehen kann. Genau das funktioniert aber leider auch umgekehrt. Menschen können ihren Körper als Fremdkörper, als Last, sogar als Bedrohung empfinden. Die Körperintegritätsidentitätsstörung, also das Leiden unter dem Eindruck, dass Teile meines Körpers nicht zu mir gehören, ist die extreme Ausprägung einer Fähigkeit, über die Menschen verfügen: Wir können uns von unserer Körperlichkeit distanzieren. Darum können wir uns als reinen Geist denken, der mühsam versucht, eine Maschine zu lenken, die er nicht ganz versteht, und uns in die Vorstellung hineinsteigern, als reine Seele in einem toten Ding gefangen zu sein, das für unser wahres Wesen nur ein Hindernis ist. Wer hier nur «Hirngespinste» vermutet, also einen splendiden Geist, weil das Kind zu viele Bücher gelesen und Zeit mit seltsamen Leuten verbracht hat, hängt selbst noch in genau diesem Dualismus. So schwer es auch zu denken ist, so leicht kann man es beobachten. Es reicht, einen etwas abgelegeneren Körperteil im Spiegel zu betrachten (wenn die Jüngeren wie selbstverständlich ihr Handy nehmen, dann, weil es sich als Erweiterung ihrer Sinne bewährt hat).

Etwas üben, das heißt Bewegungsabläufe trainieren, bis sie selbstverständlich werden. Wir verlassen uns meist blind auf diese besondere körperliche Erinnerung, weil wir ansonsten vor Unsicherheit keine Treppe herabsteigen, ja, nicht einmal aufrecht gehen könnten. Jedenfalls, solange das unfallfrei funktioniert. Wer uns Schmerzen zufügt oder – auf die andere Seite zielend – unser Vertrauen in die eigene Selbsterfahrung erschüttert, gefährdet unsere Körperkompetenz und jeden Versuch, sie zu vergrößern. Denn auch wenn der akute Schmerz vorüber ist, hat er doch das Wissen in uns eingeschrieben, dass wir jemand sind, dem das jederzeit wieder geschehen kann. Ein Kind, das einmal die Erfahrung gemacht hat, geschlagen zu werden und dadurch die Kontrolle über Körperfunktionen wieder zu verlieren, die es bis dahin erworben hat, nennt man nicht zufällig «gebrochen». Noch Erwachsene, die ein Foltertraining durchlaufen haben, fürchten vor allem Techniken, die damit arbeiten, den Körper des Opfers zu exponieren und unvermeidlich auch ihm selbst verdächtig und lächerlich zu machen. Schmerz und Demütigung haben die gleiche Wirkung auf den Menschen. Dass die Hirnforschung in beiden Fällen eine Aktivität in demselben Areal des Gehirns beobachten kann, scheint etwas zu bestätigen, was Philosophen in der Erkenntnistheorie seit jeher umtreibt.

Dass man einen Menschen überhaupt brechen kann, hat wesentlich mit unserer besonderen Verfasstheit zu tun. Mit der Entwicklung unseres Bewusstseins wird uns nicht nur unser Unterschied zur Welt der Dinge bewusst, sondern auch unsere eigene Doppeldeutigkeit. Wer einem Kind Gewalt antut, sei sie nun körperlich oder psychisch, greift ein Gleichgewicht an, das genau in dieser Phase überhaupt erst entwickelt wird oder sich doch entwickeln sollte. Bevor ein Mensch noch die Chance hat herauszufinden, was es bedeutet, dass man nicht nur einen Körper hat, sondern auch darum weiß, und bevor genug Zeit ist, um zu entdecken, dass und wie man seinen Körper bewusst bewohnen und benutzen kann, machen andere mir meinen Körper zu einem Ding. Der Mensch lernt mit dem Heranwachsen, was der Erwachsene schon weiß, nämlich die eigene Körperlichkeit als Gegebenheit zu erkennen, also als die Situation - vom Lateinischen *situs*, Stelle, Sitz -, in der er sich vorfindet, während sich ihm gleichzeitig sein Bewusstsein offenbart, dass ein Werkzeug zur Verfügung steht, um das Gegebene zu nutzen und auch zu prägen, weil das Bewusstsein auch die Möglichkeit ist, der Situation ihre unmittelbare Wirkung zu nehmen. Es ist keine absolute Freiheit, die hier entdeckt wird, da man sich mit der Körperlichkeit vor allem der Bedingtheit bewusst wird. Aber Bedingtheit erkennen und für sich nutzen zu können ist etwas ganz anderes, als nur bedingt zu sein. Ich kann mich verdinglichen. Ich kann alles verdinglichen, so wie ich alles beseelen kann, wie jeder weiß, der schon einmal mit einem Stein geredet oder mit einem Kuscheltier gelebt hat. Distanz und Nähe - das ist die Dynamik, die es dem Menschen, der sich selbst zweideutig ist, ermöglicht, sich sowohl als geborgen in sich als auch als frei von sich zu erleben, ohne je eines von beiden vollständig zu sein. Wer Menschen foltert, kalkuliert genau mit der Empfindlichkeit dieses Systems, die ihm bewusst ist, und zerstört so das selbstverständliche Hineinfinden in einen vertrauten Umgang eines Menschen mit sich. Die eigene Körperlichkeit ist gerade kein unveränderliches Ganzes, der Körper ist für den Menschen immer auch die Manifestation aller bisher gemachten Erfahrung mit der eigenen Körperwahrnehmung. Autoerotik als bewusste Praxis ist das Spiel mit der eigenen Ver- und Entdinglichung, die aber als harmloses Spiel nur dann möglich ist, wenn dem Menschen nicht vor allem die Erfahrung gegenwärtig ist, dass Körper und Psyche Instrumente sind, um uns Unlust zu bereiten und aus dem Gleichgewicht zu bringen.

ERINNERUNGSGEWALT

Ich fühle Glaubensüberzeugungen, die
ich nicht habe. Mich entzücken Seelenängste,
die ich von mir stoße. Die andauernde
Aufmerksamkeit mir selbst gegenüber weist mich
beständig auf den Verrat meiner Seele an
meinem Charakter hin, den ich vielleicht nicht habe,
von dem sie selbst nicht einmal glaubt, ich hätte ihn.

Fernando Pessoa / António Mora,
Die Rückkehr der Götter (um 1915)

E s wäre schön, wenn unsere sich entwickelnden Geschlechtsorgane einfach ein neues Spielzeug wären,
das man uns schenkt. Aber ein Mensch kann sie nicht
langsam auspacken und sich ihnen vorsichtig annähern.
Unsere sexuelle Erregbarkeit und die sich verändernde
Funktionalität unseres Körpers ist auch kein neues Modul
für den Apparat, der als simple Reiz-Reaktions-Automatik
konstruiert wäre. Für einen großen Teil der Menschheit
braucht es schon einigen Aufwand, um überhaupt die Schalter zu finden. Denn natürlich ist es vor allem die männliche
Erfahrung, die zur ja auch recht niedlichen Vorstellung
verleitet, sich das sexuelle Interesse wie ein ungestümes
kleines Haustier vorzustellen, das gelegentlich zum Spielen
rauswill und, sobald es vor die Tür darf, dazu animiert, mit
ihm die Zeit zu vergessen, auch wenn es manchmal nicht
mehr weiß, warum genau es rauswollte. Ein Körper, der Erregung durch eine Penis-Erektion zeigt, ist in seiner Reiz-
barkeit nicht zu übersehen und nur schwer zu ignorieren.

Heranwachsende Männer müssen ihren ersten sexuellen Höhepunkt selten suchen, und es ist nicht besonders kompliziert, den nächsten zu finden. Dass das bei heranwachsenden Frauen auch so wäre, wenn unsere Körperkompetenz zu diesem Zeitpunkt nicht durch das bekannte Schicklichkeitstraining vor allem in Körperunterdrückung bestünde, darf man mit einigem Recht vermuten. Der einzige Grund jedoch ist es kaum.

Die weibliche Anatomie ist anders, die Erektion nicht so präsent, die schlichte Mechanik kompliziert. Aber das ist nicht alles. Frauen - auch das bringt man uns gern bei - erzählen nicht viel davon, es ist ja auch nicht besonders dekorativ. Sofern Sie nun zu den Nicht-Frauen gehören, kann also einmal Durchatmen vor dem Weiterlesen nicht schaden. Aber zu den Dingen, die ein Mädchen lernen muss, gehört leider auch, dass nicht jede Feuchtigkeit ihres primären Geschlechtsteils ein Zeichen aufkeimender Lust ist, die man etwas fördern könnte. Wenn Jungs es schon problematisch finden, ihren Teelöffel Ejakulat diskret zu entsorgen, dann versuchen Sie einmal, sich vorzustellen, dass es auch «nur» eine Regelblutung sein könnte. Ich kann Ihnen versichern, dass es nicht zur Entspannung beiträgt, wenn man erst mal hektisch aus den Laken springt oder jedes Mal nach möglichen Spuren auf der ohnehin von anderen aufmerksamst beobachteten Kleidung sucht, um sich zu versichern, worum es sich handelt, bevor man sich hingebungsvoll seiner Erregung widmet. Wer hier nur übertriebene Reinlichkeit vermutet, hat entweder eine unschuldige Vorstellungskraft oder eine praktische Vorliebe für schwarze Textilien. Es mag ganz natürlich sein, man kann auch lernen, es rechtzeitig zu erkennen und auseinanderzuhalten, aber der erhöhte Arbeitsaufwand mit der weiblichen Natur bleibt. (Und falls Sie sich fragen, ob man sich nicht irgendwann daran gewöhnt: Ich warte jeden Tag darauf.) Wenn immer wieder Frauen berichten, dass sie erst im höheren Alter zu einem entspannten sexuellen Erleben finden, dann liegt das jedenfalls nicht notwendig an der Angst vor ungewollten Schwangerschaften, sondern eventuell auch daran, dass man lieber an den eigenen Unterleib denkt, wenn er uns nicht durch monatliche Krämpfe beglückt.

Die Hindernisse, die Mädchen auf dem Weg zur lustvollen Autoerotik überwinden müssen, sind einfach größer. Das hat seit Urzeiten zu den seltsamsten Theorien geführt: von der steilen These, dass Frauen nur bei der Geburt wahre Lust empfänden, bis zu Ratgebern für männliche Frauenbenutzer, wie man die Frau trotz ihrer «Geschlechtskälte» zu einer Kopulation überredet, nach der sie einen nicht umbringt; von dem Märchen, dass Frauen keine erotischen Phantasien und Pornographie mögen, weil sie selten davon erzählen, bis zum bodenlosen Quatsch, dass jede Frau, die öffentlich über Lust und ihre Phantasien sprechen kann, krankhaft sexsüchtig sei – alles so furchtbar, dass Lachen vermutlich das einzige Mittel ist, sich irgendwann darüber hinwegzusetzen und von dem zu sprechen, was möglich ist und worum es wirklich geht: alles über die eigene Lustfähigkeit zu lernen, also sich nicht nur dann damit zu beschäftigen, wenn dem Bedürfnis gar nicht mehr auszuweichen ist, weil man sich ja auch kratzen muss, wenn es juckt.

Leider hört zumindest die europäische Sexkultur schon vorher auf. Wenn es um Autoerotik geht, beschränkt man sich auf die unabdingbaren Hinweise, wo die «erogenen Zonen» zu finden und wie sie zu reizen sind. Wenn es danach überhaupt noch weitergeht, dann jedenfalls nicht mit Sex. Die sogenannten Onanie-Anleitungen entpuppen sich nicht selten als politische Kampfschriften, die vor allem darum zur sexuellen Selbsterkundung ermuntern, weil sie sich von freierer Liebe auch automatisch den freieren Bürger oder kampfbereiten Genossen versprechen. Zumindest seit den achtziger Jahren des 20. Jahrhunderts fehlt es immerhin nicht an illustrierten Lehrbüchern und «Atlanten», die bei der groben Orientierung helfen, solange man sie wie ein Herrenmagazin nutzt, also die Texte, vor allem über Mädchen, nicht immer ernst nimmt und sich die Neugierde erst recht nicht dadurch austreiben lässt, dass es in diesen Büchern sehr viel mehr um den eigentlichen Sinn der Erregung (Ehe und Zeugung) und vor allem um Gesellschaft und Verbrechen geht, gelegentlich ausgerechnet unter der Überschrift «Weibliche Sexualität». Vor allem wünschte man sich doch aber, die Autoren hätten gleich am Anfang gefahrlos dazuschreiben können, für welches Geschlecht sie sich persönlich interessieren. Darüber dass die Anzahl gleichgeschlechtlich liebender Männer unter den Sexologen nicht nur in den Anfängen der Sexualaufklärung auffällig hoch war, konnte man erst viel später etwas erfahren. So verständlich es ist, dass gerade denjenigen Sex als wissenschaftliches Thema ein Anliegen ist, die sich mit ihren Präferenzen in der Minderheit wissen, so nachvollziehbar ist es vielleicht, dass die neugierige Leserin schon wissen möchte, ob die Bücher auch aus der Praxis oder nur vom Hörensagen geschrieben wurden. Man wäre halt gern wirklich gemeint, und das gilt nicht nur für Mädchen. Wirklich schlimm sind die traditionellen Handreichungen doch wohl für jeden, der sich darin Informationen erhofft und dann nur entdeckt, dass der eigene Körper anders aussieht, jedenfalls nicht in das dualistische Mann-Frau-Schema passt, und auch niemand sonst einmal erwähnt hat, dass man auch anders aussehen kann, was trotzdem nicht dagegen spricht, erst mal herauszufinden, was sich wie anfühlt. Im Gegenteil.

Es hat verheerende Folgen, wenn vom bewussten Umgang mit der eigenen Lustfähigkeit nur die Rede ist, als ginge es um einen Funktionstest. Aber sogar wenn man unter Sexkultur nur Körperbeherrschung zum optimalen Nutzen der Geschlechtsteile verstünde, müsste man auch das wenigstens offen aussprechen, statt so zu tun, als wäre diese Begrenzung des Nachdenkens über die Selbsterregung selbstverständlich. Wer Autoerotik allein als Vorbereitung auf Anderes versteht, reduziert sich auf die Suche nach zweckhaften Organen im Sinne eines Begriffs von Natur, der sich als Biologie zwar begründen lässt, aber hinter den menschlichen Möglichkeiten bleibt. Obwohl es Menschen geben mag, die ihre Sehfähigkeit auch nur kultiviert haben, um nicht gegen Hindernisse zu laufen, ist die neugierige Entfaltung der Möglichkeiten unseres Körpers doch etwas anderes. Wer das sexuelle Erleben auf die Ertüchtigung zeugungs- oder doch leistungsfähiger Organe beschränkt, handelt sich damit eine Verkürzung des eigenen Erlebens ein, das er eben gerade nicht pflegt, sondern nur ängstlich beäugt. Statt sich auf das zu konzentrieren, was sich lustvoll anfühlt, steigern realitätsferne Maßstäbe vermeintlicher Leistung die Sorge vor einem «Versagen», das noch dazu von einem veralteten Naturbegriff ausgeht. Ein nicht geringer Teil der Potenz- und Austrocknungsängste, also der Angst vor dem Altern und der damit verbundenen Vorstellung, dass das sexuelle Verlangen damit notwendig verschwindet, geht auf diesen vorzeitigen Abbruch der Sexkultur zurück. Wäre das Leiden für die Einzelnen nicht so traurig, müsste man sich an Kitschromane erinnert fühlen. Wer von Selbstbefriedigung spricht und damit Autoerotik meint, bricht genau dort ab, wo es spannend wird. Wissen wir denn wirklich immer noch nicht, dass Liebesgeschichten erst beginnen, wenn Menschen einander tatsächlich gefunden haben, und das Leben nicht damit endet, im Fallen vom Pferd, schon tödlich getroffen, den letzten Revolverhelden zu erschießen? Auch wenn nichts gegen den Konsum von Trivialliteratur spricht, ist sie doch glücklicherweise nicht alles.

Dass der Umgang mit dem eigenen lustfähigen Körper mehr sein kann als eine Vorbereitung für irgendetwas Höheres und Besseres, ist offensichtlich keine verbreitete Erkenntnis. Und dass systematische Neugier sogar Einsichten erlaubt, die das Wesen des Menschen erhellen könnten, scheint undenkbar. Der Verdacht, dass ein allzu gründliches Selbststudium Probleme mit sich bringen könnte, schwebt immer noch im Denkraum (das gilt lustigerweise für Sex ebenso wie für das Selbststudium namens Philosophie). Was also könnte man denn lernen? Wenigstens dies.

Vielleicht muss man es wirklich aussprechen, aber natürlich lässt sich Sex wie jede andere körperliche Betätigung gezielt üben. Training bedeutet, die Möglichkeiten des Körpers kennenzulernen, die Wahrnehmung der Bewegungsabläufe zu schulen, Wahrnehmungsgewohnheiten nur bewusst zu bilden, also störende oder hemmende Gewohnheiten auch wieder abzubauen. Was für Kunstturnen oder Kampfsport gilt, gilt nicht weniger für die Autoerotik. Ein Mensch kann die meisten (einige Meditationsexperten behaupten sogar: alle) Muskeln im Körper gezielt anzusteuern lernen, ihre Kontraktion aus- und auflösen, Kraft aufbauen, die Sensibilität von Körperregionen verändern, Körperreaktionen mit anderen verknüpfen und auch voneinander lösen, Reiz-Reaktions-Ketten für verschiedene Zwecke einsetzen, Reflexe erlernen, kurz: den Körper und den Geist als

Instrument kennenlernen, seine Möglichkeiten ausloten und maximale Körperkompetenz entwickeln. Kein anderer Mensch kann mir beibringen, was ich kann. Körperlichkeit ist ein Vermögen, das sich in dem äußert, was wir tatsächlich zu erleben imstande sind. Statt sich über die ach so phantastischen Geschichten von multiplen Orgasmen und ekstatischen Nächten zu amüsieren und sich vor dem Medusenhaupt und einer *vagina dentata* zu fürchten, ist es jedenfalls klüger herauszufinden, was außer der eigenen Angst hinter diesen Märchen steckt. Unsere sogenannten Geschlechtsorgane sind das, was wir mit ihnen können, und zwar nicht nur dann, wenn es darum geht, möglichen Schaden zuzufügen oder abzuwehren. Das einzige Studium, für das es keine Zulassung braucht, ist das der Körperlichkeit.

Die wichtigste Methode ist bei jedem Körpertraining dieselbe. Es geht darum, Körperreaktionen zu verlangsamen und dadurch zu lernen, wie sie sich beeinflussen lassen. Wenn also jemand ganz sicher weiß, wie Erregung und vor allem ein Orgasmus eines anderen Menschen von außen aussieht und was dann wann sekundengenau zuckt, darf man schon mal fragen, warum er sich da so sicher ist. Eigene Körperreaktionen sind nur so lange unwillkürlich, bis der Mensch herausfindet, was sie in einem auslöst und lenkt. Das bedeutet nicht, dass sich Reflexe so einfach abschalten ließen, aber eben doch, dass sie beherrschbar werden, wenn man genug Erfahrung mit ihnen zulässt. Der menschliche Körper ist kein mechanisches Gerät, sondern ein komplexes Organ, das sich modellieren lässt. Wer seinen Körper benutzt, ohne zu vergessen, dieser Körper zu sein, steigert nicht nur die Intensität des Erlebens, sondern kann auch vermeiden, sich zu verletzen, oder die Möglichkeiten, verletzt zu werden, verringern. Nicht zuletzt verfügen wir über die Fähigkeit, unsere Konzentration so von einer Manipulation des Körpers abzulenken, dass es den Grad der Wirkung verändert. Wir alle haben das schon unzählige Male getan: eine Tasse nicht losgelassen, obwohl sie heiß war; noch einen letzten Kilometer gegangen, obwohl einem die Füße weh taten; einen geliebten Menschen nicht fallengelassen, obwohl er schmerzhaft um sich schlug, und ebenso umgekehrt etwas losgelassen, das sich besser anfühlte als alles andere. Vermutlich ist jedoch genau dieser Mechanismus der Grund dafür, dass die intensive Selbstzuwendung andere Begleiterscheinungen und Konsequenzen mit sich bringt als beispielsweise Sport oder das Erlernen eines Musikinstruments.

Autoerotik ist nicht die Optimierung von Bewegungen, sondern vor allem das Spiel mit Erregung, die sich als Spannung aufbauen lässt und gehalten werden kann, bis sie sich spektakulär in Entspannung auflöst. Die Bewegung dient also einem weiteren Zweck, der seinerseits wieder in Körperzuständen besteht. Das schließt im Unterschied zu einem Konzert oder Sportwettbewerb Publikum aus. Anerkennung besteht einzig in einer besonderen Selbstwahrnehmung, der denkbar größten Übereinstimmung zwischen Absicht und Vollzug. Was als einfache Reiz-Reaktions-Mechanik beginnt, also als das, was der «Selbstbefriedigung» noch am nächsten kommt, braucht ein besonderes Denken, wenn die Erregung nicht nur möglichst schnell abgebaut, sondern bewusst geweckt und intensiviert werden soll. Wer es probiert hat, wird wissen, was dann geschieht: Bei dem Versuch, eine Vorstellung zu generieren, die den Spannungsbogen der Erregung beeinflusst, drängen sich Bilder dazwischen, die sich als sehr viel wirkungsvoller herausstellen als alles, was ich mir ausdenken könnte. Unsere Vorstellungskraft kann bei weitem nicht das liefern, was sich bei früherer Körpererfahrung in uns eingebildet hat, ganz egal, ob es sich dabei auch schon um erotische Erfahrung handelte oder nicht. Das Erlebnis, dass ich mir nicht aussuchen kann, welche Bilder mich erregen, auch wenn es sich doch eindeutig um Bilder in meinem Kopf handelt, und dass sie sich auch nicht einfach abschalten lassen, ist nicht selten so erschreckend, dass Menschen im nüchternen Zustand lieber nicht darüber nachdenken wollen.

Im Versuch, den eigenen Körper wie ein Instrument zu spielen, tut der menschliche Geist, was auch für die wissenschaftliche Zuwendung zu den Dingen konstitutiv ist: Wir reduzieren die vielschichtigen Erscheinungen durch unsere Ordnungsbegriffe, trennen also säuberlich zwischen den Dingen außer mir, die wir Objekte nennen, und dem Subjekt, das wir uns als reine Innerlichkeit vorstellen, die nichts als eine beobachtende Instanz ist. Wer versucht, die eigene sexuelle Erregung zu beeinflussen, kann auch das nur durch eine Objektivierung der eigenen körperlichen Vorgänge und auch des eigenen Denkens. Diese Verdinglichung ist aber nicht möglich, ohne selber das labile Gleichgewicht zwischen Körperlichkeit und Bewusstsein wieder zu stören und damit aber auch frühere Situationen wachzurufen, in denen wir diese Erfahrung schon einmal gemacht haben. Wenn das nicht ausschließlich angenehme Erfahrungen waren – und bei wem sind sie das? –, werden es immer auch erschreckende Gefühle und entsprechende Bilder sein, die aus der Erinnerung vordrängen oder doch assoziiert werden. Sex mit mir selbst ist immer die Begegnung mit meiner gesamten bisherigen Körpererfahrung. Die Erinnerung bricht sich umso gewaltiger Bahn, je mehr ich versuche, sie zurückzuhalten, weil das menschliche Bewusstsein offenbar nicht gleichzeitig das System maximal für Reize öffnen und Wahrnehmungsgewohnheiten auflösen kann. Wer sich in einen Zustand der Empfänglichkeit für Assoziationen versetzt, liefert sich immer auch der Gewalt seiner Erinnerung aus.

Vermutlich wird aus der Gesamtmenge aller Bücher, Filme und Bilder nichts so oft weggeworfen und wieder gekauft, wie das, was man liebevoll Einhandliteratur nennt. (Wer sich eine Zeitlang im Auktionshandel umschaut, kann sogenannte Erotika immer wieder hin und her wandern sehen, weil es sich hier um zu kostspielige Dinge handelt, um sie im nächsten Abfalleimer zu entsorgen.) Wenn das, was auf uns im Zustand höchster Erregung unabweislich wirkt, von dem abweicht, was unserer Wunschvorstellung von sexueller Erregung entspricht, möchte man es offenbar wenigstens schnell loswerden, wenn man es wieder kann, um sich die Erinnerung ebenso vom Leibe zu halten wie die davon ausgehende Versuchung. Vielleicht ließe sich so auch der inquisitorische Eifer erklären, mit dem die Kunst- und Literaturkritik erotische Werke auch noch dann als «Pornographie» denunziert, wenn sie alle Kriterien künstlerischer Qualität erfüllen. Wie aber könnte man das eigene sexuelle Begehren kultivieren, wenn man ungern an seine eigene Empfänglichkeit dafür erinnert wird? Wie hält man es aus, die eigene Erregbarkeit bestmöglich zu steigern, wenn das einschließt, sich von Erinnerungen an Empfindungen überwältigen zu lassen, die Erinnerungen an Leid und Demütigung, zumindest aber an Befremdliches sind?

Welche Erscheinung der tiefe Ernst annehmen wird, den ein Mensch im Spiel mit seiner Erregung erwartet, kann niemand vorhersehen. Im einfachsten Fall ist es das Wiedererleben einer früheren Körpererfahrung, die auch als solche erkannt wird, was den «einfachsten» Fall gleichzeitig ungemein kompliziert macht. Wer unter Gewalt gelitten hat und in den Momenten der Lust genau diese Gewalt ersehnt, holt sich das ins Bett, was ihn gebrochen hat. Das Wissen darum, also die Erfahrung, dass einen das, was schon die Kindheit zerstört hat, nun auch noch bis in die eigene Lust verfolgt, scheint wie ein spätes Einverständnis mit der Gewalt. Die Erfahrung, dass Sex gefährlich und, je nach Traditionshintergrund, ein Werkzeug des Teufels, sittliche Verderbnis, eine Besudelung der Seele, der Emanzipation und einem «gesunden» ausgeglichenen Leben nicht förderlich ist, beflügelt jedenfalls nicht die Suche nach mehr Körperlichkeit, sondern drängt allenfalls die Psyche in zerfleischende Analyse. Dabei haben diejenigen, die sich nach Strafen aus der Kindheit sehnen, immerhin noch den Vorteil, die Herkunft der Bilder zu erkennen, die sich in ihr Bewusstsein drängen, und so auch zu wissen, wer für diese Bilder verantwortlich ist. Opfer psychischer Gewalt haben es deutlich schwerer, sich überhaupt als Opfer zu erkennen, zumal dann, wenn es nicht einzelne Taten, sondern eine Atmosphäre war, die durch viele kleine, im Einzelnen völlig belanglos scheinende Kränkungen eine entspannte Entwicklung der Körperlichkeit verhindert hat. Im spezifisch menschlichen Bedürfnis nach Kohärenz sucht die Psyche dann Bilder als Repräsentanten der Atmosphäre, die aus ganz anderen Zusammenhängen genommen sein können. Das wird nicht dadurch einfacher, dass auch körperliche Misshandlung nur in den seltensten Fällen ohne die Erfahrung von Demütigung und Kränkung möglich sein dürfte.

Es scheint, als wäre die sexuelle Selbsterkundung die Büchse der Pandora, ein Gefäß, das alles Ungetier und Grauen freilässt, sobald man es auch nur ein wenig öffnet. Die große Faszination und die Befremdung, die Bücher über sexuelle Erfahrung auslösen können, liegt auch in dieser Individualität der möglichen Assoziationen von Reizen. Man bewundert vielleicht einen Georges Bataille für seine geradezu eruptive Offenheit und die verzweifelt-aggressive Suche nach Worten und Bildern für Ekstase, versteht aber nur theoretisch, warum es Trauben und Exkremente sein müssen und er sich als Denker mit einem Mädchen vergleicht, das sein Kleid hebt, also nur noch Schamlosigkeit sei. (So manche Frau denkt bei so etwas an Putzen und die neueste Dessouskollektion, aber nicht an Scham.) Man liest die Klassiker erotischer Literatur und wartet bis zur letzten Seite von Catherine Robbe-Grillets *L'image*, dass endlich mal was zu Sex kommt, weil Gewalt in den eigenen Wahrnehmungsgewohnheiten einen völlig anderen Stellenwert hat. Oder man folgt zunächst nicht ohne Anteilnahme der *Histoire d'O* von Anne Cécile Desclos, findet dann aber so viel Leder als Veganer abstoßend, oder hätte lieber Latex, oder entdeckt plötzlich doch noch das Vorwort von Jean Paulhan über die Wonnen der Sklaverei, was dann schlagartig nur noch die politische Streitlust befeuert. Gerade derjenige, der die Kraft sexueller Erfahrung überzeugend beschreibt, also uns unübersehbar aus einem Erleben anspricht, das einem durchaus bekannt vorkommen kann, verfehlt für uns das Thema, wenn seine Lust am Obszönen, an Ekel und Scham unseren Kategorien nicht entspricht – und wird zur Befreiungslektüre für jeden, der sich in seinen eigenen Phantasien überraschend verstanden fühlt.

Die Auseinandersetzung mit erregungsrelevanten Bildern in meinem Kopf mag nach einem großen intellektuellen Abenteuer klingen. Aber das Material, das sich hier dem Studium bietet, ist allein für einen Zweiten (man möchte beinahe sagen: für einen Dritten) einfach nur interessant. Die frohe Botschaft, dass man sich nicht schämen und schon gar nicht schuldig fühlen müsse, weil sich ja niemand aussuchen kann, was in ihm mit dem sexuellen Erleben verknüpft ist, wird spätestens dann zum Verdammungsurteil, wenn man in sich auch noch auf Bilder stößt, die niemand wollen kann. Wer Kinder zur Selbsterkundung ermuntert, sollte darum wissen. Was sage ich einem Jugendlichen, wenn er sich überhaupt traut, mir bedrückt von seinen Phantasien und dem unwiderstehlichen Reiz zu erzählen, der für ihn von dem Denken an Folter, Mord, Kannibalismus, Selbstverstümmelung oder Kinder ausgeht? So selbstverständlich die erste Antwort sein sollte, nämlich zu versichern, dass niemand etwas für erotische Assoziationen kann, weil das nichts ist, was man wählt, so trostlos ist jede weitere. Wenn wir heute alte Bücher lesen, in denen leidenschaftlich vor Autoerotik gewarnt und die «Selbstbefleckung» verdammt wird, sollten wir uns dann nicht fragen, wie viel das mit den Bildern zu tun hat, die diese Autoren sahen, alle aufgewachsen in einer Zeit, in der man Kinder selten zartfühlend behandelt hat, und denen es auch im Erwachsenenalter nicht an Gewalterfahrungen mangelte? Ganz zu schweigen von den herrschenden Sitten, die nur wenige Lebensformen duldeten? Warum glaubte Immanuel Kant (ja, schon wieder der!), dass die Menschheit ausstürbe, wenn Männer sich an die «wollüstige Selbstschändung» gewöhnten? Weil er ein gefühlskalter Kopfmensch war? Weil er mal wieder irgendwas nachplapperte? Oder weil er selbstverständlich dachte, dass alle Männer sehen würden, was er gesehen hatte, und dann nur noch begehren würden, was er begehrte, der große Philosoph, der um die Abhängigkeit allen Denkens und Wissens von der Sinnlichkeit so unglaublich viel wusste und die einzigen zärtlichen Briefe seines Lebens an einen Mann adressierte? Wenn wir im Selbsterleben etwas entdecken, das wir lieber nicht entdecken würden, weil wir wissen, dass wir es unter keinen Umständen leben dürfen und können, und wenn wir Vorstellungen von Handlungen entwickeln, die nicht nur unserem Selbstbild, dem Gesetz und den Sitten widersprechen, sondern allein auf Kosten der Gesundheit und des Lebens anderer möglich wären, dann gibt es keinen anderen Weg, als sich mit aller Macht gegen das zu wenden, was man offenbar begehrenswert findet. Wer möchte also wirklich noch schlecht über die denken, die uns vor dieser grausamen Entdeckung bewahren wollten, die ihnen selbst das Glück zerstört hatte? Wir wissen nicht, welche Erinnerungen Gewalt über sie hatten und was sie zu erregen vermochte. Jeder von uns, der keinen Anlass sieht, vor Autoerotik zu warnen, sollte vor allem dankbar für das große Glück sein, keinen Grund dafür zu kennen. Ein Verdienst ist es nicht.

Kein noch so genaues Wissen über die Erinnerungen, die Gewalt über meine Körperlichkeit haben, kann verhindern, *dass* sie diese Gewalt haben, sobald ich das mühsam erreichte Gleichgewicht störe. Auch wenn ich mir keiner einzigen Situation bewusst bin, in der ich einmal unter Gewalt, Demütigung, Kränkung oder anderem Kontrollverlust gelitten habe, bestehen offenbar in der Körperlichkeit Anknüpfungspunkte für die sexuelle Erfahrung. Die menschliche Fähigkeit zur Fetischisierung ist grenzenlos, was natürlich gar nicht verwunderlich ist bei einem Wesen, das in der Lage ist, alles mit allem zu verknüpfen und Reflexe zu erlernen. Wie wir schon vom Pawlow'schen Hund wissen könnten, neigen Lebewesen allgemein zur Inkorporation von Korrelationen, sofern sich der Zufall nur oft genug wiederholt. Sobald zwei Erscheinungen sich uns als zusammengehörige eingeprägt haben, kann ich mir zwar immer noch vorstellen, dass sie vielleicht nicht notwendig verknüpft sind, aber die Vorstellungskraft gehört zu sehr zur menschlichen Freiheit, um als solche schon gegen unser Einbildungsvermögen wirken zu können. Körperlich Gelerntes ist ein elementares Können, Vorgestelltes beruht auf der Idee des Möglichen. Wer, wie man sagt, mit seinem Körper spielt, wenn es um Erregungszustände geht, lernt unvermeidlich, was er kann.

AUTORENMACHT

Das Spiel der Bilder in uns,
ob wir mit ihnen oder sie mit uns spielen?

Immanuel Kant, Reflexion zur Anthropologie

(aus dem Nachlass)

Wer allein in den Wald geht, den holen die Wölfe. Dass es sich dabei um ein Naturgesetz handelt, behaupten seit jeher vor allem die Autoritäten, die ihre Macht nur erhalten können, indem sie uns Angst einjagen und gleichzeitig behaupten, es sei nicht ihre Schuld. Dass jeder Versuch einer Kultur der sexuellen Erregung nur Repression sein könne, war die tiefe Überzeugung von Denkern wie Wilhelm Reich, der sich selbstverständlich auf Sigmund Freud bezog, als er 1936 die sexuelle Revolution ausrief und sich von einer angstfreien Sexualität die Veränderung der Gesellschaft versprach. Wenn uns die Natur verdächtig ist, dann nur, weil es uns andere eingeredet und eine künstliche Welt auf der Unterdrückung mit allen Mitteln aufgebaut haben. Sex, für Reich der Ausdruck höchster Lebensbejahung, müsse als Quelle der Energie wieder freigelegt, ja, freigekämpft werden. Die Gesellschaft als Unterdrückungssystem übertreibe es systematisch mit der Regulierung des Lusttriebs, um die Herrschaftsverhältnisse zu stabilisieren. Zwar muss der Mensch durchaus lernen, wie sich die Lust an der sexuellen Erregung ebenso wie alle anderen natürlichen Antriebe in einem gewissen Maß unterdrücken lässt, weil man ohne Triebverzicht nicht in einer Gemeinschaft leben, ja nicht einmal überleben könnte. Wer vor einem Waldbrand nicht flieht, weil er sich erst einmal hingebungsvoll kratzen oder etwas essen muss, wird auch davon nicht mehr viel haben. Aber auf diese notwendige Kultivierung der sexuellen Anlagen, so erkannten die Aufklärer des 20. Jahrhunderts, lässt sich eine ganz unnötige Kultivierung aufpfropfen, die zwar in Gestalt des Lehrers und Beschützers daherkommt, in Wirklichkeit aber eine bloß herrschaftsbedingte Unterdrückung ist, die den neuen Göttern dient wie den alten: Es ginge nicht um das maximale Glück für jeden, sondern um eine Leistungsgesellschaft, also die Instrumentalisierung aller menschlichen Anlagen einschließlich der Vernunft, um statt der lebendigen kreativen Gemeinschaft eine reibungslos laufende Maschine aus gesunden, bis zur Verblödung ausgeglichenen Leistungserbringern und Konsumenten zu erzeugen, die in gesellschaftsstabilisierenden Familieneinheiten ausharren, um nur dem Glück oder doch den Zwecken der Wenigen zu dienen. Alle Dämonen, mit denen der Mensch zu kämpfen hat, wenn er seinem Lusttrieb nachgeht, hat uns also die Gesellschaft in den Leib gehetzt, die keine Ablenkung von ihrem Selbstzweck dulden kann. Ebendas, so die Hoffnung vieler Sexualreformer, böte aber auch die Chance zum Neuanfang. Sexkultur in diesem Sinne ist also nicht eigentlich Kultivierung, sondern eine negative Sexkultur, das heißt der bewusste Rückbau der Kultur und ihrer Einflüsse. Nur wer die Sexualität von der Repression wieder befreit, befreie auch die Welt. Herbert Marcuse wird dreißig Jahre später resigniert feststellen, dass man die Fähigkeit einer repressiven Gesellschaft nicht unterschätzen dürfe, noch das Lustprinzip zu absorbieren und die Menschen durch eine Sexualisierung der Öffentlichkeit und freie Liebe ebenso zu verblöden wie durch ihre gewalttätige Unterdrückung. Liberalisierung in diesem Sinne sei nichts als eine

Beschwichtigung, nichts als Brot und Spiele für die befriedigt grinsende Masse. Wer auf Sex hofft und damit schon die politische Veränderung und die große Sinnfrage meint, denkt zu schnell. Also bleiben wir erst mal beim Sex.

Die Erwartung, dass die Skrupel, sexuelle Lust zu suchen, einfach verschwinden würden, wenn sich nur die Verhältnisse änderten, ist selbstverständlich schon allein darum ohne Aussicht auf Einlösung, weil sie dem Lebenden nur noch wenig nützt und allenfalls künftige Generationen befreien kann. So wie auch einem «sexuell missbrauchten» Kind nicht mit dem Hinweis geholfen ist, dass es künftig weniger Opfer geben wird, weil wir ganz bestimmt aus seinem Leid gelernt hätten. Nicht einmal Männer wie Wilhelm Reich waren ganz davon überzeugt, dass sich alle Dämonen, die uns heimsuchen können, so einfach erklären lassen. Interessanterweise machte die Autoerotik auch ihm mehr Sorgen als Hoffnung. Immerhin sei sie besser als die bis dahin gepredigte Abstinenz vor der Ehe. Reich, der weder mit der Vorstellung von vor- und außerehelichem Sex noch mit Homosexualität ein Problem hatte und konsequent die Gleichberechtigung der Frau in der Lust forderte, fürchtete aber unbeherrschbare Konflikte durch die Onanie. Sie sei doch allenfalls eine freudlose deprimierende Notlösung, die außerdem nur darum von der Gesellschaft zunehmend geduldet werde, weil man die Forderung nach Lustverzicht nicht mehr durchsetzen könne und - ein bekanntes Männerbild lässt grüßen - die Selbstbefriedigung die Gesellschaft schütze, nämlich vor der Gewalt männlicher Triebe, die sich ansonsten in unschönen Erscheinungen wie Vergewaltigung oder anderen sexuellen Übergriffen äußern. Ein Mann, der sich nicht befriedigen kann, ist demnach eine Gefahr. Die Gesellschaft, so Reich, redet sich und ihm daher ein, dass Autoerotik selbstver-

ständlich zum Heranwachsen gehöre und im Übrigen vollkommen harmlos und ungefährlich sei. Reich widerspricht
energisch. Nein, Onanie sei «unbefriedigend und reichlich
störend», und wenn sie «nicht mehr befriedigt, erzeugt sie
Überdruss und Schuldgefühle und wird wegen der drängen-
den Sexualerregung unter den Widersprüchen des Ichs zum
Zwang. Sie hat ferner, auch unter den besten Bedingungen,
den Nachteil, daß sie die Phantasietätigkeit immer mehr
in neurotische und bereits verlassene kindliche Sexual-
positionen hineindrängt, wodurch wieder Verdrängungen
notwendig werden. Die Gefahr einer Neurose wächst dann
mit der Dauer der onanistischen Befriedigung.» Eine Gesellschaft, die zur sexuellen Selbstbeschäftigung ermutige, nur
um an der Unterdrückung der echten Sexualität festhalten
zu können, sei also verlogen. Sexuelle Erfüllung gebe es nur
mit anderen Menschen.

Die unerschütterliche Überzeugung, dass man von der sexuellen Selbstbeschäftigung nur krank werden könne, findet sich noch bei den mutigsten Revolutionären, ebenso wie
die seltsame Gewissheit, dass Autoerotik nur infantile Sexualität, also auch ein Übergangsphänomen sei, das restlos
verschwindet, sobald ein Mensch zum Menschen gefunden
oder der Mann die Frau, so Reich, im «belebenden Kampf»
mit anderen erstritten hat, der damit zweifellos etwas über
seine «Phantasietätigkeit» verrät. Wenn Onanie beim Erwachsenen wieder auftritt, ist es ein Hinweis auf unerfüllte
sexuelle Wünsche und offenbar immer als Rückfall zu werten. Das Bemerkenswerte dieses Urteils über Autoerotik ist
das, was man für die Gefahr hält. Es ist nicht die Sexualität,
von der man selbstverständlich voraussetzt, dass sie ein natürliches Verhalten ist, das ausschließlich in der gemeinsamen Erregung mit einem anderen Menschen zur Erfüllung

kommen kann. Es ist auch kein moralisches Urteil über eine Vorstufe dieser Sexualität, denn von Moral ist nicht die Rede. Autoerotik wird gerade nicht (jedenfalls nicht im Selbstverständnis) zur Sünde erklärt, sondern als natürliches Verhalten akzeptiert, wenn sie eine kurze Episode bleibt. Man beruft sich auch nicht mehr wie im 18. und 19. Jahrhundert auf die medizinische Wissenschaft, die nachgewiesen haben wollte, dass Masturbation den Körper schädigt und Krankheiten wie Tuberkulose und Krebsgeschwüre zur Folge hätte. Das, was die Autoerotik gefährlich machen soll, wird überhaupt gar nicht im Körper vermutet, sondern ausschließlich im Geist.

Es ist die Phantasie, auch Imagination oder Einbildungskraft genannt, die seit Mitte des 19. Jahrhunderts zunehmend als die eigentliche Gefahr genannt wird. (Michel Foucault hielt *Psychopathia sexualis*, das Lehrbuch des Österreichers Heinrich Kaan, das auf 1844 datiert war, für die Wendemarke, das gleiche Jahr also, in dem die Vulva-Zeichnungen von Georg Ludwig Kobelt erschienen.) Man muss es ganz langsam denken, um zu begreifen, worum es hierbei geht. In der europäischen Geistesgeschichte nutzt man interessanterweise zweideutige Wörter für die kreativste aller menschlichen Fähigkeiten: Ob griechisch, lateinisch oder deutsch – alle sind in ihrer Herkunft doppeldeutig und bezeichnen sowohl etwas Aktives, also ein Tun, als auch etwas Passives, also ein Erleiden. Sie changieren zwischen *sich etwas Vorstellen* und *einen Eindruck haben*, zwischen *Schöpfung* und *Nachahmung*, umfassen also merkwürdig Freiheit und Festlegung gleichermaßen. Obwohl die deutsche Sprache sogar zwei eindeutige Begriffe hätte, vermischen wir sie doch ständig und trennen nicht klar zwischen Vorstellung und Einbildung. Dabei ist es doch offensichtlich etwas ganz Unterschiedliches, ob ich mir etwas vor-stelle, also in Gedanken ausmale, oder ob sich mir etwas ein-bildet, also eine Spur in mir hinterlässt und damit ändert, was ich bin und – Imagination geht auf *imago* zurück und ist, wie Lateiner vermuten, mit *imitari*, nachahmen, verwandt – wie ich mich verhalte. Es ist doch aber ein Unterschied, ob ich beispielsweise ein Luftschloss vor meinem sogenannten Auge baue und ausschmücke oder ob ich in mir eine Sicherheit verspüre, die ganze Welt zu betrachten und auch schon zu betreten, als wäre dieses Gebilde künftig zu beachten. Wie sich Vorstellungskraft und Einbildungsvermögen unterscheiden und wie sie zusammenhängen, gehört zweifellos zu den Fragen, an denen insbesondere das Verstehen der menschlichen Sexualität hängt, aber keineswegs nur das. Man kann sich zutrauen zu sagen, dass es hier um nicht weniger geht als das Problem des Zusammenhangs von Denken und Handeln, das zurecht als die Wesensfrage des Menschen gilt.

Die Angst vor den Folgen der Phantasie ist bekanntlich nicht erst ein Phänomen des Umgangs mit unserer sexuellen Erregbarkeit. Man kennt es schon als ambivalente Einstellung zu allen künstlerischen Berufen, die, mal im Geniekult verehrt, mal als Jugend- und Frauenverderberei gefürchtet, vor allem aber selbst dann noch als parasitäre Existenzform verachtet, wenn sie Verlag, Kulturveranstalter und Feuilleton miternähren. Einer, der seinen Gedanken freien Lauf lässt, ist haltlos, vor allem aber schwer einzufangen und verführt womöglich die Kinder wie der Rattenfänger. Phantastikern traut man im Unterschied zur Wissenschaft, dem Handwerk und den braven Arbeitern und Bauern tatsächlich Phantastisches zu, nämlich eine besondere Kraft des Denkens, das als solches ansteckend zu sein scheint. Es ist die

Idee einer unmittelbaren Wirkung auf Emotionen und damit auf den Körper durch die Phantasie, sei es die eigene oder die eines anderen. Dem Traum des nüchternen Aufklärers, einen anderen Menschen durch Argumente als Selbstaufklärer anzusprechen, der sie erst nach einer Prüfung übernimmt oder verwirft, steht der Dichter als Albtraum des Gedankenmagiers gegenüber, der Menschen schon beim Zuhören verändert. Das Bemühen, nicht mehr Dichter und Denker, sondern wenigstens ein Schriftsteller zu sein, der sich für die Gesellschaft engagiert, also das Versprechen, sich doch als nützlich zu erweisen, entsteht mit der systematischen Instrumentalisierung der Naturwissenschaft zur Weltaneignung und als Modell für vernünftige Orientierung. Vermutlich ist es eine Folge des zunehmenden Vertrauens in die Naturwissenschaft, dass man seit dem 19. Jahrhundert ein positives Verhältnis zur eigenen Natur gewinnt und sich im Zweifel lieber auf sie verlässt. Doch wer in der Autoerotik besonders die Phantasie fürchtet, also die menschliche Fähigkeit zum freien Spiel mit den Gedanken, akzeptiert zwar den Lustreiz, aber respektiert er wirklich noch das Denken, das doch nicht nur zweckrational ist?

Zwar kann man immer noch sagen, das eine so begründete Warnung vor der Onanie dem Konzept einer negativen Sexkultur, also dem Freiarbeiten einer durch Kultur verdorbenen Sexualität folgt, nur dass sich der Naturbegriff offenbar unbemerkt verschoben hat. Wenn die unschuldig reine Natur ihr Ziel durch Vorstellungen verfehlt, weil Assoziieren für eine Möglichkeit gehalten wird, um unmittelbar schädlich auf die Natur einzuwirken, was bedeutet das dann für das Menschenbild? Es ist jedenfalls nicht das Bild, das dem Begriff Selbstbefriedigung zugrunde liegt, sondern die gerade Umkehrung des vereinfachenden Natur-Kultur-Dualismus. Wann ist aus dem gefährlichen wilden Tier, das gebändigt oder doch beruhigt werden muss, das zarte Pflänzchen geworden, das der böse Geist nicht stören darf, weil es sonst nicht mehr weiß, wohin es wachsen soll? Und wie passt das zur Theorie der Repression alles Sexuellen als Lähmung einer Urkraft, die man nur befreien müsse, damit alles gut wird? Es scheint jedenfalls, als wenn der Grundverdacht erklärter Materialisten gegenüber Dichtern nicht wenig damit zu tun hat, dass auch große Sexualreformer die Angst vor ihren Abgründen gut kannten und die Schuld dafür in ihrer eigenen «Phantasietätigkeit» vermuteten.

Autoerotik als Herd besonderer Konflikte zu sehen, als etwas also, das den Menschen nur beschädigen kann, obwohl eine offene Einstellung zur natürlichen Sexualität als Ideal künftiger Gesellschaften gilt, erklärt die Selbsterregung zum Widerstand gegen die sexuelle Befreiung, mit dem offenbar auch im erreichten Idealzustand noch zu rechnen wäre. Darauf, dass erotische Phantasien tatsächlich nicht, oder doch nicht allein, auf gesellschaftlichen Einfluss zurückgeführt werden können, deutet schon die unüberschaubare Vielfalt der Bilder.

Wer von Dämonen gejagt wird, kann versuchen, sie zu ignorieren, also die sexuelle Selbstbeschäftigung auf das Nötigste zu beschränken und die eigene Erregung nur abzuarbeiten, wenn sie sich unwiderstehlich aufdrängt und sich kein anderer Mensch finden lässt, der mir dabei helfen möchte. Oder man stellt sich ihnen und fragt im Einzelnen, woher sie kommen. Eine einfache negative Sexkultur wird dafür aber nicht reichen, jedenfalls nicht so weit, wie man es sich erhofft. In der Selbstbeschäftigung hat man es nämlich offenbar nicht nur mit Schuldgefühlen, sondern mit einem Gefühlsdurcheinander zu tun. Es ist der Komplex aus Scham und Schuld, der schon schwer genug zu entwirren ist, wenn von Sex noch gar keine Rede sein kann.

Die Konfrontation mit Wünschen und Phantasien kann nur darum so erschüttern, weil sie nicht nur eindeutig in meinen Gedanken, sondern auch eine körperliche Reaktion sind, und das in einem seltsam innigen Verhältnis. Die sexuelle Erregung weckt die Bilder, und die Bilder wecken sexuelle Erregung. Die «Widersprüche des Ichs», von denen Reich spricht, sind also kein simples Gegeneinander von Hirn und Körper, der Streit zwischen tierischer Natur und abgehobenem Geist, sondern im Gegenteil ein größtmögliches Einverständnis zwischen beiden, das dem nicht sexuell erregten Menschen Identitätsprobleme beschert. Ekstase ist die Folge einer intensiv bewussten Körperlichkeit, die gerade darum Selbstzweifel hervorrufen kann. Nun könnte man vermuten, dass das auch gar nicht anders zu denken ist. Schon klassische Religionen lehren, dass ein Gefühl der Einheit für den Menschen kein Dauerzustand sein kann. Die *unio mystica* hat in den Schilderungen der Frauen, die im 12. und 13. Jahrhundert von der Vermählung mit ihrem Gott berichtet haben, nicht selten große Ähnlichkeit mit dem orgiastischen Erleben, dem eine postkoitale Depression in Form zerrüttender Zweifel folgen kann, ob es wirklich Gott oder nicht nur der Teufel war. Auch jemand, der genau weiß, dass er sich selbst beiwohnt, kann sich davor fürchten, sich nicht wiederzuerkennen.

Die Aussicht, dass es gar kein Widerspruch im Ich ist, weil ich eigentlich überhaupt gar nicht mit mir, sondern mit der bestehenden Gesellschaft oder doch dem, was ich dafür halte, im Clinch bin, dass also die Hindernisse, die wir in der Selbstannäherung wahrnehmen, gar nicht von uns, sondern von außen und ohne Not errichtete Hindernisse sind, ist fraglos eine Verheißung besonderer Art. Schuld ist das Bewusstsein, getan (oder unterlassen) zu haben, was man gar nicht oder doch anders hätte tun müssen. Scham - im einfachsten Verständnis - ist die Befürchtung, eine unwürdige Erscheinung zu sein. Der holländische Mediziner und Psychotherapeut Louis Tas, so berichtet es die Philosophin Connie Palmen, beschrieb Scham einmal treffend als «mangelnde Empathie mit dir selbst». Ein Grund, warum uns der Blickkontakt mit kleinsten Kindern so viel Freude macht, ist doch, dass auch der unsicherste Mensch von ihnen nur Neugierde erwartet. Sobald ich mich als Mensch unter urteilsfähigen Menschen denke, erscheint schon ihr mögliches Urteil als Maßstab. Ich kann etwas getan haben, was andere gar nicht verurteilen, und mir kann etwas geschehen, das niemand außer mir blamabel und peinlich findet. Schuld und Scham können also beide objektiv gegenstandslos sein. Empfinden kann man sie dennoch. Wer Schuld empfindet, kann immerhin versuchen, sich zu entschuldigen oder etwas auszugleichen. Wer sich schämt, kann nichts dagegen tun.

Ein Grund dafür, dass Sigmund Freud, Wilhelm Reich und viele nach ihnen Autoerotik für problematisch hielten, war offenbar die Furcht vor der Scham und den Folgen des Minderwertigkeitsempfindens für das Leben überhaupt. Das «Leiden an der Vorstellung von Wirklichkeit», heißt es in der Autobiographie des französischen Neuropsychiaters Boris Cyrulnik, habe eine ganz andere Wirkung als das Leiden an dem, was wirklich ist. Er schrieb 2010 in *Mourir de dire. La honte*, dem wohl beeindruckendsten Buch über Scham, das 2018 unter dem deutschen Titel *Scham. Die vielen Facetten eines tabuisierten Gefühls* erschien: «In der Seele eines Beschämten lebt ein quälender Gegner, der ständig murmelt: ‹Du bist erbärmlich›, während in der Seele eines Schuldigen ein Gericht tagt, das ihn unablässig verurteilt und ihm einredet ‹Es ist deine Schuld›.» Im 5. Buch Mose ist eine besondere Strafandrohung für Verrat überliefert: «Und ihr werdet daselbst euren Feinden zu Knechten und Mägden verkauft werden, aber es wird kein Käufer da sein.»

Nicht jeder, der auf den Markt geht, handelt aber ehrlich. So mancher versucht nur, den Preis zu drücken – eine kalkulierte Verlogenheit, die wie jede Lüge nur wirkt, solange sich einer findet, der ihm glaubt. Wenn Menschen erkennen, dass sie sich für etwas verurteilen, das sie gar nicht richtig hätten machen können, weil uns jemand bewusst in Verlegenheit bringen wollte, um davon einen Vorteil zu haben, ändert das alles. Auch ein Beschämter, der mit dem Verursacher seine Absicht entdeckt, hört auf, beschämt zu sein, und erkennt sich als Opfer einer Manipulation, weil er den Maßstab, dem er nicht zu genügen glaubte, als bloßes Instrument zu seiner Demütigung erkennt. Die eigene Überzeugung, ein Fehler der Natur zu sein, wenn ich beispielsweise als Mann Männer erregend finde, kann nur unglücklich machen. Die Einsicht, dass nicht nur meine Überzeugung unbegründet war, sondern die Prediger dieses Unsinns auch noch eigene Zwecke damit verfolgten, macht wütend. Und wenn ein Mensch in seiner Scham verstummt, gibt ihm die Wut zu sagen, was er leidet. Wut wirkt bekanntlich entfesselnd und erklärt allein den Furor, mit dem Menschen für ihre sexuelle Selbstbestimmung und gegen Vorurteile eintreten können, die einmal erlebt haben, dass sie keine Selbstzweifel hätten entwickeln müssen. Dass der Dämon, den man fürchtet, gar kein Dämon ist, sondern vielmehr eine Kraftquelle sein kann, befreit zum triumphierenden Ich. Das ist tatsächlich die sexuelle Revolution, die sich seit jeher vollzieht und die zur Kultur als Prozess in der Zeit gehört. Traditionen, so pathetisch sie auch vertreten werden, müssen der Lebenswirklichkeit folgen oder gehen zugrunde, und das insbesondere in einer Zeit wie unserer, in der wir alle mehr denn je Mischwesen mehrerer historisch gewachsener Kulturen sind. Wenn es überhaupt einen Kampf der Kulturen gibt, dann ist es doch wohl der Kampf verschiedener Traditionen um die Menschen, die Gemeinschaften gern zu sich zählen würden, was aber nun einmal auf die Dauer nicht gelingt, ohne die Umworbenen auch zu akzeptieren, wie sie sind.

Dass die Stigmatisierung des Sexuellen überhaupt keine notwendige Voraussetzung für die Kultivierung ist, zeigt der Vergleich mit anderen Kulturen. So beliebt es nicht nur in der Ethnologie war, den Grad der Zivilisation von den eigenen Sitten abhängig zu machen, so viel lässt sich daraus vor allem über die Beobachter lernen. In frühen Reiseberichten findet sich nicht selten die Überzeugung, dass doch eine Gemeinschaft einfach noch gar keine richtige Kultur habe, einfach weil ihre Tempel mit Darstellungen einer großen Zahl sexueller Handlungen geschmückt sind, man also nicht nur dem Polytheismus anhinge, was allenfalls als Vorstufe einer monotheistischen Religion gelten könnte, sondern vor allem das rechte Schamgefühl vermissen ließ. Der selbstverständlich behauptete Gegensatz von lustvoller Nacktheit und dem Heiligen weist vor allem auf die etwas zu selbstbewusste Verwechslung der eigenen Kultur mit der Idee von Kultur hin, also einer Verabsolutierung dessen, was man gelernt zu haben glaubt, mit dem, was alle Menschen vernünftigerweise lernen sollten. Die Einsicht, dass die Kultur, in der man zufällig lebt, nur eine unter anderen ist und dass die Kulturen keineswegs so säuberlich voneinander getrennt und schon gar nicht hierarchisch geordnet sind, hat sich in der westlichen Welt nur langsam durchgesetzt. Es ist kein Zufall, dass sich Menschen, die sich mit ihrem Begehren anders erleben als ihre Umwelt, schneller in anderen Kulturen umgeschaut haben, weil ihr eigenes Erleben sie vermuten lässt, dass der Weg, der die eigene Tradition geformt hat, nicht der einzig mögliche sein kann. Wohl darum handelt einem dieses Interesse bei der Umwelt nicht selten Nachfragen ein, weil ausnahmslos jeder, der sich für die Sexkultur anderer Regionen interessiert, ganz bestimmt etwas Verbotenes tut und damit den Verdacht bestätigt, den man immer schon gehegt hatte. (Eine Ihnen mittlerweile bekannte Sammlerin von Erotika ist inzwischen eine Expertin dieser hochentwickelten Verdachtskultur.) Dass von anderen Kulturen ein verderblicher Einfluss auf die eigenen Kinder ausgehen kann, ließe sich schon an den Bemühungen ablesen, noch die eigenen Subkulturen möglichst ins Dunkle zu rücken. Unbegründet ist diese Furcht nicht.

Wer einmal kunstvolle Darstellungen von Geschlechtsteilen in einem Museum gesehen hat, weiß auf Anhieb, dass es Orte auf der Welt gibt oder doch einmal gab, wo man sich nicht für eine Vulva oder einen Penis schämt. Wenn irgendwo anders etwas so selbstverständlich sichtbar ist, was einem bisher nicht tageslichttauglich schien, verhilft das zu einer neuen Einschätzung eigener Komplexe. Wenn dann noch sexuelle Handlungen, die jemand heimlich ersehnt, unübersehbar ernst genommen werden, weil man in ihnen ein Symbol für Grundfragen der Menschheit sehen und Darstellungen vergolden kann, dann bleibt das nicht ohne Wirkung auf die eigenen Schuldgefühle. Die hilflose Versicherung in jedem zweiten Buch über Tantrismus, dass es hier natürlich nicht «wirklich» um Sex ginge, sondern um etwas «rein Spirituelles» kosmischer Dimension, das man nur mit reinem Herzen und noch reinlicherem Intellekt (und manchmal mit einem teuren Initiationskurs) wirklich zu würdigen wisse, geht am Offensichtlichen schon vorbei, nämlich genau der Assoziation von höchster Wertschätzung mit erregter Körperlichkeit, die einem bisher verboten schien. Selbstverständlich wird man noch viel mehr erfahren, wenn man sich mit dem Traditionshintergrund von allem beschäftigen würde, dem man etwas verdankt, und sollte das genau darum auch tun. Das ändert aber nichts daran, dass einem schon eine flüchtige Begegnung mit fremden Kulturen schlagartig die Augen öffnen kann.

Es gibt ein Wissen in den Gegenständen, das sich jedem vermittelt, der sich ihnen zuwendet, um zu lernen, was aber nur gelingen kann, wenn man die Hersteller und Bewahrer nicht von vornherein für Idioten hält. Man muss es so deutlich sagen, denn auf wohl keinem Themengebiet findet sich so viel Überheblichkeit wie in westlichen Büchern über andere Sexkulturen. Ob aus reflexhafter Abwehr oder als Verteidigung des eigenen Interesses – man staunt über den Mangel an Neugierde und Respekt, obwohl kluge Menschen doch wirklich wissen könnten, wie groß der Nachholbedarf unserer Kultur auf diesem Feld ist. Stattdessen nutzen wir das «Exotische» und «die Antike» auch noch als geschickte Verpackung für das, was wir uns nicht selber zu sagen trauen. Warum sind erotische Texte und noch langweiligste Hardcore-Pornos so oft traurige Zeugnisse einer Verlagerung eigener Begierden in andere Kulturen, wenn nicht aus dem schlichten Grund, dass man von der eigenen Doppelmoral ablenken will und hofft, dass einen schon niemand erkennen wird, wenn die eigene Geilheit vorm klischee-orientalischen Plastiktempel aus der Caligula-Toga ragt oder sich niemand an Exzesstaten stört, wenn die Opfer nur fremd genug aussehen? Die Exotisierung des Intimsten mag die Folge eines

Widerspruchs im Selbstverhältnis sein, doch die despektierliche Unterstellung, dass «so etwas» eben zu den anderen Kulturen «besser passe», ist zweifellos nicht als bildungsbürgerlich abzuwehren, sondern wahrlich unverzeihliche Selbstbefleckung. Aber dies ist ja keine Streitschrift, also zurück zum Wissen in den Dingen.

Wer das Studium des eigenen Körpers am Leitfaden der Lust betreibt, lernt nicht nur gern, dass das andere vor ihm bereits getan haben. Die Beschäftigung mit Zeugnissen der Sexkultur ist schon darum kein bloß intellektuelles Unternehmen, weil hier noch mehr als sonst der Körper das Maß für alles ist, sodass unvermeidlich auch ein körperliches Verstehen gefordert ist. Auch experimentelle Archäologie oder praktische Geschichtswissenschaft beruhen darauf. Wer ein Werkzeug zu benutzen versucht, oder es sich doch vorstellt, wird die beeindruckende Erfahrung machen, dass eine Kenntnis im Ding steckt. Man kann auch andersherum sagen, dass das Ding in der Welt manifestierte Kenntnis ist, nämlich ein Wissen, das sich im Gebrauch vermittelt, weil ein Mensch, der ein Werkzeug fertigt, eine Erweiterung des menschlichen Körpers versucht. Wer diese Erweiterung seinerseits zulässt, erfährt eine Leitung durch den Gebrauch: Es gelingt plötzlich etwas, das man vorher nicht begriffen, vielleicht nicht einmal erwogen hat. Während ich ein Ding zu allerlei Zwecken verwenden kann, also beispielsweise einen Nagel mit dem Schuhabsatz irgendwie in die Wand bekomme, ist der Zweck, zu dem etwas gefertigt wurde, das Einfachste, das möglich ist. Das Einfachste, was man mit Schuhen machen kann, ist gehen, und das Einfachste, was mit einem Hammer möglich ist, ist das Einschlagen eines Nagels. Werkzeuge sind Lehrer, die aber nur verstanden werden können, wenn man sich dem Werkzeug anpasst, also dem folgt, was es nahelegt, weil darauf vertraut werden kann, dass mehr Wissen in ihm ist, als ich es habe. Das gilt durchaus auch für Gedankenwerkzeuge, also beispielsweise die Werke Immanuel Kants, die ich auch nur nützlich machen kann, wenn ich mich ihnen anvertraue, um zu erleben, was ich damit kann und was nicht. Es gilt aber ebenso für einen chinesischen Phallus aus Stein - *Jadestab* ist auch eine liebevolle Bezeichnung für den Penis -, den sich eine Frau vor langer Zeit am anderen Ende der Welt fertigen ließ. (In China entstanden solch kostbare Dinge meist im Auftrag von Frauen, die in der Aufklärung eine große Rolle spielten, weil das berühmte Vater-Sohn-Gespräch zumindest in der klassischen chinesischen Kultur dem Männlichkeitsverständnis widerspricht.) Und es gilt für vergoldete Bronzen, die den Raum verändern, in den man sie stellt, weil sie den Blick anziehen, und die den Meditierenden leiten können, weil sie ein Werkzeug dafür sind, einen Denkweg über Jahrzehnte durchleben zu können, obwohl auch der größte Asket einmal schlafen muss. Aber wer es zum Anfang gern etwas kleiner hätte: Es reicht durchaus auch, einmal mit einem Wok zu kochen, einen Tag in einem Saree oder im viktorianischen Mantel spazieren zu gehen, eine Naht mit einer hundert Jahre alten Singer K99 zu nähen oder Lachs mit einem japanischen Messer zu schneiden, um festzustellen, was man plötzlich kann, ohne vorher auch nur davon gewusst zu haben, dass das geht.

Was sich auf diese Weise vermitteln kann, ist ein Wissen, das zwar in einer bestimmten Kultur und Tradition angewandt wurde, und ein Ding hervorbrachte, das zweifellos noch mehr Bedeutungen hatte, als sie sich im Gebrauch erschließen, aber eben auch ein universales Wissen, das allen Menschen etwas von dem weitergibt, was ein Mensch irgendwann einmal erkannt hat, und das über alle Grenzen und Zeiten hinweg und sogar noch dann, wenn niemand mehr dort lebt, der wüsste, wo es herstammt. Von Kulturen zu lernen setzt voraus, dass man sich ihnen nicht zuwendet, weil man mit dem Finger auf ihre Unzulänglichkeiten deuten möchte. Kulturen sind ein Können, kein Müssen. Sie sind das, was ein Mensch darum auch vom Anderen lernen kann, wenn er es will. Das braucht nur das Vertrauen, dass andere Menschen mehr von etwas verstanden haben könnten als ich - und dass mein Körper sich Wissen schneller einverleibt, als ich es begreifen kann. Genau das, was in der Autoerotik zu Problemen führen kann, nämlich das schnelle körperliche Lernen, lässt sich eben auch mit erfreulichen Folgen nutzen. Wer lernen will, bringt die immer auch herkunftsbedingte Vorstellungskraft erst mal zum Schweigen und konzentriert sich auf sein Einbildungsvermögen.

Die Bedeutung der eigenen Umgebung für die Selbstwahrnehmung zu kennen und von anderen Umgebungen zu wissen hilft zweifellos, nicht schon dann die Schuld bei sich selbst zu suchen, wenn die erotischen Wünsche und Phantasien dem widersprechen, was man uns über das «Normale» beigebracht hat. Es hilft, mit anderen Worten, Fremdbestimmung zu erkennen und sich damit auseinanderzusetzen, ob man das, was sie als Maßstab aufstellt, auch für sich akzeptieren möchte oder nicht. Man nennt es Mündigkeit, die eben auch keine bloß intellektuelle Angelegenheit, sondern eine Haltung sein soll. Allein schon Alternativen zu kennen schwächt die Autorität der überwiegend herrschenden Meinung, die uns umgibt, was glücklicherweise darum immer einfacher wird, dass uns mehr Informationen immer leichter zugänglich sind. Multikulturalität ist längst auch über den Warenaustausch hinaus Realität, und immer weniger Menschen halten «Kultur» noch für die real existierende Monade ohne Fenster. Aber nur, weil die Begegnung mit anderen Kulturen unsere Kritikfähigkeit an der eigenen stärken und Korrekturprozesse einleiten kann, sollte das nicht zu der Meinung verleiten, dass ihr Wert nur in der Motivation zu mehr Kulturrückbau bestehe, weil es ganz ohne Kultur besser ginge, nur weil man es in der eigenen bisher nicht hinbekommt.

Das Konzept einer negativen Sexkultur beruht auf dem sympathisch klingenden Gedanken, dass es in unserem bewussten Umgang mit unserem sexuellen Begehren nur darum gehen sollte, der eigenen Irrationalität auf vernünftige Weise den größtmöglichen Freiraum zu verschaffen. Wer sich in den 1980er Jahren möglichst lässig geben wollte, besiegelte Verabredungen mit dem Spruch «Alles kann, nichts muss». Solange es niemandem schadet und alles einvernehmlich geschieht, wäre auch schon alles geregelt. Das «Andere» würde sich dann schon ergeben. Das Problem dieser schönen Sexwelt besteht jedoch darin, dass sie einem wesentlichen Bedürfnis der Menschen nicht genügt und darum wie alles, was menschliche Bedürfnisse ignoriert, auch nicht funktioniert. Wäre da sonst diese seltsame Anhänglichkeit der Menschen an eine Gesellschaft, die beinahe noch stärker zu sein scheint, wenn sie einen in den Selbstkonflikt stürzt, weil man dem Ideal dieser Gesellschaft nicht entspricht?

Das war vermutlich der Grund für die Vermutung, dass das Geheimnis und das Tabu für das sexuelle Erleben nicht nur eine repressive, sondern sogar eine konstitutive Rolle spielen. Der Mensch, so die Idee, brauche eben das Verbot, weil der Verstoß dagegen - also wieder das Negative - das lustvolle Gefühl der Freiheit ermöglichte. Der Tabubruch als eigentlicher sexueller Stimulus, als ständiges Reiben am Widerstand, setzt die Gefahr voraus, bei etwas Verbotenem entdeckt zu werden, sodass es schon im Interesse des Einzelnen liegt, eigenwillig, also anders zu sein, was er aber nur kann, weil es unrealistische Regeln gibt. Es hört sich doch auch an, als wäre es sehr körperlich (und männlich) gedacht, wenn man sagt, jemand habe Aufsehen und Anstoß erregt. Wäre das wirklich das Wesen der menschlichen Sexualität, dann gäbe es auch zur Sexkultur sonst nichts mehr zu sagen: Es braucht Regeln, damit ich mich dagegen auflehnen kann, weil ich etwas spüren muss. Erregung ist nichts als der sich ewig wiederholende Widerstreit zwischen Vorgegebenem und Erlebtem, der dem Menschen seinen mehr oder weniger heimlichen Triumph über die vorgegebene Ordnung ermöglicht, die er genau dadurch wiederum stützt, obwohl - so der Traum der Revolutionäre - aus dieser kleinen Rebellion auch die große werden könnte. Jede Kritik an tradierten Idealen trägt aber etwas von diesen Idealen in sich und unvermeidlich weiter. Alle Akzente, die man setzen könnte, bleiben nur Akzente der Kritik, so wie eine Weichenstellung, so neu sie auch scheint, doch den alten Zug weiter rollen lässt. Befreite Sexualität ist noch nicht ein freier Umgang mit Sex. Schon darum kann die Lust an der negativen Freiheit keine hinreichende und schon gar nicht die einzig mögliche Erklärung für die Attraktivität der Regelsysteme sein.

Noch die repressivste Sexualmoral bietet insbesondere das, wonach Menschen immer suchen und in der sexuellen Erfahrung umso mehr verlangen: eine Erzählung. Sinneseindrücke sind uns nämlich nicht genug. Im Gegenteil, sie sind verwirrend und verunsichernd, versetzen uns also in einen Zustand, der Menschen wie alle Lebewesen irritiert. Sinne vermitteln uns, was ist. Wir müssen aber vor allem wissen, was das mit uns zu tun hat. Mit anderen Worten: Sinnesdaten nützen uns gar nichts, wenn sie für uns keinen Sinn ergeben. Das liegt nicht an einem vermeintlichen Hang zur Spiritualität oder dem Wunsch nach religiösem Überbau, sondern im überlebensfähigen Organismus. Überleben können wir nur dann, wenn wir in der Lage sind, mehr als viele kleine Sinneseindrücke von uns und dem zu gewinnen, was uns umgibt. Der einzige Unterschied ist, dass sich uns die zusammenhängende Welt nicht nur einbildet, sondern wir sie uns auch anders vorstellen können, als sie sich uns zufälligerweise aufdrängt, und uns genau darum eine komplexere Welt- und Selbstkenntnis erarbeiten können als andere Lebewesen. Sinneseindrücke sind umso irritierender, je einzigartiger sie uns erscheinen, weil das einfachste Mittel, Zusammenhänge zu erkennen, der Vergleich des Neuem mit dem Bekannten ist. Darum sucht der menschliche Organismus in der Lusterfahrung nach vergleichbar intensiven Körpererfahrungen, auch wenn sie gar nichts mit Sex zu tun haben, und darum ist uns noch die sexfeindlichste Gesellschaft eine Beruhigung der Verwirrung: Unsere Körpererfahrung gibt dem Lusterlebnis einen Ort, die Gesellschaft gibt ihr außerdem einen Namen und eine Geschichte. Ich bin nicht allein damit, ich erlebe nichts Unbekanntes, weil das, was ich als so aufwühlend erfahre, schon gut und sicher eingebettet ist. Kultur ist das, was Menschen lernen und darum auch lehren können. So bietet mir noch die Geschichte von der wollüstigen Selbstschändung eine sichere Ruhestätte, auch wenn ich sie beflecke. Insbesondere der Orgasmus ist so einzigartig und damit eindeutig, dass einem im Vergleich dazu noch die künstlichste Erklärung dafür ganz natürlich vorkommt, einfach weil es eine Erklärung ist.

Erotische Phantasien sind immer auch der Versuch, den Bildern im Kopf und den unvermuteten Empfindungen das Verwirrende zu nehmen. Wie jeder Historiker weiß, ist es immer erst das Wissen um den Kontext, das ein Foto oder Dokument zum Sprechen bringt. Und wie jeder Dichter weiß, ist das Erzählen das mächtigste Werkzeug gegen die unmittelbare Wirkung von dem, was ist. Die entscheidende Frage ist, wen ich die Geschichte meiner Erregbarkeit erzählen lasse.

Negative Sexkultur kann nichts anderes, als dem Einzelnen zu sagen, dass es ihm zweifellos besser ginge, wenn er gar nicht erst Bilder entwickelt hätte, die man nicht anschauen mag, ihm versichern, dass er nichts dafür kann, und bei der Suche nach den Schuldigen Hilfe anbieten. Diese Arbeit gegen die Selbstverachtung mag unabdingbar sein, um zu verstehen, warum ich geworden bin, was ich bin, aber sie bleibt die intellektuelle Perspektive auf ein Problem, das nicht wesentlich intellektuell ist, weil es die Körperlichkeit betrifft. Etwas anderes ist es zu lernen, wie man sich die eigenen Geschichten erzählt. Es ist gerade nicht der Weg, anderen zu vermitteln, was ich erfahren habe, sondern mir mein Erleben vielleicht nicht verständlicher, aber zumindest erträglich zu machen. Die Macht der Phantasie wird zurecht gefürchtet und geliebt.

Dieser Weg der Sexkultur setzt voraus, meine Empfindungen, Bilder und Assoziationen ernst zu nehmen und bewusst mit ihnen zu experimentieren, um herauszufinden, wie sich der Einbildungsprozess anfühlt und wie sich meine Einbildungen auf meine Wahrnehmung auswirken. Wenn Hannah Arendt dazu rät, die eingefrorenen Begriffe immer wieder aufzutauen, kann man sich das genau so vorstellen. Es ist etwas ganz anderes, in einer konkreten Situation möglichst schnell einen Halt zu finden, weil man sich orientieren muss, als in Ruhe herauszufinden, wie Orientierung überhaupt funktioniert und warum ich mich in der konkreten Situation, in der keine Zeit war, genau auf diesen speziellen Halt verlassen habe. Assoziationen sind eine dieser Abkürzungen, zu denen wir in der Lage sind, um emotionale Stresssituationen zu überstehen. Aber ob sie auch ein verlässliches Werkzeug sind, Erlebtes zu verarbeiten und auf neue Situationen vorzubereiten, ist eine ganz andere Frage. Das, woran wir uns gewöhnt haben, leitet uns, weil sich uns ein Zusammenhang eingebildet hat, den wir als sicheren Grund voraussetzen. Aber Wahrnehmungsgewohnheiten sind eben auch ein Grund aus Eis, und nur, weil wir sie gewöhnt sind, heißt das nicht, das dieser Grund auch hält, wenn sich der Druck erhöht. Man könnte es auch mit einem Apothekerschrank oder etwas zeitgemäßer mit dem Dateimanager eines Computers vergleichen. Man kann zwar schnell alles Mögliche darin verstauen, es sieht auch ordentlich aus, aber ob ich im Zweifel auch etwas Brauchbares finde, wenn ich es brauche, ist nicht so sicher. Sigmund Freuds vielzitiertes Programm, dass Ich werden müsse, was Es ist, räumt die Schubladen wieder aus. Wer sie aber neu wieder einräumen will, muss Übung darin gewinnen, aus dem Ich auch wieder Es zu machen, weil Erkanntes Gewohnheit werden muss, damit wir sicher weitergehen können.

Zu lernen, wie sich Wahrnehmungsgewohnheiten bilden, ist aber nur möglich, wenn man darin auch die unerhörte Leistung anerkennt, die der menschliche Organismus zu vollbringen in der Lage ist: Unsere Verfasstheit ermöglicht, Überraschendes zu verfremden, wenn es uns zu überfordern droht, und Verletzendes an Lust zu knüpfen, also noch das, was brechen konnte, zu einer Kraft zu machen. Wer als «schmutzige Gedanken», «krankes Kopfkino» und «dreckige Phantasien» verunglimpft, was man sich doch ebenso auch als Bibliothek voll eigener Werke vorstellen kann, verkennt seine Talente ebenso wie die Autonomie. Warum vergeben wir die Chance, Autorenmacht zu erkennen, wenn es unsere eigene ist? Man stelle sich einmal alles, was je ein lustvoller Gedanke war, als wertvoll gebundenes Buch vor. Wie umfangreich ist Ihre Bibliothek? Man sollte im Erröten nur nicht vergessen, dass große Bibliotheken seit je als Symbol von Kultur gelten.

Die Erfahrung, Bilder in sich zu haben, die unsere sexuelle Erregung steigern können, ist immer zunächst eine Erfahrung der Unfreiheit. Reize wecken das, was als Körpererfahrung in uns eingebildet ist, in die bewusste Vorstellung. Das reduziert erotische Phantasien auf das Spektrum schon erlebter Gefühle und Eindrücke. Dass sich die Phantasien erweitern und weitere dazukommen können, liegt daran, dass dieser Mechanismus auch in die andere Richtung funktioniert, wie schon jeder weiß, der sich einmal den Vorwurf eines anderen Menschen zu Herzen genommen hat. Empirische Wissenschaftler müssen immer damit rechnen, dass es die bloße Beobachtung gar nicht gibt, weil wir schon durch Beobachten das verändern, über das wir doch nur Sinneseindrücke sammeln und das wir verstehen wollen. In der Selbstbeobachtung ist es genau umgekehrt. Zwar wollen wir auch beobachten, aber wir hoffen noch mehr, dass uns das Wissen über uns dann auch verändert. Menschen, die allermeisten jedenfalls, gehen davon aus, dass Denken einen Unterschied macht. Sogar derjenige, der tatsächlich von der Sinnlosigkeit des Verstehens oder der Unfähigkeit der Menschen, überhaupt zu lernen, überzeugt zu sein vorgibt, rechnet sich seinen Vorteil aus, den ihm diese Erkenntnis bringt. Wer absichtlich verändern und erweitern will, was auf ihn wirkt, wagt also bewusst ein Experiment. Der Erfolg von Feldversuchen, so lernt man in der experimentellen Wissenschaft, hängt wesentlich davon ab, eine natürliche Situation unter abgesicherten Bedingungen nachzustellen und alle Einflüsse auf den Versuchsaufbau genau zu kontrollieren, weil sich nur so herausfinden lässt, was genau welche Wirkung hat. Hier liegt auch das Risiko von Fertigprodukten, also dem Konsum von Pornographie, die ein ganz harmloses Vergnügen ist, wenn man tatsächlich frei mit den visuellen Reizen spielen kann, weil mir meine Empfänglichkeit für Explizites bewusst ist. Für ein Lernen dieser Prozesse hilft es aber nicht, weil es gerade nicht darum geht, mir genau das platt abgebildet ins Bewusstsein fallen zu lassen, was ich mir doch lebendig vorstellen muss, wenn es sich mir einbilden soll. Die größte Fehlkonstruktion am Experiment, Erregungszustände ausgerechnet durch Convenience-Produkte bewusst erleben zu wollen, ist aber der Versuchsaufbau: Es ist nicht meiner. Wer sich einer von anderen kalkulierten Reizflut aussetzt, bevor er über eine geübte Selbstwahrnehmung verfügt, unterschätzt noch einmal unser Bedürfnis nach Kohärenz. Die Psyche ist nämlich nicht weniger bequem als der restliche Organismus, und noch der lebendigste Geist wird die Gelegenheit nutzen, lieber nichts Neues zu lernen, sondern genau das Erlernte zu vertiefen, dem man nun einmal nur als Autor etwas entgegensetzen kann. Wer weiß, wie man Erregendes kalkuliert, Spannung auf- und auch abbaut, alte Gewohnheiten bedient und nur aus ihnen bewahrt, was Neues ermöglicht, kann das Labyrinth so sehr erweitern, dass zumindest spürbar wird, was Freiheit sein könnte. Sexkultur in diesem Verständnis ist weder Repression noch eine simple Technik zur Luststeigerung. Aber man liest ja auch nicht Immanuel Kant, um so klingen zu können wie er, sondern weil sich dadurch die eigene Welt erhellt. Diese Sexkultur ist wie jedes bewusste Kultivieren ein anstrengendes Unterfangen. Auch wenn sich der Erfolg daran bemessen lässt, wie befriedigend diese Kultivierung ist, sollte man sie sich nicht als reinen Lustweg vorstellen. Es ist die Erweiterung der eigenen Körperlichkeit, um ihr mehr Kraft zu verleihen. Es ist Körperkompetenz, die für vielerlei Zwecke tauglich ist. Auch zum Widerstand gegen jene, die alles, was ich bin, gegen mich nutzen möchten, um mich zum Handeln in einem Sinnzusammenhang zu verleiten, der mich zerreißt.

Niemand erlebt mich und meinen Körper so wie ich, weil ich diese Körperlichkeit bin. Und niemand wird je so virtuos damit umgehen können, wie ich es kann, wenn ich das will. Aber gibt es nicht auch die große Literatur nur deshalb, weil sich Menschen allein in den Wald getraut haben?

ANGSTSCHLEIFE

When does the path we walk on lock around
our feet? When does the road become a river with
only one destination? Death waits for us all
in Samarra. But can Samarra be avoided?

Sherlock, The Six Thatchers (2017)

ls die Wiener Psychoanalytische Vereinigung im
Dezember 1911 über Onanie und ihren störenden
Einfluss auf die menschliche Charakterbildung
stritt, ging es um die üblichen Verdächtigungen: Wer sich in
lustvoller Absicht mit sich selbst beschäftigt, zeige oft auch
einen Hang zur Heimlichkeit (welch Überraschung!), die zu
einem verlogenen Charakter führen könne, zur Unreinlich-
keit sowieso, und vermutlich zu Verbrechen. Kleptomanie
oder Sparzwang, Liederlichkeit oder Überpünktlichkeit – alles Folgen der Schuldgefühle, die niemand von sich weisen
könne, wenn er sich zu sehr auf sich einlasse. Schließlich
meldete sich Sigmund Freud mit einem bemerkenswert nach-
denklichen Einwand zu Wort. «Prof. Freud», so kann man es
im Sitzungsprotokoll nachlesen, «bemerkt dazu, es sei im
Allgemeinen sehr wahrscheinlich, dass die Ablehnung der
rein autoerotischen Betätigung zunächst mit dem Anschi-
cken den nächsten Fortschritt in der Sexualentwicklung zu
vollziehen, zusammenhängen dürfte.» Könnte es also sein,
dass der wirkliche Grund der ganzen Debatte einfach die Befürchtung war, dass ein Mensch, der diese Möglichkeit erst
einmal entdeckt hat, damit so vollkommen zufrieden werden
könnte, dass er gar nicht weiß, warum er je wieder die Hände

von sich lassen und sich auf die mühsame Suche nach einem Sexpartner begeben sollte, wo man doch nicht einmal sicher sein kann, dass sich dieser Aufwand überhaupt lohnt? Wer fürchterlich darüber erschreckt und sich betrogen fühlt, wenn er seinen Partner unvermutet selbstverliebt antrifft, mag ähnlich denken. Ist vielleicht einfach die Hoffnung falsch, dass der Sexualtrieb dafür da ist, um den Menschen zum Menschen zu treiben? Auch das sagt Freud an diesem Tag. Der Sexualtrieb sei sicher nicht gesellschaftsfeindlich, aber doch wesentlich «asozial».

Freud grübelt also über etwas ganz anderes als die berüchtigte Erotomanie, die so gern leidenschaftlich beschworene Gefahr, dass jemand durch Onanie der Sucht anheimfallen könnte, von der heute wieder viel die Rede ist. Da Menschen offensichtlich zueinander streben, musste er neu über den Sexualtrieb nachdenken, und man kann sagen, dass der weitere Denkweg Freuds zum Verhältnis von Sexual- und Lustprinzip auch maßgeblich von dieser Idee beeinflusst ist. (Dass genau dieser Abschnitt des überlieferten Sitzungsprotokolls oft falsch zitiert wurde, ist schon darum zu bedauern.) Wenn der Sexualtrieb auch nur dazu führen könnte, dass ein Mensch die Autoerotik als dauerhaft beglückendes sexuelles Leben kultiviert und dadurch allein den Trieb hinreichend befriedigt, was zieht dann noch einen entspannten und zufriedenen Menschen zu einem anderen, wenn es nicht mehr die triebhafte Begierde nach sexueller Erfüllung ist? Die Hindernisse der körperlichen Liebe zwischen Menschen sind doch allgemein bekannt, die unliebsamen Folgen sind zurecht gefürchtet, andere Geselligkeit ist viel unkomplizierter. Bestünde also nicht die Gefahr, dass das sexuelle Miteinander einfach verschwände, wenn erst alle herausgefunden haben, was «Selbstbefriedigung» wirklich zu sein vermag?

Man sollte nicht vergessen, dass sich die Wissenschaft von der Sexualität parallel zur Industrialisierung entwickelt hat. Diagnosenamen wie die «Funktionsstörung» lesen sich vermutlich nicht zufällig wie Fehler in einer Maschine zur Kinderproduktion. Und auch wenn Sigmund Freud zweifellos kein Vertreter einer verengenden Sexualwissenschaft ist, stand für ihn doch außer Frage, dass am Ende der gesunden Entwicklung eines Menschen die stabile Zeugungsgemeinschaft zu stehen habe. Heute jedenfalls besteht kein Anlass, sich sofort um den Fortbestand der Menschheit zu sorgen, nur weil wir anders über Autoerotik denken lernen können.

Wer es wagt, wird kaum bestreiten wollen, dass das sexuelle Selbsterleben von einer besonderen Freiheit und einer überraschenden Vielfalt ist, wenn man den Gedanken zulässt, ihm einen Eigenwert zuzubilligen. Wie bereichernd es ist, den eigenen Körper zu kennen und seine Möglichkeiten zu erweitern, weiß jeder, der sich unabhängig von der Sehnsucht nach dem Anderen mit dieser Kultur beschäftigt hat. Sich auf sich selbst zu konzentrieren, sich zu fühlen, mit Gedanken und Empfindungen, ja, noch mit dem eigenen Organismus und seinen Rhythmen spielen zu lernen verleiht ein Glücksgefühl ganz eigener Art und ist nicht zuletzt die Erfahrung einer Unabhängigkeit, die nicht nur psychologisch stärkt, sondern auch Grundfragen des menschlichen Denkens und Wahrnehmens erstaunlich erhellt. Wer noch einmal neu über das alte Körper-Seele-Problem nachdenken will, kann hier zweifellos weiterkommen und, wenn er ein philosophisches Interesse hat, auch eine neue Perspektive auf Werke früherer und fremder Denker und Künstler finden. Oder wer gern die großen Worte für sein Bedürfnis nach Kohärenz hätte: Es ist ein überaus reizvoller Versuch, am eigenen Leibe aus der Hypothese zu denken, dass der

Sexualtrieb sehr viel mehr mit der Entwicklung des Selbstbewusstseins und der Dynamik menschlicher Reflexion zu tun haben könnte, als es der Name vermuten lässt, den wir diesem Antrieb gegeben haben, um uns einfacher gegen ihn wehren zu können.

Unmittelbare Folgen für die Gesellschaft sind auch hier kaum zu befürchten, jedenfalls nicht für eine Gesellschaft, die sich rühmt, aufgeklärt zu sein, und Menschen als mündige Bürger vorauszusetzen, die offensichtlich so oder so zur Geselligkeit neigen und sich bekanntlich auch noch unter repressivsten Gesellschaftsnormen gefunden haben. Die große Sorge, dass unser stabiles schönes Miteinander nun von selbstbewussten Autoerotikern plötzlich in eine Ansammlung hemmungsloser Egoisten zu zerfallen droht, setzte aber doch wohl außerdem eine Welt voraus, in der das nicht ohnehin so ist. Zumindest unsere Konsumwelt verdient jedenfalls prächtig an einer anderen Idee der Sexualität, die Menschen vor allem zu dem Eindruck verleitet, dass die meisten damit einfach nicht umgehen können.

Wenn heute von Erotomanen die Rede ist, sind doch genau diejenigen gemeint, von denen man in der Wiener Psychoanalytischen Vereinigung sprach. Wie man hört, können sich die Sexualtherapeuten nicht vor den vielen jungen Männern und wenigen Frauen retten, die unter Kontrollverlust, zwanghaftem Sexualverhalten und nicht selten Impotenz leiden und fest davon überzeugt sind, süchtig nach der Droge Sex zu sein. Die Sexindustrie ist ein Milliardenmarkt, Deutschland steht auf Platz Nummer 2 der Umsätze, das meiste davon konsumieren die Menschen immer noch allein. Schon ist wieder von den Wonnen der Enthaltsamkeit und den Freuden der Jungfräulichkeit bis zur Ehe die Rede. Als wenn es je geholfen hätte, dem, was uns Angst macht, so lange aus dem Weg zu gehen, bis es so riesengroß erscheint, dass einem gar nichts anderes mehr bleibt, als heillos überfordert zu sein.

Dass wir immer noch das Märchen über den Wesensunterschied von Mann und Frau weitertragen, der schon mit der ersten Kinderberührung beginnt, statt von den Erfahrungen zu sprechen, die alle Menschen gemeinsam haben, weil es Wege gibt, die wir alle gehen müssen, hilft auch nicht viel. Im Gegenteil. Denn natürlich wurde schon vor fast zweihundert Jahren zwischen weiblicher und männlicher Selbstverliebtheit so gründlich unterschieden, dass beides auch einen anderen Namen haben musste. Man sprach bei Frauen von Nymphomanie, bei Männern von Satyriasis und Donjuanismus, was für eine Frau nur die altbekannte Verniedlichung ist, es aber für einen Mann sicher auch nicht einfacher macht, mit seinem Problem ernst genommen zu werden. Die Folgen davon finden sich bis heute. In bestechender Logik wird in bester wissenschaftlicher Gründlichkeit mit Befragungen gearbeitet, also mit der mutigen Hoffnung, dass Frauen, von denen doch jedermann weiß, dass sie «normalerweise» weniger an Sex interessiert sind, nicht so oft auf visuelle Eindrücke ansprechen und mit Pornographie nicht viel anfangen können, einem auch sofort offen erzählen würden, dass die Theorie zumindest auf sie nicht passt. Und man hält es umgekehrt schon für das Bekenntnis eines «normalen» Mannes, dass er wenigstens drei Pornoseiten im Internet aufsagen kann. So als wüssten wir nicht alle, dass Scham tatsächlich zur Verlogenheit treibt, wenn man überzeugt davon ist, wenigstens so aussehen zu müssen wie die Anderen, von denen man so genau weiß, dass sie normal sind. Als der für seinen ersten *Kinsey-Report* gefeierte Alfred C. Kinsey 1953 mit Vorwürfen überschüttet wurde, weil er es nicht bei seinen Studien zum sexuellen Verhalten von Männern belassen hatte, sondern unbedingt auch noch einen Bericht über Frauen vorlegen musste, versicherte er aller Welt ausdrücklich, dass die Frauen selbstverständlich auch nur von Frauen interviewt worden seien. Sind wir uns wirklich sicher, dass er damit die Schicklichkeit seines Unternehmens beweisen wollte und sich wirklich nie gefragt hat, ob Frauen anderen Frauen gegenüber auch genauso ehrlich sind wie Männer unter Männern? Dennoch findet sich bis heute in Beschreibungen von Forschungsprojekten die klare Geschlechtertrennung des wissenschaftlichen Personals als Qualitätshinweis. Dass Menschen sich lieber nicht mit «ihresgleichen», sondern nur mit sich allein unterhalten, wenn sie vor allem darum fürchten, ob an ihnen etwas falsch ist, dürfte wesentlich damit zu tun haben, dass mancher wirklich nur schwer wieder aus dem Selbstgespräch herausfindet. Das Zureden, dass sich alle Probleme mit der Reizüberflutung schon natürlicherweise von allein lösen werden, sobald man sich nur dem größten Reizbündel von allem, nämlich einem anderen Menschen zuwendet, muss wie eine Drohung klingen, besonders wenn jemand fest davon überzeugt ist, eine wandelnde Zumutung zu sein, von der sich jeder nur abwenden kann, sobald er herausfindet, mit wem er es wirklich zu tun hat. Wer Probleme kleinredet, macht sie für den, der sie hat, nur noch größer.

Statt uns von unserem Bedürfnis nach dem großen Sinn allzu schnell binden zu lassen, wäre es doch vielleicht gut, bewusster mit dem zu beginnen, was sich fühlen lässt, und dann auch nicht gleich wieder in die nächste totalitäre Versuchung zu tappen, darin auch schon wieder alles zu wollen. Die Sexkultur, die wir alle ein ganzes Leben so oder so betreiben, ist der Umgang, den wir mit uns selbst pflegen. Aber damit ist sie noch nicht die einzige. Es sagt doch auch niemand, dass ich aufhören kann, noch selber Luft zu holen, nur weil sich der Atem eines Anderen in meinem Nacken so unwiderstehlich anfühlt.

Vor allem aber wäre es gut, noch einmal von vorn darüber nachzudenken, was denn überhaupt ein anderer Mensch für uns sein kann, bevor wir erwarten, dass uns irgendwann schon jemand errettet, sei es nun, dass uns ein Einhorn mit Regenbogenglitter den Weg ins Paradies anzeigt, ein weißer Ritter für uns vom Ross steigt oder das Ewig-Weibliche uns hinanzieht.

HÖHENANGST

**Deswegen halte ich soviel mehr vom Spätjahr
als vom Frühjahr, denn im Spätjahr schaut man gen
Himmel – im Frühjahr auf die Erde.**
Søren Kierkegaard, Tagebuch aus der Irrzeit
(29. Oktober 1837)

Richtiger Sex, das wissen schon die Kinder, ist immer nur der Sex zweier Menschen. Und weil alles andere nicht zählen darf, wird auch vermutlich nichts so mit Erwartungen überfrachtet wie die Vorstellung der Begegnung erregter Menschen zum Zweck der körperlichen Vereinigung. Heilige Tradition und reine Sachlichkeit purzeln dabei dann auch schneller übereinander als die berühmten Karnickel. Etwas außerordentlich Besonderes ist es, jedes Mal, obwohl es doch das Natürlichste der Welt ist, ein ganz normaler biochemischer Vorgang eben, aber so furchtbar aufregend wie ein Feuerwerk. Die Begegnung mit einer ganz und gar unwiderstehlichen Naturgewalt ist zu erwarten, mit der man aber überaus verantwortungsbewusst und vorsichtig umgehen muss, vor allem stets besonnen, weil die Begierde uns so um den Verstand bringt, dass wir sogleich alle Vernunft vergessen. Und natürlich ist Sex genau die Antwort auf alle Fragen, in die uns das einsame Erleben stürzt, ein mythischer Akt, das kosmische Ereignis, die große Belohnung für die Enthaltsamkeit oder vielleicht doch eher für die disziplinierte und ausdauernde Selbstoptimierung durch trostlose Selbstbefriedigung zum größten Liebhaber und der hingebungsvollsten Geliebten aller Zeiten. Aber richtig schön wird es selbstverständlich nur, wenn es auch gleich die große Liebe ist, denn die macht selbst das Beste viel besser. Weil die Menschen klug sind, darf dennoch der Sicherheitssatz selten fehlen, nämlich dass vielleicht doch die Vorfreude die größte Freude ist. Oder wie sagten damals die alten Großtanten, wenn ein Mädchen fragte, was denn da so Geheimnisvolles in der Ehe zu erwarten sei: «Ach Kind, auch du wirst dich daran gewöhnen.»

Es ist, als könnten wir uns einfach nicht entscheiden, was uns mehr besorgt: dass man Sex nicht ernst genug nehmen oder dass er für jemanden tatsächlich mehr sein könnte als die schönste Nebensache der Welt. Und wehe, man fragt jemanden, wie es wirklich war, weil man es genauer wissen möchte. Dann lernt man entweder, dass man den wahren Genuss vor allem am Schweigen darüber erkennt, hört allerlei klischeehafte Geschichten oder erfährt, wie leicht man sich mit aufgesetzter Lässigkeit blamiert.

Etwas lächerlich ist es schon. Kaum ein Roman kommt ohne diese körperliche Sehnsucht der Menschen nacheinander aus, es herrscht kein Mangel an Geschichten von der einen unwiderstehlichen Leidenschaft, die Menschen über sich hinauswachsen, also sich verschwenden lässt, und auch, wenn es eine Erzählung von Krieg, Mord und Totschlag sein muss, darf eine verzehrende Begierde nebenbei garantiert nicht fehlen. Dennoch gilt es als besonders originell zu behaupten, dass nur die tragischen Beziehungen zur Weltliteratur taugen, weil es zu einer guten Geschichte gehört, dass Menschen nicht bekommen, was sie wollen, schon gar nicht die gemeinsame Erfüllung. Wenn es nicht wenigstens das große Unglück ist oder jemand auch noch damit souverän umgehen will, kontern wir offenbar reflexhaft mit Skepsis, der vornehmen Schwester der Prüderie. Lust, die andauert, scheint unglaubwürdig. Vor allem aber wollen wir nichts von ihr wissen. Wäre es nur schnöder Neid, man bräuchte kein Wort darüber zu verlieren. Natürlich hört niemand gern, dass andere wirklich das aufregende Sexleben haben und pflegen können, von dem man sich allenfalls zu träumen getraut. Aber manchmal kann man sich doch des Eindrucks nicht erwehren, dass es dabei noch um etwas ganz anderes geht.

Warum überhaupt die ganze Aufregung, wo es doch offensichtlich die meisten überleben und wir heute auch so viel mehr darüber wissen? Der Mensch ist ein Tier, auch sein emotionales Verhalten ist kein Drama, sondern weitgehend vorbestimmt. Selbst hinter der Liebe steckt ein erstaunlicher Mechanismus. Was wir erleben, ist eine biologische Notwendigkeit, ausgelöst durch einen biochemisch-physiologischen Prozess, für den es nur noch ein paar Zufälle braucht. Wenn zwei Menschen sich jedoch unter günstigen Umständen begegnen, dann reicht ein kurzer Reiz, um immer das gleiche Programm ablaufen zu lassen: Der Anblick eines Menschen gefällt uns, Nervenimpulse wirken auf das limbische System, Botenstoffe aktivieren multiple Kreisläufe, Dopamin wird ausgeschüttet und löst Freude aus. Weil Freude so angenehm ist, dass man den Auslöser gern verfügbar hätte, aktiviert sich das Verführungsprogramm (wenn man das Wichtigste nicht längst vorab bis ins Detail per

Chat verabredet hat). Unzählige Rezeptoren, gut einhundert davon pro Quadratzentimeter Haut, melden jede Berührung ins Hirn, auch unsere anderen Sinne laufen auf Hochtouren und sammeln mehr Daten als jede Einwanderungsbehörde, bevor die Körper sich dann erregen wie ein Uhrwerk. Spätestens nach dem Kuss sind die Würfel gefallen, weil – so offenbar der Stand der Dinge – das Nuckeln für ein Baby die erste Vertrauensleistung war, die mit Genuss belohnt wurde, und jeder potenzielle Partner sich also an diesem Maßstab zu bewähren hat, während gleichzeitig mit dem Speichel noch mehr Informationen für die Kompatibilitätsprüfung ausgetauscht werden, weil es dem Organismus ja um überlebensfähige Nachkommen geht. Passt dann immer noch alles, dirigieren die Hirne die Körper mit einer wahren Hormonflut zu- und ineinander und jonglieren mit Lust, Verlangen, Wohlbefinden, Schmerzunterdrückung, Wahrnehmungsverengung und noch so manchem, bis – eine gewisse Körperkompetenz vorausgesetzt – zwei Menschen in einer Oxytocin-Explosion fast die Besinnung verlieren, um daraufhin in einen unvergleichlichen Entspannungszustand zu gleiten, vollgedröhnt mit körpereigenen Opiaten. Die Nummer lässt sich einige Monate durchhalten, bis der Stress den Körpern so zu schaffen macht, dass sie sich lieber aneinander gewöhnen. Spätestens nach drei Jahren ist jede Verliebtheit vorbei. Jedenfalls hielt man das für wissenschaftlich bewiesen, bis Hirnuntersuchungen mit neuen bildgebenden Verfahren zeigten, dass manche Paare seltsamerweise auch nach zwanzig Jahren noch genauso aufeinander fliegen wie am ersten Tag ... doch das sind unwesentliche Details und sicher Einzelfälle. Aber weil wir miteinander einfach mehr Hormone ausschütten als allein, versuchen wir es aller großen Literatur zum Trotz bis heute.

So einfach könnte es also sein, wenn Menschen einander nur lassen würden und weder Bewusstsein noch ein Gedächtnis noch die dumme Angewohnheit hätten, ständig alles in Frage zu stellen, was so herrlich eingerichtet ist. Und dann kommt noch ausgerechnet jemand, der meint, dass wir über mehr Sexkultur nachdenken müssen?

WECHSELSEITIGES BENUTZEN

Die Ursache, warum ein Mensch
neben einem anderen soviel mehr Muth hat,
als allein, liegt tief. Das Alleinsein ist uns
der fürchterlichste Gedanke der Schöpfung
und eine Furcht, die nie recht aus uns will.
Jean Paul, Untersuchungen (1790–1800)

E s fängt natürlich schon damit an, dass es wirklich natürlich anfängt. Im Unterschied zur Fragwürdigkeit der eigenen Körperlichkeit und unserem darin umherirrenden Bewusstsein ist der Körper des Anderen für uns herrlich einfach. Ihn können wir als ganzen betrachten, ohne einen Spiegel zu bemühen. An ihm können wir Körperwärme fühlen, die Haut riechen, den Herzschlag hören, und vor allem können wir ihn erröten sehen. Der andere Mensch ist immer zunächst einmal ein Ding, und er wird es bleiben, bis wir ihn anders interpretieren.

Wer nun doch gern Immanuel Kant bei sich hätte und sofort den Kategorischen Imperativ zitieren möchte, wonach ein Mensch doch immer als Zweck gesehen werden müsse, weil alles andere dem Menschen in seiner Würde, der Menschheit in seiner Person, nicht angemessen sei, sollte Kant vollständig zitieren: «Handle so, daß du die Menschheit, sowohl in deiner Person als in der Person eines jeden anderen, jederzeit zugleich als Zweck, niemals bloß als Mittel brauchst.» Dass wir einander immer wieder als Mittel gebrauchen, ist kein Skandal, sondern gar nicht zu ändern, solange wir einander auch weiterhin begegnen wollen. Man muss nicht einmal an den Busfahrer oder die Ärztin denken, die wir mit größter Selbstverständlichkeit gern gebrauchen, sobald wir einen Bus besteigen oder eine Arztpraxis aufsuchen. Es fängt lange vorher an. Alles, was uns in die Sinne fällt und uns entgegensteht, gehört für den Menschen zur Welt, in der wir uns orientieren müssen, was auch bedeutet, nicht gegen einen anderen Menschen zu rennen, wenn wir uns in der Welt bewegen. Kleine Kinder müssen das bekanntlich erst lernen. Aus ihrer Augenhöhe ist schon der Unterschied zwischen einem Baumstamm und dem Bein eines Erwachsenen nur schwer auszumachen, während es ganz einfach scheint, im Plüschtier den treuen Gefährten zu erkennen.

Weil der Mensch sich Gott gern nach dem eigenen Bilde schafft, haben wir allen Grund, den Schöpfungsmythos wörtlich zu nehmen, nach dem der Mensch nur ein Lehmklumpen war, bis Gott seinen Seelenhauch spendete. Denn genau das ist es, was wir immer wieder tun müssen, um einem Menschen zu begegnen und nicht nur Dingen auszuweichen. Die Menschheit in einer Person ist eben nicht gegeben, so wie seine Augenfarbe oder die Körpergröße einfach da sind, weil wir nicht darüber entscheiden, ob sie unsere Sinne affizieren können oder nicht. Die so schöne Mahnung, dass wir den Anderen doch bitte nicht zum Objekt machen sollten, ist also zumindest ontologisch ganz falsch. Der andere Mensch ist nicht nur ein *Alter Ego*, ein anderes Ich, das ich mir beliebig vorstellen kann. Er hört auch nicht auf zu sein, wenn ich mich abwende, denn er ist nicht von mir abhängig, um zu existieren. Wollten wir ihn schaffen, wir könnten es nicht. Wir können ihn ja nicht einmal erhalten. Sogar unser Gott brauchte den Lehmklumpen. Wer einem Menschen aber als Subjekt begegnen will, wird es nur antreffen, wenn er ihn auch als Subjekt verstehen möchte.

Die Verdinglichung eines Menschen ist nur darum eine Erniedrigung, weil wir so genau wissen, wie sie gemeint sein kann. Jemanden verdinglichen, das heißt, jemandem etwas wieder wegzunehmen, das wir ihm vorher selber zugestanden haben. Verdinglichung ist das bewusste Streichen eines längst gewährten Privilegs, in einem Menschen mehr sehen zu wollen, als wir voneinander erfahren können. Dass ich nicht nur eine Reiz-Reaktions-Maschine bin, ist mir im Selbstbewusstsein unabweislich, weil ich die Widersprüche nicht ignorieren kann, die in mir wirken. Dass der Andere ein selbstbewusstes Lebewesen ist, kann für mich aber nur eine Hypothese sein, unter der ich die Erscheinung betrachte. Es ist also auch nicht etwa die angeblich staatliche Entmenschlichung einer definierten Gruppe, die Verbrechen möglich macht, weil sich bestimmte Menschen per Gesetz zu Dingen erklären ließen, zu etwas also, das ohne Rücksicht auf ethische Kategorien behandelt werden dürfte. Es sind die Menschen, die glauben, dass ein Staat so etwas überhaupt kann.

Als man das erste Mal den Versuch unternahm, eine künstliche Intelligenz zu schaffen, entstand sogleich die Angst, dass der Mensch darauf hereinfallen könnte. Ein kluger Mann erdachte schon 1950 den nach ihm benannten Turing-Test, und man grübelt seither viel über die Fragen, die man stellen müsste, um an den Antworten ganz sicher zu erkennen, ob sie von einem Menschen oder einer Maschine stammen. Man rief sogar einen Wettbewerb um die Maschine aus, die tatsächlich in der Lage ist, uns vorzumachen, ein Mensch zu sein. Wundert es noch irgendwen, dass der Preis bis heute nicht vergeben wurde? Alan Turing aber wusste aus eigener Erfahrung nur zu genau, wie hilflos jeder ist, dem andere die Anerkennung seiner Menschheit verweigern. Man zwang ihn zur chemischen Kastration, weil er Männer liebte. Er nahm sich das Leben, weil er die Lustlosigkeit nicht ertrug. Statt einen Preis für die Maschine auszuloben, die den Turing-Test besteht, bräuchte es eher einen für eine Menschheit, die im Zweifel lieber eine Maschine zu viel wie einen Menschen behandelt statt auch nur einen Menschen wie ein Ding. Tatsächlich kann sich ein Mensch nicht selber zum Objekt machen, auch wenn er es noch so gern würde und ihm der Gedanke Lust bereitet. Nicht einmal die Selbsttötung ist eine Verdinglichung, solange auch nur einer lebt, der es uns verweigert. Selbsttötung hieß in früheren Zeiten nicht ohne Grund «Entleibung».

Das Bewusstsein, dass man mir jederzeit die Anerkennung als Subjekt wieder wegnehmen kann, ist uns gegenwärtig, weil auch wir es können. Darum nimmt man die Erregung eines anderen Körpers übel, wenn nicht ganz sicher ist, wer sie wirklich ausgelöst hat, obwohl man sie doch auch einfach genießen könnte. Menschen möchten aber gemeint sein, was jemanden voraussetzt, der mich auch meinen kann. Aber darum ist nicht jede Verdinglichung schon eine Erniedrigung, denn ein Mensch kann auch damit einverstanden sein und sich einem anderen zur Verfügung stellen.

Der andere Körper ist ein konkreter Mensch. Nicht die Idee eines Mannes oder das Idealbild einer Frau oder das Modell für alles, was jenseits und dazwischen denkbar ist. Was wir entdecken, wenn wir uns dem Anderen nähern, ist also immer auch ein besonderer Körper, auf den man neugierig sein kann. Das *Vatsyayana Kamasutra* ist zurecht dafür berühmt, das Kompendium der Körperkenntnis zu sein, weil es sich handfest praktisch zu den Problemen äußert, die dadurch entstehen, dass sich die Anatomie der Geschlechtsorgane nicht immer so umstandslos ergänzt, wie man es den kleinen Kindern erzählt. Damit dann umzugehen erfordert Hinsehen und Kenntnis, manchmal aber auch das Weitersuchen. Wilhelm Stekel, der Kollege Sigmund Freuds, der den Onanie-Vortrag gehalten hatte, fand 1923 die wohl schönste Formulierung dafür, als er das Recht für Frauen forderte, sich ebenso lustvoll umzusehen, wie Männer das (angeblich) tun. Alle Menschen sollten die Möglichkeit haben, «sich zu ihrer Ergänzung durchzulieben», wenn sie das wollen. Wir können einander anprobieren wie ein Kleidungsstück, Erfahrungen sammeln wie Schmetterlinge oder Speerspitzen, und es finden sich sicher auch Menschen, die überhaupt nichts dagegen haben, wenn Zentimetermaß, Stoppuhr und Kamera zur Expeditionsausrüstung gehören. Es gibt schließlich auch Männer, denen der Gedanke gefällt, für Dildos Modell zu stehen. Der Gegenstand für die Lust anderer zu sein ist schließlich auch ganz ungefährlich, solange man jederzeit wieder gehen kann.

Wenn wir herausfinden, dass es nicht nur lustvoll ist, sich selbst zu spüren, sondern sich dabei auch einen Anderen oder anderes vorzustellen, nennt man die Phase der Entwicklung Objektwahl. Die sexuelle Orientierung heißt streng genommen doch darum so, weil unsere Erregung die Dinge der Welt in zwei Klassen einteilt: neutrale Dinge und Sexobjekte. Wir haben uns angewöhnt, uns dabei Körper oder auch nur Teile davon vorzustellen. So als wäre das, wonach wir uns dann im Café, im Büro oder auf der Straße umdrehen, auch so ein Körper, den wir gern für uns entflammt wüssten. Ob das ein Grund dafür ist, dass Menschen, die sich nicht klischeehaft männlich oder weiblich kleiden, immer noch bei vielen Irritationen hervorrufen? Dass das Ding und die Erscheinung des Dinges voneinander abweichen können, sobald es sich um einen Menschen handelt, der abweichen will, ist eine zusätzliche Komplikation für jeden, der mit einem klaren

Beuteschema besser zurechtkommt. Mein Sexobjekt ist eindeutig, eindeutiger vor allem, als ich mich selbst kenne, weil es sonst nicht zur Orientierung taugt. Was einigen an der Vorstellung vom «animalischen Sex» so reizvoll scheint, ist doch weniger die Möglichkeit, endlich einmal besinnungslos zu rammeln - wogegen auch nichts spräche -, sondern sprachlos zueinander zu finden, ohne sich fragen zu müssen, warum genau es einen nun zueinander zieht.

Aber Menschen fragen immer, weil es uns nicht genug ist, nur ein Ding zu begehren. Forschungsergebnisse zur Bedeutung von Gerüchen und anderen Sinnesreizen sind ein wichtiger Baustein zur Entschlüsselung unserer Erregungsmechanismen, aber sie wirken doch immer etwas fremd in der Welt, insbesondere in der heutigen, in der einige Fotos, die auf dem mobilen Endgerät zu sehen sind, den Ausschlag geben. Es erinnert erstaunlich an arrangierte Ehen der höheren Schichten in früheren Jahrhunderten, zu denen kunstvolle kleine Porträts gefertigt wurden, um die Ware an den Mann und die Frau zu bringen. Warum ging das nicht immer schief? Sind es die klugen Kuppler, die heimlich noch ganz andere Daten abgleichen, oder einfach nur glückliche Zufälle? Übermittelt ein Porträt eventuell doch längst mehr nötige Informationen, weil es mich sonst gar nicht auf den ersten Blick angesprochen hätte, oder verändert uns schon die Vorstellung des intensiven Körperkontakts mit dem Menschen auf einem Bild so sehr, dass es sich am Ende nur noch passend anfühlen kann? Schafft die hingebungsvolle Pflege der lustvollen Vorstellung irgendwann eine Empfänglichkeit für einen Menschen, bevor man sich wirklich das erste Mal in den Arm nimmt? Erlebe ich jemanden, dessen Bild ich regelmäßig mit in meine einsamen Phantasien nehme, wirklich noch genauso, als hätte ich ihn gerade erst getroffen? Es spricht viel dafür, dass man sich einen Menschen nicht nur schönsaufen kann oder dass doch zumindest ein Vorglühen möglich ist, zumal die Rahmendaten durch die schöne neue Software längst abgeklärt sind. Dank der Neigung der Datingplattformen, hemmungslos Daten zu sammeln, werden wir zweifellos in einigen Jahren auch darüber mehr herausfinden.

Wer schon einmal den Vorzug hatte, den schlafenden Körper eines Anderen betrachten zu dürfen, kennt vermutlich den besonderen Reiz, der davon ausgeht. Es ist ein Geschenk des Vertrauens, das nur durch die Erlaubnis zu steigern ist, der unbeobachtete Beobachter fremder Lust zu sein – jedenfalls dann, wenn man sich dabei nicht nur darum sorgt, ob schon am ergriffenen Schauen etwas verwerflich oder gar verräterisch sein könnte. Der andere Körper ist die Einheit, die niemand selber erleben kann. Wo unser Bewusstsein uns unvermeidlich spaltet und Körper nur als Körperlichkeit erfahrbar ist, scheint vor unseren Augen (und auch unter unseren Händen) das vollendete Ganze, von dem jeder für sich nur theoretisch weiß. Hier jedoch können wir eine Lust bestaunen, die nicht auch sofort die Überwältigung von Erinnerungen bedeutet und die sich, wenn man es denn darf, auch anders kontrollieren lässt als die eigene. Es ist so viel einfacher, einen Körper schön zu finden, wenn es nicht mein eigener ist. Ich bin eindeutig mit einem lebendigen Körper in Erregung verbunden, aber ohne auch die Flut an Gedanken und Emotionen zu erleiden, die man nur schwer loswerden kann und die uns die Nacktheit verdächtig macht. Wenn es eine Chance des Menschen gibt, das verlorene Paradies zu schauen, dann ist es vermutlich der genießende Körper des Anderen. Aber das ist es nicht allein. Wer den anderen Körper betrachten darf, ist nicht selten von genau dem gerührt, worunter er selbst zumeist nur leidet, und erlebt vor allem neu, was er am meisten fürchtet: in den Blick eines Anderen zu geraten. So richtig es ist, davon zu sprechen, dass sich jemand uns *ausliefere*, so falsch wäre es zu behaupten, dass auch jeder Blick dazu Anlass gibt, sich so zu fühlen. Schon wer hingerissen schauen kann, genießt schließlich mehr als die Beschäftigung mit einer Vielzahl kleiner Sinneseindrücke. Er erfährt auch sich als denjenigen, der all die Daten auf so unterschiedliche Weise zu dem zusammenfügen kann, was man dann den Anderen nennt. Den eigenen Blick zu kultivieren, die Betrachtung des anderen Körpers als konstitutiven und nicht etwa analytischen Akt zu begreifen, kann die Angst, ebenfalls gesehen zu werden, mehr korrigieren, als jeder Versuch es je könnte, mich anderen zu zeigen. Wer von vornherein weiß, was daran gar nicht schön sein darf, verbietet sich das Hinsehen. Der bewusste Umgang mit Sehgewohnheiten ist wie jeder Aspekt der Sexkultur also eine negative und eine positive Kultivierung. Die so gefürchtete Frage, «was die Anderen wohl über mich denken», ist doch immer die Sorge darum, was sie in mir zu erkennen meinen. Wer die Macht der eigenen Einbildungen erkennt und den Hang zur Projektion durchschaut, erfährt auch, wie viel insbesondere derjenige über sich preisgibt, der behauptet, ganz genau zu wissen, was er vor sich sieht.

Der verbreitete Wunsch zu wissen, was man denn nun in sexueller Hinsicht von Natur sei, führt nicht zuletzt darum zum Versuch, wissenschaftlich valide beschrieben zu sein, weil man dem Anderen sagen können möchte, wie er das einzuordnen hat, was sich seinen Augen bietet. Aber die ontologische Differenz ist wesentlich für jede sexuelle Begegnung zwischen Menschen, denn es ist noch dann eine Begegnung verschiedener Körper, wenn sich beide derselben Sphäre zurechnen. Dass unser Körper immer auch die durch unsere Erfahrung gebildete Körperlichkeit ist, macht jede Berührung des Anderen unvermeidlich zur Berührung von etwas Fremdem, an dem sich nicht nur lustvoll Begehren und Erregung studieren lassen. Es lässt sich auch noch einmal unbehelligt von den eigenen Verstrickungen lernen, wie unterschiedlich das ist, was von Natur aus doch so gleich sein soll. Und das gilt selbstverständlich auch für den Einfluss von Botenstoffen und Hormonen. Denn schließlich nähern sich nicht biologisch-physiologische Strukturen einander an, sondern konkrete Menschen, die beispielsweise auch auf ganz unterschiedliche Weise damit umgehen, dass für unsere sexuelle Erregung das Belohnungszentrum relevant ist und die Lusterfahrung Areale im Hirn wie die Amygdala dämpft, die irgendwie für Angst und Vermeidungsverhalten zuständig zu sein scheint.

Wer in seinem bisherigen Leben vor allem die Erfahrung gemacht hat, dass Angst so unentbehrlich ist, dass man sie keineswegs dämpfen darf, weil man sonst Unlust erleidet, wird auch bestimmte Ebenen der Lust bestmöglich vermeiden. Das, was die Wissenschaft herausrechnen muss, wenn sie weiterkommen will, wird zwischen zwei Menschen, die sich aufeinander einlassen, wesentlich. Jedenfalls wenn man es will. Aber das heißt, füreinander mehr als der erregt-erregende Körper zu sein. Auch wenn wir nicht vermeiden können, in einander nicht bloß den Zweck, sondern auch das Ding zu sehen, und auch wenn es lustvoll ist, der Erregung des Anderen nützlich zu sein, gibt es doch etwas, das nur geschieht, wenn wir es zulassen: Wir können uns voneinander erzählen. Schweigen ist eine Wahl, und niemand, dem ich ein Anliegen bin, will es hören, weil es so unerträglich laut ist, wenn man auch sprechen könnte.

MASKENSPIELE

Selbst zu unserer normalen Kopulation kommen
wir nur mit der Mentalität von Onanisten. Wir sind
Egoisten, aber mit den Gefühlen der anderen.
Fernando Pessoa / António Mora, Die Rückkehr
der Götter (um 1915)

Was sollte erschreckender sein als die Vorstellung, von einem Anderen in seiner Sexualität ganz verstanden zu werden, wenn ich doch genau daran scheitere? Sich vor jemandem auszuziehen, den man begehrt und darum nicht in die Flucht treiben möchte, ist nichts im Vergleich zu dem, was so treffend Seelenstriptease genannt wird. Man wüsste nur zu gern, wie Sex wohl wäre, wenn unter ihm nicht jedes Mal die eigenen Abgründe lauerten. Die Fähigkeit zum *Sex an sich* aber vermuten wir allenfalls bei den Anderen, die uns nicht so zerrissen erscheinen wie wir uns selbst.

Eigene Gefühle lassen sich nicht beobachten wie eine Fliege im Glas. Ein Erreger, der seine Erregung entdeckt und sie beobachten will, hört nicht selten ganz auf, erregt zu sein, und wird zum Analytiker. Die sinnliche Wirkung der eigenen Gedanken bewusst zu erfahren setzt große Vorsicht voraus, denn es sind meine Gedanken, das Instrument also, das überhaupt das stabilisieren kann, was ich für mich halte, weil es in Schach hält, was schnell genug aus der Tiefe droht. Die eigenen Phantasien zu beobachten ist nie ganz Spiel. Als Denken des Denkens ist es nicht ohne Wirkung auf die Körperlichkeit. Die Phantasien der Anderen hingegen sind bunt und unbeschwert, man kann sich für sie einfach interessieren. Auch über sie nachzudenken gelingt umso leichter, je mehr sie sich von meinen unterscheiden, weil man Wahrnehmungsgewohnheiten Anderer jederzeit einfach auftauen kann, ohne den Halt zu riskieren, den sie ja auch nur dem Anderen geben. Und wenn der Andere es zulässt, weil er das Schweigen bricht und mich in seine Tiefe sehen lässt, dann kann man endlich wirklich spielen. Man wünschte doch, die eigenen Dämonen so betrachten zu können, aber der Spaziergang durch den eigenen Zoo ist der Weg durch einen Park im Wissen um die so brüchigen Gitter. Im Selbstgespräch erlebe ich die Wirkung meiner Vorstellungen auf meine zweideutige Verfasstheit unmittelbar, und jede Variante muss mich erst mal beunruhigen. Die Phantasien eines Anderen jedoch führen mich vor allem weg von mir. Mehr noch: Ich bewege mich auf den Anderen zu, als wäre ganz unzweideutig, wo ich herkomme. Und so wie es lustvoll ist, den Körper mit meinem Körper zu erregen, um zu ergründen, was ich auszurichten vermag, ist auch eindeutig sichtbar, was mein Verstehen bewirken kann. Es denkt sich mutiger, wenn für mich nichts davon abhängt als die Lust eines anderen Menschen. Auch scheint plötzlich alles ganz logisch für den, der um die Autorenmacht weiß.

So wie sich zur Erregung eines anderen Körpers viel leichter mit Rhythmus und Taktung umgehen lässt, kann man erstaunlich schnell lernen, die Denkbewegung des Anderen nachzuahmen und mit immer neuen Szenarien und Details zu bereichern. Man muss nur verstanden haben, welche Wirkung jeweils davon auf den Körper ausgeht, der sich aber auch viel besser beobachten lässt als der eigene. Wie jeder weiß, der schon mal einen Text in eine andere Sprache übertragen hat: Die idiomatischen Übersetzungen sind die besten. Scheherazadeh erzählte tausend und eine Nacht zum größten Vergnügen eines Mannes, der vorher un-gezählte Lustobjekte gleich nach dem Genuss gelangweilt entsorgt hatte. Das Vergnügen eines Anderen allein über das Zuhören und Erzählen zu steigern und ihm so zu beweisen, dass er durchaus verstehbar oder doch bedienbar ist, gilt als eine hohe Kunst, die sich zu lernen lohnt. Aber spätestens am Leitfaden der Lust erscheint es auch wie der Königsweg der Autoerotik, wie die indirekte Möglichkeit, mehr über den eigenen Umgang mit den Abgründen herauszufinden. Wenn es denn für uns Menschen im Verstehen etwas Indirektes gäbe.

Weil Kultivierung das Einbilden von Vorstellungen zur Grundlage für künftiges Handeln und Denken ist, fühlt sich auch eine Denkbewegung irgendwann ganz natürlich an, obwohl sie ihren Ursprung ganz woanders hat. Schon Kant vermutet das, wenn er die Frage der Denkungsarten mit persönlichen Neigungen verknüpft. (Wer noch nie wirk-lich Kant gelesen hat, kann viel davon haben, wenigstens in die *Methodenlehre* zu schauen. Dieser Anhang zur *Kritik der reinen Vernunft* war nicht ohne Grund der Ausgangspunkt für eine der einflussreichsten Denkrichtungen bis heute. Auch der Pragmatist Charles Sanders Peirce begann mit die-sem kleinen Text.) Denken, das wir uns so gern als über den Wassern schwebend, als reinen Geist vorstellen, hat schon in seiner Form ein sinnliches Gegenstück. Unterschiedliche Denkbewegungen lösen unterschiedliche Stimmungen aus (und umgekehrt) und werden darum auch schon dann wie-dererkannt, wenn man sie noch gar nicht bewusst vollzogen hat. Auch ein Denken kann uns auf den ersten Gedanken vertraut und sympathisch sein. Wenn wir fähig sind, alles zu fetischisieren, dann, weil wir schon die Form unseres

Denkens fühlen und manche Formen angenehmer finden als andere. Den Anderen zu verstehen ist, mehr noch, als von ihm verstanden zu werden, auch eine sinnliche Erfahrung. Das macht alle unsere kognitiven Leistungen von einem Können zum potenziell unhinterfragten Tun, so wie jede Wahrnehmung zu einer Wahrnehmungsgewohnheit werden kann. Empathie eröffnet uns beides: hohe Nähe zum sexuellen Begehren und dabei doch durch die emotionale Distanz genug Sicherheit vor dem Absturz. Die Beschäftigung mit dem Begehren der Anderen macht die Widersprüche meines eigenen Ichs auch dann noch für mich unkenntlich, wenn ich darin aufzugehen versuche, mich wie das ideale Gegenstück eines Anderen zu verhalten. Für-den-Anderen-Sein erlaubt mir Stimmigkeit im Selbstverhältnis. Es kann so ungemein beruhigend wirken, sich der echten Begegnung zu entziehen, in der ich ganz gegenwärtig sein müsste, und ist dennoch körperlich wirksam, sodass es mit dem *Sex an sich* leicht zu verwechseln ist. Ob nun als bewunderte Zauberin oder als dankbar genossener Dienstleister, als heimliche Geschichtensammlerin oder als Traumdieb – auch der intellektuelle Voyeurismus ist die Suche nach Vorstellungen, die helfen können, eigene Abgründe zu überdecken, und bleibt es so lange, bis der Mechanismus verstanden ist. Man kann sich nicht nur gut, sondern zu gut damit fühlen. Als Fetisch ist die Empathie eine Sexkultur, die mir erlaubt, wie selbstverständlich auch meinen Körper nur als Instrument zur Verfügung zu stellen, weil ich dann die Lust des Anderen nur umso besser beobachten kann.

Wenn es sich auf das Schönste fügt, dann findet der Empathie-Lüsterne sein Gegenstück im intellektuellen Exhibitionisten, der das kann, was dem Beobachter so viel Angst bereitet: sich lustvoll verständlich machen. Michel Foucault hatte nicht nur das Christentum, sondern auch die Psycho-analyse im Verdacht, genau darum so mächtig zu sein, weil sie die Gemeinschaft als Geständniskult begründeten. Die-ser Zwang, sich ständig bekennen zu müssen, ist nicht nur aufdringlich, sondern auch gefährlich, wenn Bekennen eine öffentliche Angelegenheit wird. Wer sich vor aller Welt er-klären soll, kann das gar nicht anders als in der Form einer Entsagung vom Selbst, weil nicht alles, was ich erlebe und für mich bin, auch so verständlich gemacht werden kann, wie die Öffentlichkeit es dann erwartet. Foucault ist keineswegs der Einzige, der das abstoßend findet. Weil er zu denen ge-hörte, die wussten, warum man das Verstandenwerden auch fürchten kann, und die darum umso mehr davon überzeugt sind, lieber nur verstehen zu wollen, widerte Foucault die Vorstellung einer Beichte selbstverständlich an, ganz egal, ob sie im Beichtstuhl, auf Freuds Couch oder als politischer Schwur stattfand. Aber Phantasien zu sammeln, begeister-te ihn umso mehr. Auch die Kritik an einem Ideal bewahrt etwas vom Ideal in sich, weil es die vollständige Negation für uns nicht gibt. Die Lust an der Empathie und die Lust an der Entäußerung sind zu ähnliche Denkbewegungen, um den Zusammenhang zu übersehen, auch wenn Foucault uns nicht den Gefallen getan hätte, seine Freude am Sammeln der Geschichten anderer so bereitwillig mit uns zu teilen. Es scheint beinah, als könnte derjenige, der sich für Sex inter-essiert, gar nicht darüber schweigen, sondern nur wählen, über wessen Erregbarkeit er sich äußert.

Selbstverständlich entgeht einem geübten Beobachter auch ein anderer Beobachter nicht, und schon gar nicht ent-geht man sich selbst. Das hingebungsvolle Einfühlen und Hineindenken in das Begehren eines Anderen ist nicht nur zärtliche Zurückhaltung eigener Wünsche, sondern immer auch die geschickteste Methode, von sich abzulenken und nicht über sich selbst sprechen zu müssen, solange der Andere spricht. Das macht das Sehenwollen so grundverdächtig wie jedes Fragen. Denn warum versucht jemand, nur ein Spiegel für die Wünsche des Anderen zu sein? Was tun wir wirklich, wenn wir nur die Anderen animieren, ihre Geschichten zu erzählen?

Menschen fragen nicht nur, weil sie die Orientierung verloren haben und darum eine konkrete Orts- oder Zeitauskunft benötigen. Wer fragt, ist keineswegs immer so unwissend, wie er tun kann. Genau besehen geht es dabei nur selten um das, wovon die Rede ist. Aron Ronald Bodenheimer hat *Von der Obszönität des Fragens* gesprochen und 1984 in seinem gleichnamigen Buch den Fragenden und seine «Frage-Neigung» dorthin gerückt, wo der nicht sein will: ins Licht. Fragen und Scham sind seltsame Verwandte. Beide verhindern eine Begegnung, weil sie nur ein hierarchisches Verhältnis etablieren. Der Fragende und der Antwortende befinden sich nicht auf gleicher Augenhöhe, weil der Fragende in der Beobachtungsposition erstarrt und der Antwortende ein *ihm* Antwortender bleibt. Was nur durch Wechselseitigkeit ausgeglichen werden könnte, wird zu einer Kultur des Ausweichens. Auch ein Vertreter der Heiligen Inquisition steht in einer Verbindung zu dem, den er befragt. Jedes Verhör baut eine Beziehung auf, die schneller zur Abhängigkeit werden kann, als beide es kontrollieren können, sogar wenn alle um die Möglichkeit wissen. Fragen kann ein Jagen sein. Aber nicht jeder jagt aus Spaß. So eindeutig Fragen eine Form der Aggression ist, so liegt doch Bedürftigkeit im Fragen, wenn es ein Bitten um etwas anderes als eine konkrete Antwort ist. Darum ist Fragen auch so leicht mit Zärtlichkeit zu verwechseln. «Der fragende Sinn ist ein beschämender

Sinn», heißt es bei Bodenheimer. «Daß er sich selber das nicht vergegenwärtigt, nicht eingesteht, macht ihn noch beschämender und bedrängender. Er ist hierin vergleichbar der Wirkung des Beängstigens», also der Neigung, aller Welt Angst zu machen, damit niemand die eigene sieht und man sie möglichst auch selber vergisst. Die Zuwendung aus dem vermeintlichen Zustand der Souveränität mag demjenigen Lust bereiten, dem man sich zuwendet, wenn er das Verstandenwerden als Versicherung genießen kann, sich so zeigen zu dürfen, wie er ist. Für den, der sich nur zuwendet aber, ist es Ablenkungssex, dessen Folgen ihn direkt treffen. Es gibt nicht nur den vorgetäuschten Orgasmus, es gibt auch einen Orgasmus unter Vorspiegelung falscher Tatsachen. Wer sich aus dem gemeinsamen Sex heraushält, kann das überhaupt nur, weil Menschen zur bewussten Instrumentalisierung ihres Körpers fähig sind und Körperkompetenz eben auch einschließt, mechanisch zu funktionieren, wenn man die Kontrolle behalten will. Ich kann meinen Körper *einsetzen*, um mich außen vor zu lassen. Ob es die bewusste Lust an Macht und Manipulation ist oder ein erlerntes Vermeidungsverhalten, weil ich überhaupt nicht verstanden werden will, sondern vor allem lieber anders wäre und darum wenigstens die Chance nutze, anders zu erscheinen – gemeinsame Lust erlebt man so nicht, selbst wenn einem der gleichzeitige Genuss gelingt. Unser jederzeit um Orientierung und Stabilisierung bemühter Organismus präsentiert uns stattdessen alles nur als Bestätigung in der Angst, in Wirklichkeit jemand zu sein, der ohnehin nie dazu in der Lage sein wird. Die Befürchtung, in den eigenen Wünschen und Träumen erkannt zu werden, wäre nicht so verhängnisvoll, wenn sie nicht mit ihrer vehementen Leugnung einherginge.

SCHAM-MESSEN

Rebellion! Rebellion! In den Katakomben.

Hans Fritz Beckmann, «Die Nacht ist nicht allein

zum Schlafen da.» (Tanz auf dem Vulkan, 1938)

E inen der traurigsten Sätze zum Sex hat Ute Gahlings 2016 in ihrem beeindruckenden Buch *Phänomeno- logie der weiblichen Leibeserfahrung* geschrieben: «Auch die Sexualität kann nur marginal thematisiert wer- den, zumal es immer noch Defizite hinsichtlich einer der De- skription weiblicher Sexualerfahrung angemessenen Spra- che gibt.» Denn selbstverständlich steht es um die Sprache zur Beschreibung jeder anderen auch nicht viel besser. War- um sonst wären Männer auf die kuriose Idee verfallen, eine Bibliothek mit Romanen über Frauenschicksale zu füllen, um ihre eigene Überforderung durch das weibliche Gewand zu exotisieren? In der Liste der traurigsten Sätze steht auch das Gustave Flaubert zugeschriebene Geständnis «Madame Bovary, c'est moi, d'après moi» ganz weit oben. Wer sich in der Hamburger Staatsbibliothek die übrigens immer noch überraschend lesenswerte Abhandlung *Die Geschlechts- kälte der Frau* von Wilhelm Stekel vorlegen lässt, findet dar- in eine alte handgeschriebene Widmung eines Mannes an einen anderen: «Zum Andenken dem Kollegen [Name] für die angenehmen Stunden während des Manövers anno 1923.»

Wenn es intim wird, spricht es sich, wie man sagt, leichter durch die Blume. Aber das setzt voraus, dass man durch den gleichen botanischen Garten wandelt. Eine Kultur, die den direkten Blick auf ihre «Schamgegend» peinlich vermeidet, kann nicht einmal unbefangen auf den gemeinsamen Bezugspunkt zeigen, damit alle es mit eigenen Augen sehen.

Es gehört zu den kuriosen Angewohnheiten des Menschen, umso mehr Ordnungsregeln zu erstellen, je weniger er wirklich hinschauen mag. Der Wunsch, allein durch Worte zu klären, was doch nur in der Berührung eindeutig ist, hat Nomenklaturen in einem Ausmaß hervorgebracht, das man schnell lächerlich finden kann. Aber weil niemand so viel Mühe aufbringt, wenn er nicht davon überzeugt ist, das zu müssen – und weil Lachen und Sex noch ein ganz anderes Thema ist –, tut man gut daran, erst mal etwas mehr darüber nachzudenken, bevor man es einfach nur für eine Mode hält.

Biologisches und soziales Geschlecht, Geschlechtsidentität, primäre und sekundäre Geschlechtsteile, erogene Zonen, Perversion, Devianz, Paraphilie, Potenz, dysfunktionale Störung, Frigidität, Gefühlskälte, Schamlippen, Vulva, Vagina, Vorhaut, sexuell, sexual, sexuell bedingt oder motiviert – stundenlang ließen sich Wörter und Ordnungsbegriffe aufzählen, die allein in der deutschen Sprache irgendwann Verwendung fanden, und viele haben den Eindruck, es würden täglich mehr. Aber dennoch fehlen uns meist die Worte. Ob es an den ohnehin üppigeren Gärten liegt, dass die arabische Sprache, wie Ali Gandour in seinem zauberhaften Buch *Liebe, Sex und Allah* berichtet, sogar über 114 Bezeichnungen für den Penis verfügt, außerdem 97 für dessen Teile, 99 Namen für das weibliche Geschlechtsteil, 70 weitere Teilbezeichnungen und davon 28 für die Klitoris?

Wer bei diesem Thema lieber schnell weglaufen möchte, weil er am Sinn zweifelt, sollte sich daran erinnern, dass ein Wort genau das stiften soll: Sinn. Es ist der Versuch, etwas zu finden, das Menschen gemeinsam haben können, wenn es um das geht, was wir offenbar nicht gemeinsam haben. Es ist ein Werkzeug, etwas in die allgemeine Aufmerksamkeit zu rücken, was von allen berücksichtigt werden sollte, jedenfalls von allen, die etwas besprechen oder tun wollen, wozu das Wissen darum relevant ist. Wörter sind Betonungen. Aber die Sprache ist nicht nur darum im ständigen Wandel, weil sich unsere Aufmerksamkeit verschoben hat, sondern weil sich jedes kooperative Unternehmen mit und durch das Sprechen vollzieht. Das gilt für die große Gesellschaft bekanntlich nicht weniger als für die kleinen wie die Wissenschaften. Wer neue Wörter vorschlägt und alte kritisiert, tut genau das, was Aufklärung fordert: Es geht um das Prüfen von verfestigten Begriffen, weil man nur so Denkungsarten hinterfragen und schließlich Wahrnehmungsgewohnheiten aufbrechen kann. Es geht um das, was Franz Kafka 1904 an seinen Freund Oskar Pollak über Bücher schrieb. Man braucht sie nicht, damit sie uns glücklich machen, denn dann könnte sie sich jeder selber schreiben. «Wir brauchen aber die Bücher, die auf uns wirken wie ein Unglück, das uns sehr schmerzt, wie der Tod eines, den wir lieber hatten als uns, wie wenn wir in Wälder verstoßen würden, von allen Menschen weg, wie ein Selbstmord, ein Buch muss die Axt sein für das gefrorene Meer in uns.» Hannah Arendt hat es dann mit den aufzutauenden Begriffen nur etwas freundlicher formuliert.

Vermutlich ist es die Verwechslung vom Natürlichsten der Welt mit dem Selbstverständlichsten, das uns den Grund des Redens über Sex so unvermutet brüchig macht. Wir sind sicher, wenigstens hier alles längst zu wissen, weil es ja «nur Natur» zu sein scheint, als wenn etwas Mächtigeres als wir alles endgültig so geordnet hätte. Und wenn mein konkretes Begehren für mich zufällig dem entspricht, von dem alle reden, dann verstehe ich auch nicht, wie man Fragen haben kann. Da es schließlich im sexuellen Erleben vor allem um mich geht, ich also zweifellos das Maß bin, hält man sich auch leicht für das Maß aller Dinge – oder doch der meisten.

Wie immer, wenn wir uns im Wort-Dschungel verlaufen, empfiehlt sich das bewährte Sparsamkeitsprinzip, das natürlich viel älter ist als William von Ockham, nach dem es heute Ockhams Rasiermesser genannt wird: Man solle die Anzahl seiner Prämissen nicht *unnötig* vergrößern. Wer jetzt aber hofft, damit auch schon die sogenannte «Genderdebatte» los zu sein, der man sich doch vor allem entzieht, und die angebliche «Feminisierung der Sprache» beschneiden zu dürfen, bevor man und Mann darüber auch nur nachgedacht hat, oder glaubt, Weltgeschichte weiterhin in Kategorien des 19. Jahrhunderts sicher zu wissen, weil immer noch Männer Geschichte machen, liegt falsch. Denn was notwendig ist, bestimmt nicht der Mensch. Es bestimmen die Dinge, die es uns unerbittlich vor Augen führen, wenn unsere Begriffe für sie falsch oder doch nicht genug, also andere nötig sind, obwohl wir uns auch mit den alten durchgewurschtelt haben. Sprache ist ein Werkzeug und nur darum so relevant für das Selbstverständnis, weil ich nicht mit mir allein auf einer Insel bin, sondern mich im Vergleich mit den Anderen hinterfrage und Erfahrungen austauschen möchte, es vor allem aber muss.

Insbesondere beim Sprechen über Sex ist es eine entscheidende Frage, wann etwas überhaupt jemanden angeht, also wann es für mich relevant ist, verstanden zu werden. Wenn eine Gesellschaft behauptet, dass es sie etwas anginge, welchen Kleidungsstil ich bevorzuge, dann kann ich Kleidungsstile definieren und versuchen, den Katalog des Erlaubten zu erweitern – oder ich kann ihr entgegensetzen, dass Kleidung nur in den wenigsten Fällen gesellschaftlich relevant ist (weil beispielsweise jeder einen Ordnungshüter gern schon von weitem erkennt). Aber warum sollte irgendwer das Recht haben, einen Mann nach seinem Geschlecht zu fragen, der nur im gleichen Raum ist und dabei durch seinen gepflegten Bart zum roten Abendkleid auffällt? Wenn jemand als Medizinerin arbeitet und glaubt, dass es nur genau zwei Geschlechter gibt und jede Abweichung davon sofort der Korrektur bedarf, dann ist es notwendig, ihr das Skalpell wegzunehmen, bis sie sich hinreichend weitergebildet hat. Und wenn dazu die Fachliteratur fehlt, dann sollte sie ihr Skalpell auch künftig nur noch zum Briefeöffnen benutzen, bis sie genug darüber weiß. Wenn ich mich als Samenspender verpflichte oder als Dildo-Modell bewerbe, dann hat mein Vertragspartner selbstverständlich ein Recht darauf, nach meinem biologischen Geschlecht zu fragen, aber warum hätte das auch mein Vermieter oder irgendwer, der mir auf der Straße begegnet? Und warum dürfte andererseits ein Pharmakonzern ignorieren, dass ich eine biologische Frau bin, wie auch immer ich mich verstehe, nenne oder kleide, wenn es um die Wirkstoffkonzentration eines Medikaments geht, das nicht nur für 80 Kilogramm schwere Männer von 180 Zentimeter Körpergröße ideal sein sollte? Warum dürfte mir eine Krankenkasse den Geburtsvorbereitungskurs verweigern, nur weil in meinem Ausweis Horst oder Manfred steht? Auch wer Hilfe sucht und anderen dazu verständlich machen möchte, dass er sich in dem Körper, den er hat, einfach fremd fühlt, braucht dafür nicht nur Metaphern, sondern Wörter, also auch ein allgemeines Wissen, das zumindest nicht von vornherein verhindert, überhaupt verstanden zu werden und sich selber zu verstehen. Wer um seine Rechte kämpft, muss sagen können, warum es seine Rechte sind. Mich nach Intimem zu fragen, wenn es nicht relevant ist, nennt man sittenwidrig. Mich auf etwas zu verpflichten, was ich nicht sein kann oder sein will, heißt Nötigung, weil es eben gerade nicht notwendig ist. Wer sich also immer noch in seiner Ehre gekränkt fühlt, wenn sich eine Frau «Philosoph» nennt, könnte das gern wie jede persönliche Marotte für sich behalten, solange denn zumindest die Doktorarbeit, die ihr diesen Titel einbrachte, auch ihre eigene war. Begriffe sind immer nur so lange Begriffe, wie sich ihre Verständlichkeit und ihr Nutzen beweisen lassen, sie also die Welt in allen Sprachen erhellen, weil es um das Denken geht, das sich nicht ewig gegen die Wirklichkeit stemmen kann. Neue Begriffe aber zu verwerfen, wo sie unübersehbar notwendig sind, wäre Ignoranz. Was für ein Glück, dass das hier keine Streitschrift ist!

Wen die Sehnsucht nach einem anderen Menschen zur Suche nach einem Sexpartner treibt, der war immer schon in einer besonderen Verlegenheit, nicht nur klar sagen zu müssen, was er ist, sondern auch zu benennen, was er sich wünscht. Man muss es jedenfalls dann, wenn man nicht einfach den Signalen seines Körpers vertraut und hoffen kann, dass das einem anderen auch genügt. Es wohnt auch nicht jeder dort, wo man genug Menschen begegnet, sodass die Gefahr besteht, dass der eigene Körper aus lauter Verzweiflung schon die erste Schaufensterpuppe für unwiderstehlich hält. Seit den Tagen der professionellen Kupplerinnen waren die Menschen aber nicht mehr so abhängig von ihrer Fähigkeit, möglichst eindeutig von sich zu sprechen, wie heute. Wem Subkulturen wie ein erbarmungsloses Katasteramt erscheinen, in dem außerdem mehr Grenzstreitigkeiten als in jedem Kleingartenverein herrschen, der übersieht ihren pragmatischen Nutzen für den, der auf der Suche ist: Endlich zu erleben, dass man nicht der Einzige seiner Art ist, und doch die Möglichkeit zu finden, sich auf seine Einzigkeit hin auszudifferenzieren, macht die stabilisierende Kraft einer Subkultur aus. Denn nur, weil die Mehrheit mich anders findet, bin ich doch mehr als einer der Anderen. Aber weil die Suche nach einem, der sich berühren lässt, schwer ist und nichts komplizierter als menschliche Begierden, bleiben die ordentlichen Apothekerschränke eben auch die Abkürzung zur Lust.

Schon wer einen Blick auf das Pornoangebot wirft – und das sollte jeder gelegentlich tun, wenn er wissen will, wovon nicht die Rede ist –, staunt nicht nur über die wechselnden Moden, sondern auch über filigranste Register. Wer vor 35 Jahren irgendwo ein Filmchen fand (und dank der Seminare zu Pornographie und Zensur bei Manfred Schneider fanden wir immerhin einige), war schon bezaubert, wenn irgendwo nur eine Andeutung von dem zu sehen war, woran man sich gern erfreut hätte. Heute würde vermutlich selbst derjenige fündig, der gern einmal ein rosageblümtes Latexschürzchen mit Rüschen zu Gesicht bekäme, vorgeführt von einer Trägerin mit Körbchengröße D, die an einem Donnerstag im Mai bei leichtem Regen ihre Wohnung pink streicht. Es kann nicht wundern, dass nur wenige sich noch die Zeit lassen, Autoren ihrer Phantasien zu werden, wenn etwas halbwegs Passendes so leicht verfügbar ist. Und das gilt offenbar auch offline.

Der Vorwurf aber, dass die meisten Menschen sich zwar gern raffiniert geben, aber dann doch nur die Bilder anderer nachspielen, ist älter als das Internet. Wenn Bordelle, SM- und Swingerclubs, ja sogar das berühmte Schlösschen der Robbe-Grillet nicht ohne Klischees auskommen, dann doch, weil Klischees Kategorien sind, also die Orientierung erleichtern. Und je verwirrender die sexuellen Reize wirken, je weiter die Erregung steigt, desto empfänglicher sind Menschen für etwas, das Halt verspricht, sei es nun eine klare Regel oder ein Drehbuch oder eine Fessel. Wer will es einem Geist übelnehmen, der im Stresszustand dann doch lieber *Emmanuelle, Eyes Wide Shut* oder *Fifty Shades of Grey* nachspielt, wenn dann wenigstens jeder weiß, was der Andere erwartet?

Es ist nicht zu übersehen, dass Philosophen, denen öffentlich überhaupt etwas zu Sex eingefallen ist, eine Variante besonders interessant finden: die Hierarchie, den Sadomasochismus oder doch wenigstens den masochistischen Aspekt. Der französische Philosoph Jean-Paul Sartre verwendet sogar auffällig viele Seiten von *Das Sein und das Nichts* auf das, was er dann doch kurzerhand als «Laster» abtut, das in seinem Scheitern an der Liebe rein gar nichts «Überraschendes für uns» sei. (Und ja, wer in Hamburg Philosophie studiert hat, hörte wirklich noch die erstaunlichsten Geschichten über Michel Foucaults Studienaufenthalte in einschlägigen Bars auf der Reeperbahn, obwohl es 25 Jahre her war.) Kaum ein sadomasochistischer Roman kommt ohne weitschweifige Selbstauslegungen aus, die offensichtlich mehr sein wollen als die belanglosen Busfahrten zwischen den süffigen Szenen, an denen man, wie uns Umberto Eco erklärt hat, früher einen Pornofilm erkannte, weil nun einmal niemand eine Stunde Dauererregung aushält, wenn er sich nicht zwischendurch ein wenig herunterlangweilen kann. Es ist vielmehr, als wäre man so überzeugt davon, dass mehr hinter hierarchischen Sexpraktiken steht, also mehr als einfach nur der Spaß an Spielen der Lust. Es gibt einen auffälligen Hang zur Erläuterung, warum man jetzt tut, was man tut, als ginge es um eine Weltanschauung, die mal als Werbetext, mal als metaphysischer Überbau, mal als Rechtfertigung daherkommt. Hat das Interesse an der Philosophie vielleicht ebenso wie das Interesse der Philosophen am Sadomasochismus damit zu tun, dass auch Philosophie immer wieder mit Gewalt verwechselt wurde oder man doch aus der Macht des besseren Arguments zu oft geschlossen hat, dass der Intellekt repressiv sei?

Machtspiele, also die Idee, mit den Assoziationen zu spielen, die sich den Menschen in der Geschichte ihrer Körperlichkeit einmal aufgedrängt haben, können funktionieren, weil sich die Verknüpfung zwischen der sexuellen Erregung mit Erinnerungen in uns eingebildet hat. Das eine ist durch das andere ansteuerbar. So wie die Erregung Assoziationen an einmal Erlebtes weckt, wecken die Wiederholungen des Erlebten die Erregung und steigern so die Lust. So absurd es klingt, dass ausgerechnet eine abgesprochene Demütigung noch als Demütigung wirken kann, tut sie das doch genau darum. Die Verbindung zwischen Erregung und Assoziation ist in der Körperlichkeit des Menschen zuverlässiger ansprechbar als über den Intellekt. Es ist diese Fähigkeit des Menschen, sich etwas einzuprägen, die uns nicht nur in der frühen Kindheit verändern kann. Wer einmal in schönster Vertrautheit unter Magnolienbäumen im Mondschein ging, wird beim Anblick von Magnolien immer lächeln. Auch, wer mit seinen Grenzen spielt, seien es nun die körperlichen oder die Grenzen der Vorstellung, spielt mit der bekannten psychodynamischen Struktur der Widersprüche des Ichs. Man spricht nicht zu Unrecht von der dunklen Seite, denn die hierarchischen Sexpraktiken sind eine offensive Annäherung an die Brüchigkeit des eigenen Erlebens.

Wir erleben Selbstzweifel auch dann als inneren Konflikt, wenn es sich nicht um Schuldgefühle handelt. Wer den Konflikt als reales Gegeneinander von Menschen inszeniert, kann mit sich streiten, ohne noch einmal in Gefahr zu geraten, sich dabei auch zu zerreißen, und gleichzeitig die Erregung umso mehr steigern, weil ein anderer Mensch, der sich mir als Stellvertreter meiner eigenen Dämonen körperlich entgegenstellt, es mir erleichtert, Widerstand zu erleben. Wenn manche so weit gehen, sadomasochistischen Praktiken einen psychotherapeutischen Nutzen zuzusprechen, liegt der Anknüpfungspunkt dafür in dieser Form der Übertragung.

Die Schwierigkeit bei dieser Technik besteht darin, dass es eben eine Technik ist. Sie braucht Verabredung und Ordnung. Und es braucht nicht zuletzt einen anderen Menschen, für den das Miteinander auch mehr sein muss als eine Dienstleistung, wenn daraus wirklich ein gemeinsames sexuelles Erleben werden soll. (Das gilt selbstverständlich auch dann, wenn sich das Spiel ganz von der direkten sexuellen Berührung abkoppelt.) Dass die systematische Verwendung meiner Eindrücke diese Eindrücke notwendig vertieft und so auch die Kultivierung eines anderen sexuellen Erlebens erschwert, ist dabei aber kaum zu vermeiden. Und wer keinen anderen Weg sieht, sich Lust zu erobern, wird genau das auch systematisch befördern wollen. Menschen schaffen sich Rituale, weil sie eine klare Orientierung bieten. So wie das, was mir eingebildet ist, verlässlicher ist als das, was ich mir nur vorstelle, sind auch in der Welt Institutionen stabiler als gelegentliche Verabredungen. Je mehr Menschen sich zur Feier von Ritualen finden, desto größer ist der Eindruck von Halt, der von ihnen ausgeht.

Michel Foucault scheint genau hier eine Chance gesehen zu haben. Ritualisierte Sexualität war der Rahmen, in dem man das konnte, was für ihn die sexuelle Befreiung war: sich selbst zum Kunstwerk aufzubauen. *Ars erotica* – das sexuelle Leben als Kunst und Kunst durch sexuelle Selbstentfaltung von der zelebrierten Widersprüchlichkeit bis zur immer auch asketischen Stilisierung der Existenz. Der Paradiesvogel Foucault feierte schließlich im letzten Band von *Sexualität und Wahrheit*, der erst 2019 aus dem Nachlass erschien, konsequent die Jungfräulichkeit als Ideal. (Ich gebe zu, dass eine Frau es doch etwas übelnehmen kann, wenn ausgerechnet ein Mann, der ein Leben lang intensiv Männer genossen hat, der Unberührtheit von Frauen so viel abgewinnen kann, und sei es auch vielleicht nur metaphorisch. Da Foucault aber bereits von seiner HIV-Infektion wusste, hatte er zweifellos auch ein besonderes Recht, sich mit jedem literarischen Trick zu den Wonnen der Enthaltsamkeit zu überreden.)

Weil die Vorstellung von der Ästhetik der Existenz eine Exzentrik ist, die sich nur wenige als Lebensentwurf leisten können, bleiben sadomasochistische Praktiken ein unauflöslicher Widerspruch. Vielleicht ist der Versuch einer neuen Normalität neben dem Alltäglichen, also ein bewusster Eskapismus, auch ein zusätzlicher Reiz. Und doch: Nirgendwo ist so viel Ordnung im Sex wie im Sadomasochismus. Ganz egal, um welche Spielart es sich handelt, ob direkte körperliche Gewalt stattfindet oder nicht, ist doch nichts so sauber und eindeutig eingehegt. Noch der Dreck hat seinen klar bestimmten Platz. Die Rollen mögen austauschbar sein, aber sie sind klar verteilt, denn selbst die Verabredung zur wildesten Willkür folgt den Regeln des herrschaftsfreien Diskurses. Auf jede Aktion folgt eine Reaktion, es ist die ideale Kommunikation der Körper. Der emotionale Exzess und sogar der Absturz mögen ausdrücklich gewollt sein, sie finden doch in einem derart sorgfältig abgesicherten Rahmen statt, dass es in jeder Hinsicht nicht mehr von dieser Welt ist. Es ist genau das, was auch ein Immanuel Kant nicht strenger hätte fordern können: der maximale Freiraum für die Unvernunft bei vollem Verantwortungsbewusstsein. Sadomasochismus ist der von allen Beteiligten erkannte Spannungsbogen des kontrollierten Kontrollverlustes. Sex als das perfekte Spiel. Sex im *Safe mode*.

Weil sogar das Sprechen über Sexualität in der Philosophie seine Rituale hat, muss offenbar jeder irgendwann George Steiner zitieren. Kaum eine der vielen feinen Beobachtungen des weltgewandten Literaturwissenschaftlers und Philosophen ist so populär wie seine Diagnose zur Semantik der Sexualität im 1975 erschienenen *Nach Babel. Aspekte der Sprache und des Übersetzens*. Früher, bevor «das Wörterbuch der Sexualität für jedermann ‹veröffentlicht›» war, also überall Verwendung fand, seien die Wörter nur «Instrumente privater Magie» gewesen. Die jederzeit mögliche Verwendung der Wörter im öffentlichen Gebrauch habe nun aber jede «delikate Kraft jetzt zunichtegemacht». Wo doch einst ein «erotisches Spiel mit Tabu-Wörtern» dem Vertrauen und der Intensität als «sorgsam gehütetes Geheimnis» gedient habe. «Heutzutage ist die Sprache des Eros lautstark und öffentlich, geheimnislos und verödet. Jenseits des Schweigens gibt es weniger zu entdecken.» George Steiners Einwurf klingt so originell, die Beschreibung der Wirklichkeit so verblüffend richtig, dass man sich gar nicht wundert, dass er von dort zu seiner großen Theorie der öffentlichen Sprache ansetzt. Aber ist es bei Licht besehen nicht viel einfacher? Menschen bedienen sich heute auch in den erregendsten Momenten der allgemein gebräuchlichen Wörter, weil zwei unabhängige Menschen schlicht schon vom Anderen verstanden werden wollen, bevor sie eine gemeinsame Sprache entwickeln. In China gehörte es zur Sexkultur, bei der Aussteuer einer Frau nicht nur an die feine Hauswäsche

zu denken. Man legte auch etwas darauf, was unser Anti-
quitätenhandel zu den «Erotika» zählt: Wäschebeschwerer
in Form kleiner Nüsse und Früchte, in denen sich bemalte
Porzellanfiguren verbergen, die in den unterschiedlichsten
Varianten miteinander verbunden sind. Ihre Funktion bestand selbstverständlich nicht darin, die harte Schreibtisch-
arbeit in verrauchten Herrenzimmern wenigstens mit etwas
fernöstlicher Pikanterie zu garnieren. Junge chinesische
Frauen klärten mit Hilfe dieser ganz und gar geheimnislo-
sen, dafür aber allgemein verständlichen Darstellungen ihre
Männer auf. Arrangierte Ehen, das scheint man zumindest
einmal gewusst zu haben, brauchen früh eindeutige Wörter
und im Zweifel auch bildhafte Darstellungen, weil die Körper
aufholen müssen, dass man sich über die Köpfe (oder den
Bildschirm) kennengelernt hat.

Jean Paulhan war über vierzig Jahre der wohl einfluss-
reichste Mann im französischen Literaturbetrieb. *L'histoire
d'O* wurde 1954 für ihn geschrieben, weil seine Geliebte ihm
erst beweisen musste, dass auch Frauen etwas aufs Papier
bringen können, das Männer erotisch finden. Er machte
schon 1941 eine nicht so oft zitierte feine Beobachtung:
Liebesbriefe seien für den Außenstehenden doch auch meist
nur banal und bestenfalls rätselhaft, während niemand
ihnen absprechen würde, «von erlesenem Sinn für den» zu
sein, «der sie schreibt oder empfängt». Und der so elegante
Autor der *Blumen von Tarbes* setzte die selbstkritische Fuß-
note hinzu: «So ist der Schriftsteller, der seine Jugendwerke
wieder liest, regelmäßig erstaunt über ihren kümmerlichen
und wortlastigen Charakter. Doch als er sie schrieb, bezau-
berten ihn im Gegenteil ihre Spontaneität und Spritzigkeit.»

DAS LACHEN DER NATUR

Wenn jemand unserem Auge anraten würde
«Beschaue dich selbst!», so wie er dem Menschen
den Rat gibt «Erkenne dich selbst!», wie
würden wir diesen Rat interpretieren? Doch wohl so,
dass das Auge auf etwas blicken soll, worin
es sich selbst erblicken kann. – Wenn also ein Auge
sich selbst sehen will, muss es in ein Auge sehen.

Platons Sokrates, Alkibiades major (4. Jh. v. Chr.)

Dass Sex seinem Wesen nach Kommunikation sei, ist eine dieser einschmeichelnden Ideen, die einem ganz natürlich vorkommen. Und dennoch verbreitet derjenige Unruhe, der über Sex sprechen will. Entweder wird es erregend oder theoretisch. Wir fürchten immer, es könnte etwas bedeuten, und wissen dabei doch nicht, was schlimmer wäre: unversehens in eine erotische Situation zu geraten oder in der Falle eines Sachlichen zu sitzen, der uns die schöne sexuelle Freiheit mit seinen Begriffen so lange zurechtstutzt, bis nur noch der gottgewollte oder der natürliche oder der richtige oder gar nur der gesunde Sex übrig bleibt.

Dabei sieht es doch so aus, als hätten die Menschen, oder doch diejenigen, die zumindest ein Mobiltelefon besitzen, im 21. Jahrhundert endlich die sexuelle Freiheit erreicht. Nie schien Sex so leicht verfügbar, nie so unverkrampft. Sexualisierung der Öffentlichkeit - das heißt doch heute vor allem, nichts mehr verstecken, erklären oder gar rechtfertigen zu müssen, wenn man damit nicht die Rechte und die Freiheit der Anderen verletzt oder jemanden in Gefahr bringt. Fühlt Sex sich nicht längst an wie das Normalste der Welt? Wem danach ist, der begibt sich auf ein Internet-Portal der Gleichgesinnten und darf dort auch ganz direkt Wünsche äußern, solange man halbwegs freundlich ist. Die allgemeine Toleranz ist inzwischen so belastbar, dass sich auch für die eigenen Begierden vielleicht nicht gleich ein Spielgefährte findet, aber doch jemand, der Verständnis aufbringt. Alles ist erlaubt, solange es nicht unglücklich macht, also perfekt in mein Leben integriert weder meinen Status noch meine Leistungsfähigkeit gefährdet. Mehr noch: Das Sexleben zu pflegen wird heute sogar ausdrücklich empfohlen, denn wir wissen doch alle, dass es die Menschen ausgeglichen macht, weil ein Orgasmus gut für die Gesundheit ist und sogar ein paar Kalorien verbraucht. Früher erzählte man übrigens auch, dass Sperma sehr schöne Haut mache, weil es sogar Gold enthalte, auch wenn es vermutlich nicht reich macht, weil so viele Männer dann doch nicht in den Terminkalender passen. Aber es könnte Frauen nach einer Studie der State University of New York von 2002 vielleicht gegen Depressionen helfen – das Sperma. Die stimmungsaufhellende Wirkung von Gold wurde ebenso wenig untersucht wie die Wirkung von Sperma auf Männer, weil man sich auf die vaginale Aufnahme beschränkte. Alles ganz entspannt, oder? Wäre da nicht die Erfahrung, dass eine Gesellschaft, die alles aufs Schönste im Griff hat, bisher immer auch eine hochentwickelte Lügenkultur vorweisen konnte.

Am 16. Oktober 1967 begeisterte Theodor W. Adorno seine Hörer an der Wiener Universität mit dem unerhörten Satz, «dass die Sexualität, die aber schon gar nicht mehr ein bisschen pervers ist, dass die auch gar keine Sexualität mehr ist». Es sei alles nur ein falscher Zauber, mit dem man das Lustprinzip so bändigt, dass es sowohl um sein anar-

chisches als auch sein gesellschaftskritisches Potenzial gebracht werde. Die Sexualität sei eine verwaltete Sexualität,
die den «Sexus» selbst desexualisiert und in seinem Wesen
verändert habe. Es sei, meinte Adorno, die Unanständigkeit
ausgeschaltet. Der neue keimfreie Sex wäre die Folge einer
noch tieferen Verdrängung mit neuen Tabus im Gepäck, die
nur die schlimmsten Folgen haben könnten, und zwar für die
Gesellschaft. Da es ein gesamtgesellschaftliches Phänomen
sei, also der größte Teil des Kollektivs offenbar doch ganz
einverstanden ist, hätte jeder, der sich dem nicht fügt, mit
umso härteren Konsequenzen zu rechnen. Anstoß errege
unvermeidlich, wer Sex nicht richtig wichtig oder zu wichtig
nimmt. Asexualität und die große Passion seien nun einmal
nicht gut für die «Arbeitsmoral». Man könnte auch sagen:
Die Leistungsgesellschaft mit ihren Sexualtabus kennt ihre
ganz eigene Kastrationsdrohung. Adornos These vom ein-
geschrumpften Sexus folgt seiner allgemeinen Überzeugung, dass überall ein herrschsüchtiger Intellekt am Werk
sei, dem vor allem alles Infantile, jede «Kindischkeit» ein
Graus ist, weil die entfesselte Rationalität das Natürliche
fürchtet und vor allem unterdrückt, um es bestmöglich aus-
zubeuten. So einfach ist das zwar längst nicht, aber in einer
Hinsicht trifft Adornos Befürchtung doch heute noch mehr
zu als 1967: Die meisten Menschen sehen offensichtlich
keinen Widerspruch zwischen sexueller Freiheit und Selbst-
vermarktung und genießen vor allem die Vorteile des Part-
nerschaftsgeschäfts mit seinen klaren Handlungsroutinen.

Wer nach einem Partner und insbesondere nach einem
Sexpartner sucht, ist nicht nur bereit, vorab genau zu beschreiben, was er gern hätte. Es wird auch nicht prinzipiell
hinterfragt, dass man sich dazu vermessen und klassifizieren muss, um sich anzupreisen wie jedes andere Produkt:

Größe, Alter, Gewicht, Herkunft, Einkommensklasse, Familienstand, Beruf, Hobbys, Musikgeschmack und selbstverständlich die sexuellen Vorlieben – es geht um die möglichst perfekte Präsentation für das möglichst perfekte Match. Mit anderen Worten: Von mir zählt nur das, was dem Zweck dient, den ich mir als Zweck der Anderen vorstelle. Und die Schönheitsindustrie freut es am meisten, dass inzwischen auch noch die Nacktheit Normen entsprechen muss. Das ist zwar nicht vollkommen neu, aber in früheren Zeiten waren es allenfalls die Familien höherer Gesellschaftsschichten, die einen so großen Aufwand trieben, um ihre Kinder den Anderen wertvoll zu machen. In einer Gesellschaft der Selbstoptimierer muss möglichst dem Zufall nachgeholfen werden, weil alles andere gar nicht in den Berufs- und Freizeitplan und die To-do-Listen passt. Man kann dieser Art, sich kennenzulernen, die Effizienz gar nicht absprechen. Und für den, der genau weiß, was er will, oder Sex vor allem als Mischung aus Abenteuer und Entspannung sucht, funktioniert es zweifellos. Es ist die Integration der sexuellen Wünsche in einen Selbstentwurf, in dem es noch viele andere Wünsche gibt. Man wüsste sie gern ausgewogen befriedigt, vor allem aber sicher geordnet.

Die moderne Vorstellung vom Sexleben ist der Vernunftehe der alter Schule unglaublich ähnlich, auch wenn es sich deutlich kürzer und nicht selten in Serie abspielt. Der Mensch trifft einen Menschen, weil beide eine aufregende Nacht suchen, die aber bitte unverbindlich und ohne Folgen bleiben soll. Es sei denn, es fände sich ein Partner, der ein bisschen besser ins Leben und am besten auch zur Einrichtung passt. Von der Hautfarbe bis zur Körpergröße soll erstaunlich viel stimmen, denn wie sieht es auch aus, wenn eine kleine Frau mit einem großen Mann erscheint oder gar umgekehrt? Er sollte dann auch mit mir Mountainbike fahren, sich mit den Freunden verstehen oder idealerweise noch zum Start-up passen. Unterschiede in Bildung, Einkommen, Überzeugungen bringen nur Schwierigkeiten und fordern Erklärungen. Noch in Kontaktanzeigen von vermögenden Herren über achtzig fehlt selten der Hinweis, dass nur eine Frau in Frage käme, die ihrerseits finanziell unabhängig ist. Sicherheit, und bitte keine Dramen, ein klares Geschäft zum beidseitigen Nutzen. Hat die vermeintlich körperliche Anziehungskraft wirklich noch eine Chance, wenn die Leidenschaft noch mehr gefürchtet wird als die Liebe? Hat Adorno nicht recht, wenn er von der Angst vor dem Kindlichen und der Natur spricht? Es klingt doch alles vor allem fürchterlich erwachsen.

Der perverse Sex, das ist der verdrehte Sex, einer also, der das Leben mehr als ein paar Stunden durcheinanderbringen und meinem Ruf schaden kann. Weil Sex sich auch in das Leben von (wenigstens) zwei Menschen fügen soll, die beide volles Mitspracherecht haben, ist er sorgfältig auszuhandeln. Schließlich haben beide das Recht zu wissen, was man bekommt. Adorno sah nicht nur eine Unterhaltungsindustrie am Werk, die mit ihrem Streben nach universaler Kommerzialisierung schon immer mit der allgemeinen sinnlichen Beruhigung der Menschen am besten verdient hat, sondern eine Gesellschaft, die lieber unter ihren Möglichkeiten bleibt und sich zur Öde amüsiert, als den Halt zu riskieren. Man könnte auch von der stoizistischen Versuchung sprechen. Ein Kitzel hier und da ist gern gesehen, aber bitte bloß keine Erschütterung. Adornos Freund und Kollege Max Horkheimer hatte es schon 1950 in einem Rundfunkinterview auf den Punkt gebracht: «Wenn eine heftige Liebe gefühlt wird, so geht man eben zum Analytiker und stirbt nicht mehr dafür.» Gretel Adorno, die nach dem Tod ihres Mannes noch die Arbeit an seiner *Ästhetischen Theorie* fortsetzte, versuchte danach, sich das Leben zu nehmen, was auf schreckliche Weise nicht ganz gelang. Sie starb erst dreiundzwanzig Jahre später endgültig.

Was ist so gefährlich an der gemeinsamen sexuellen Erfahrung, dass Menschen lieber versuchen, sie sich möglichst klein zu denken, damit sie wenigstens beherrschbar scheint? Ist das, was man da ausbremst, angemessen als das Infantile beschrieben? Fällt uns zu der «anarchischen Kraft», von der sich nicht nur Adorno erhoffte, dass sie noch die stärkste Repression und die schönste Konsumwelt sprengen könnte, wirklich das ungebärdige Kind ein, das mal diesem, mal jenem Trieb nachläuft und so leicht abzulenken ist wie eine Feder im Wind? Nichts gegen verspielten Sex mit seinen Albernheiten. Aber was hätte das mit dem eigentümlichen Pathos zu tun, das sich nicht mit dem Lachen verträgt, wenn erst der Boden schwankt, weil das Fieber sogar das Herz verbrennt, das Blut in den Ohren rauscht und die Körper so erschreckend lebendig sind? Erinnert der orgiastische Rausch, der alles Vertraute im Taumel wegreißt und den man doch ersehnt, nicht viel mehr an den rasenden Tanz von kosmischer Urgewalt, den der Tantrismus wieder und wieder darzustellen versuchte: das Leben, das in allen tierischen und menschlichen Aspekten das Leben umfängt, alles niederdrückt, was sonst wichtig scheint, und die Welt um beide herum im Feuer verbrennt, während man in Lust ertrinkt? Und ist da nicht diese Ergriffenheit, weil der Andere einfach nur da ist, und das so nah, dass nicht immer zu sagen ist, wo sein Körper endet und der eigene anfängt? Kein Tier, kein Kind kennt diesen abgrundtiefen Ernst, an dem sich gar nichts mehr natürlich anfühlt.

Wenn es einem dennoch so leichtfällt, jetzt die Bilder sofort wieder mit dem Hinweis abzuwehren, dass der Tantrismus allenfalls billiger Bipolaritätskult sei, noch dazu das Klischee vom großen Mann, der die kleine Frau nur als kindliches Anhängsel braucht, dann sollte man wohl vor allem fragen, warum wir uns so dringend etwas erzählen wollen, das die Augen schon darum nicht sehen können, weil wir den Anblick gar nicht lang genug aushalten. Auch das Ausweichen in bildungsbürgerliche Abgeklärtheit wirkt doch verdächtig beruhigend, vor allem aber völlig absurd. Wie schafft man es, ganz klar zu erkennen, dass es hier, also bei unverkennbar sexuellen Darstellungen, selbstverständlich «in Wirklichkeit» überhaupt nie um Sex gegangen sein kann? Ja, nicht einmal um den Orgasmus, weil man mal gehört hat, dass er «dort» auch gar nicht wichtig ist und es nur darum ginge, den Höhepunkt unbedingt zu vermeiden, wenn man den Tiger reitet? Im Übrigen ist doch alles von Tantra bis Daoismus immer nur esoterischer Kommerz für Touristen gewesen. Wozu also Genaueres von hinduistischem und buddhistischem Tantrismus wissen oder überhaupt vom Tantra rechter und linker Hand gehört haben, solange sich nur die pädagogisch wertvolle Watschn verteilen lässt, dass man doch unter gar keinen Umständen westliches Denken über die alten Geschichten ferner Kulturen stülpen dürfe, weil man sie ja doch nur für eigene Zwecke verwertbar machen wolle. Das ist dann zwar endlich mal richtig, kommt aber wohl doch etwas spät? Aber herrje, Sex ist eben nicht alles, es gibt Wichtigeres im Leben, für das man freilich die Extreme leiblicher Existenz herausrechnen muss, und sei es mit der Hilfe eines guten Therapeuten? Dennoch haben wir nur gegen Todesangst und Trauer Kirchen gebaut. Und Martin Luther hat Maria und die anderen verzückten Gestalten dann auch noch aus dem Tempel gejagt. Warum? Damit nicht irgendwer versehentlich auf die Idee kam, die Liebe und den versprochenen Trost mit anderem zu verwechseln?

Darstellungen sind dafür gemacht, dass man sie nicht wegdenkt, sondern anschaut, und das heißt auch, sich die ganz einfache Frage zu stellen, was uns bei aller Unbildung daran ebenso vertraut sein könnte wie ein gemarterter Jesus am Kreuz und die trostlos traurige Mater dolorosa. Ohne dass wir Näheres über den theologischen Überbau wissen, können wir die in ihnen visualisierten Gefühlszustände erkennen. Und doch fällt einem beim Betrachten tantrischer Darstellungen offenbar schon das schlichte Wiedererkennen menschlicher Motorik schwer. Schließlich genügte es schon, sich einmal vorzustellen, wer in welcher Körperposition die größere Bewegungsfreiheit hat, um an den eigenen Vorurteilen über das angeblich eindeutig aktive oder passive Geschlecht zu zweifeln. Die Behändigkeit, mit der man sich stattdessen in filigranste Bildungsfragen stürzt, ist ebenso interessant wie die häufig zu hörende Abwehrreaktion: «Ach, diese primitiven Figuren sind mir viel zu kompliziert. Warum hat der denn so viele Arme?»

Warum betreibt man aber so viel Aufwand angesichts der simplen Tatsache, dass es uns einfach schwerfällt zuzugeben, wenn wir mit Erscheinungen menschlichen Lebens konfrontiert sind, die uns überfordern? Denn wirklich interessant ist doch für die Frage nach Sexkultur etwas ganz anderes: Wieso eignet sich die sexuelle Erfahrung überhaupt als Ikone?

Mögen auch die Erscheinungsformen, Riten und Kulte jedem im Einzelnen fremd sein, der sie nicht von klein auf kennt, können sie doch nur darum entstanden sein, weil sie an eine allgemeine menschliche Erfahrung anknüpfen. Kein

Kult erhält sich nur über abstrakte Symbole. Wenn er nicht eine Antwort auf menschliche Fragen liefert, also sich nicht auch als Halt oder Orientierung eignet, wird niemand ihn lange pflegen. Noch die krudeste Verschwörungstheorie enthält nicht nur Blödsinn, weil auch sie an etwas anknüpfen muss, das niemand vernünftigerweise bestreiten kann, was auch immer sich jemand daraus dann zurechtphantasieren mag. Man nennt tantrische oder andere sexuelle Darstellungen doch offenbar genau darum «zu eindeutig», weil die Grunderfahrung, die ihnen zugrunde liegt, alles andere als exotisch ist. Die schnelle Behauptung, dass es eben der primitive Zeugungskult und Fortpflanzungszauber sei, ist vor allem ein Geständnis. Wir kennen das. Natürlich. Nur fiel und fällt es uns offenbar schwerer als anderen, diese wesentliche Lebenserfahrung auch in gleichem Maße zu achten und im Respekt davor eine gemeinschaftsbildende Kraft zu erkennen, auch wenn man dafür in Kauf nahm, dass sie sich dennoch unvermeidlich zwischen die Zeilen drängt. Dabei übersieht man schon das Einfachste. Die Symbolisierung sexueller Erregung in welcher Form auch immer ist nicht fraglos mit dem Hinweis auf Zeugung und Fortpflanzung gleichzusetzen und kann es schon darum kaum sein, weil das Wissen über den Zusammenhang von Sex und Zeugung viel später entstand als die sexuelle Erfahrung. Man staunt, wie lange Menschen brauchen können, um das zu begreifen. Noch im 18. Jahrhundert kam es in Europa zu lustigen Gerichtsurteilen, in denen ganz ernsthaft von Unzucht treibenden Sittenstrolchen und ihren so gefährlichen «organischen Molekülen menschlicher Föten», also freifliegendem Sperma, die Rede ist, das Frauen noch über Wiesen und Wälder bis in ihr einsames Schlafgemach schwängern könnte, wenn die Luft gleichzeitig mit «schwebenden Embryos beladen war». Die Vorstellung, was natürlich sei und wohin man unter gar keinen Umständen schauen dürfe, war jeweils so tief verankert, dass auch die sorgfältigsten Beobachter kaum noch etwas sehen konnten. Fortpflanzungsmythen gehören zweifellos zu den unterhaltsamsten, solange man sich die Folgen nicht vergegenwärtigt. Und dennoch kann man immer noch so fixiert auf die Fortpflanzung und den männlichen Anteil daran sein, dass einem gar nicht in den Sinn kommt, dass der Sex und das überwältigende Gefühl dabei nur das Erste sein kann, wenn man noch nicht weiß, wozu er außerdem noch da ist. Ungewollte Frühschwangerschaften zeugen davon noch heute. Wer nur die menschliche Reproduktionsfähigkeit feiern möchte, kann dafür auch ganz anderes symbolisieren wie beispielsweise die Schwangerschaft oder den Geburtsvorgang. Die *Venus von Willendorf* steht in Wien übrigens im Naturhistorischen Museum.

Sexkultur ist der menschliche Umgang mit unserer Fähigkeit, sexuelle Reize zu empfinden. Man wird im Vergleich mit anderen Traditionen also wenigstens anerkennen müssen, dass uns nicht nur der Respekt davor, sondern auch ein spielerischer oder gar künstlerischer Umgang damit deutlich schwerer gefallen ist als anderen. Darum ist die Reaktion auf Zeugnisse aus anderen Regionen hier relevanter als kunsthistorische Einordnungen, ganz abgesehen davon, dass selbstverständlich schon die Systematik der Kunstgeschichte ihrerseits ein Zeugnis ist, nämlich das unserer Befangenheit. Die Binsenweisheit, dass man nur das wirklich zu sehen vermag, was man schon kennt, kehrt sich immer gegen den, der genau zu wissen meint, was ist. Wenn es um erotische Kunst geht, wird genau das zur Bedrohung für jeden, der sich selbst nicht traut. Es gibt kein Sprechen über das sexuelle Erleben, das nicht immer auch das eigene offenbart, ganz egal, ob wir über andere urteilen oder noch so gelehrt über ein Kunstobjekt sprechen. Und nur, weil es ja doch auch schön ist: Die «kleine Frau», die sich so offensichtlich devot und unverkennbar opferbereit von den großen und eindeutig mächtigen Männer mit ihrer suspekten Vorliebe für Winziges nötigen lässt, nennt man im Hinduismus Shakti. Sie symbolisiert die weibliche Urkraft, die aktive Energie des Universums. Nach dem *Yoginihridaya Tantra* begrüßt sie derjenige, der sich nähern darf, mit der Formel: «Gehorsam sei Euch, die Ihr reine Sein-Bewusstsein-Seligkeit seid, die Kraft, die in der Form von Zeit und Raum und allem darin ist, was existiert, und das strahlende Leuchten in allen Wesen.» Die Unterdrückung der Frau ist offensichtlich keine transkulturelle Universalie, nur eine weitverbreitete Angewohnheit.

Gemeinsames sexuelles Erleben kehrt alles um, was sich ansonsten als belastbar und verlässlich erwiesen hat. Unser Abstraktionsvermögen, das Klassifizieren, die Orientierung an den Koordinaten der Erfahrung, die routinierte Gegenstandskonstitution – nichts ist wirklich relevant, wenn zwei Menschen einander berühren und mehr zulassen wollen als das gegenseitige Benutzen. Die Vorstellung, sich im Anderen zu verlieren oder mit ihm eins zu werden, hat damit wenig zu tun. Wir geraten nicht zufällig in eine «erotische Situation» oder finden uns unvermittelt in einer «erotischen Stimmung». Menschliche Erregung ist nur zu einem Teil ein Erleiden, sie ist immer auch ein Tun. Und das beginnt schon bei dem, was man für einen erotischen Reiz hält. Was ist der Unterschied zwischen einer einfachen Berührung meiner Hand und einer erotischen Berührung meiner Hand? Oder noch schwerer gefragt: Zwischen einer erotischen und einer erotischgemeinten? Der Andere kann noch so geübt, noch so geschickt vorgehen und es noch so ehrlich meinen. Sogar mein Körper kann reflexhaft reagieren, und doch ist dann, wenn ich meinerseits den Reiz nicht auch als erotischen zulasse, kein wesentlicher Unterschied zwischen der anderen Hand oder der Zeitung, die über meine Hand fällt. Die Reizrezeptoren meiner Haut sind nicht verändert, der Berührungsreiz kann der gleiche sein, aber damit es für mich dennoch nicht derselbe Reiz ist, braucht es eine andere Empfänglichkeit als für den alltäglichen Gang durch die Welt. Die Vorstellung, dass wir alle immer und jederzeit empfänglich wären, wenn wir die Reize nicht ständig unterdrücken würden, setzt den Menschen als sehr einfachen Automaten voraus, der wir aber offensichtlich nicht sind. Meine Empfänglichkeit für sexuelle Reize ist vielmehr eine grundsätzliche Bereitschaft, Reize in einem anderen Zusammenhang zu deuten, und das nicht etwa, indem ich sie intellektuell identifizieren und bewusst entscheiden würde, sie nun in einen anderen Sammelkasten zu werfen. Aber auch wenn das mit Erfahrung und einer gesteigerten Körperkompetenz durchaus erlernbar ist, gelingt es nicht als mentale Kontrolle, sondern nur, weil unser Körper Daten auf mehr als eine Art verarbeiten kann. Der sexuelle Deutungsrahmen unterscheidet sich von dem Deutungsrahmen, den die Orientierung in der Welt erfordert, und das nicht etwa, weil wir zwei verschiedene Denksysteme hätten, zwischen denen man einfach einen Schalter umlegen könnte, sondern weil die Interpretation eines Reizes als sexuell relevantes Datum ein Richtungswechsel ist. Man könnte ebenso sagen, dass es sich um eine andere Taktung der Wahrnehmung handelt.

Normalerweise sind Menschen wie alle anderen Lebewesen darauf angewiesen, Reize so schnell wie möglich zu verarbeiten, also Relevantes von Unwichtigem zu trennen, um die Aufmerksamkeit nur dem Relevanten zuzuwenden. Wenn ich eine Schublade öffne, weil ich meinen Schlüssel suche, werde ich ihn umso schneller finden, je besser ich alles andere darin ausblenden kann. Wenn ich in einer unbekannten Gegend etwas Essbares suche, hilft mir die Erfahrung dabei, in meiner Umgebung sehr schnell Orte und Erscheinungen zu sehen, die gewöhnlich auf eine Einkaufsmöglichkeit oder ein Restaurant hinweisen. Wir finden etwas zu essen, weil wir uns nicht auf etwas Konkretes konzentrieren, denn etwas Konkretes könnte man nur wiederfinden. Das Konkrete ist das reale Ding, meine Erfahrung und mein Wissen sind immer Abstraktionen. Wer sich in die gegenseitige Berührung mit einem anderen Menschen begibt, wendet sich aber einem Konkreten zu und damit genau dem, was nicht mehr im geläufigen Sinne verstehbar ist.

Wenn ich einen Mann berühre, ist es ja nicht mein Bestreben, in einer nun mal zufällig vorhandenen Hand glücklich *irgendeine* Hand als Hand zu erkennen, weil ich jetzt gern eine dritte hätte. Ich möchte *seine* Hand berühren, ganz egal, welche Vorstellung ich mir vorher über Hände gemacht habe. Es kann mir sogar egal werden, ob das, was ich berühre, eine Hand ist, weil es um die Berührung überhaupt geht, und auch das nicht etwa, um das Berühren als solches zu studieren, sondern weil ich diesen Menschen erleben möchte. Zeit ist hier gerade kein entscheidender Faktor, Eile heißt nämlich immer, etwas zu verpassen. Sich auf ein Konkretes einzulassen, als gebe es nichts sonst auf der Welt, ist ein erkenntnistheoretischer Extremfall, der sich zur Orientierung in der Welt als nutzlos herausgestellt hat, weil es Klassifikationen braucht, um die Flut der Sinneseindrücke zu ordnen, und Bewertungen, um ihre Bedeutung zu erkennen, sie also in ein Verhältnis zu anderem zu bringen. Bewusste Sexerfahrung ist das Künstlichste der Welt. Die Berührung eines anderen Menschen in sexueller Deutung ist nicht die Suche nach irgendeinem nützlichen Ding, sondern die Erfahrung des Anderen als etwas, das als Körper und Bewusstsein im wahrsten Sinne des Wortes *ist*. Sex als bewusstes gemeinsames Erleben in dieser Doppeldeutigkeit geschieht nicht einfach. Es passiert Menschen nicht. Man kann nur die Gelegenheit erkennen, wenn sie sich ergibt, und bestmöglich zu nutzen lernen, was sie ermöglicht.

Wer der Realität begegnet, begegnet immer einer Singularität, also dem Einzigartigen, für das es keine Begriffe gibt, das sich in keine Ordnung restlos fügt, das also wesentlich unverstehbar ist. Soviel ich auch über Menschen, ihre Körper, ihre Denkvermögen und ihre Phantasiefähigkeit weiß, nützt mir all das doch wenig, wenn es darum geht herauszufinden, wie genau dieses Wesen hier bei mir seinen Körper, sein Denkvermögen und seine Phantasiefähigkeit belebt, mit anderen Worten: welche zufällig entstandene Körperlichkeit mir da nah ist. Dabei zu vergessen, dass ich mich nicht allein in dieser Situation befinde, erklärt die Verlegenheit, die Menschen gern für eine Folge ihres ganz eigenen Unvermögens halten und mit «wenig Erfahrung» entschuldigen möchten. Aber warum sollte man sich ausgerechnet für etwas entschuldigen, das das Besondere der sexuellen Begegnung sein kann: etwas ganz Einzigartiges zu tun, wobei mir Erfahrung wesentlich nichts nützt und jede Routine schon ein Zeichen für Verdinglichung wäre? Verlegenheit ist der Respekt vor dem Individuum, das immer mehr ist als jeder Begriff, den ich mir davon machen könnte. Nur Menschen geben einander Namen.

Bewusste Berührung ist weder ein bloß mechanischer Vorgang noch darum auch schon ein bloß geistiges Handeln.

Unsere Fähigkeit, einen Anderen zu berühren, hängt von unserer je eigenen Körperlichkeit ab. Berührungen sind ein körperliches Verstehen und damit beides, aktiv und passiv. Wir berühren mit dem und durch das, was in der eigenen Erfahrung mit unserer körperlich-geistigen Verfasstheit aus uns wurde. Und wir berühren einen Anderen, der nicht etwa nur darum anders ist, weil sich unsere Körperteile mehr oder weniger unterscheiden, sondern weil unsere Geschichte mit ihnen nie die gleiche sein kann. Die sexuelle Berührung ist also nicht darum die komplexeste, weil uns eine ungewöhnliche Flut von Boten- und Hormonstoffen wie Marionetten reagieren lässt, was kompliziert genug wäre. Die Geschichte unserer Körperlichkeit bedeutet außerdem eine bestimmte Weise der Reaktion auf alles Künftige, für das ein Mensch überhaupt empfänglich ist. Noch mal mit der schönen Formulierung von Maurice Merleau-Ponty: Gemeinsamer Sex ist die Begegnung gleich zweier ihr «Gleichgewicht suchende Ganze erlebt-gelebter Bedeutungen». Es ist eine bewusst gemeinsam gesuchte Stresssituation, von der jeder für sich weiß (oder doch wissen könnte), dass seine eigene Reaktion darauf sich nicht von selbst versteht und dass die Möglichkeit, sich dem Anderen ganz verständlich zu machen, schon daran notwendig scheitert, dass nicht einmal ich mich gänzlich verstehen kann. Keine Aufmerksamkeit, keine noch so gründliche Beobachtung kann daran etwas ändern. Gemeinsames Erleben schon.

Wir glauben gern, dass es für mehr Intensität und Nähe vor allem darauf ankommt, einander alles über sich zu offenbaren und dem Anderen zu erzählen, wie wir vermutlich wurden, was wir sind. So als ließe sich, wenn man nur alles zusammenträgt, einfach ausrechnen, wie ich funktioniere. Nicht selten jedoch findet man so nur schmerzlich heraus, dass der Andere dennoch Fehler macht, obwohl wir uns doch so bemüht haben, uns verständlich zu machen. Dabei wirkt Sex genau in die entgegengesetzte Richtung. Als besonders intensive Körpererfahrung, die außerdem das Körper-Geist-Verhältnis betrifft, vermag gemeinsame Berührung unsere Körperlichkeit zu verändern. Auch wenn kaum zu hoffen ist, dass ein Erleben heute eine eindrückliche frühkindliche Erfahrung rückgängig machen kann, weil diese den Prozess der Entwicklung bestimmt hat, kann etwas Neues das Alte doch ausgleichen. Niemand vermag sich auf null zu denken und auch nicht so zu fühlen, als wäre es das erste Mal. Aber mit Hilfe des starken gemeinsamen Erlebens lässt sich Neues einbilden, weil es eine Erfahrung ist, die - noch einmal - von außen auf mich einwirkt. Im Unterschied zur Autoerotik, die ein Selbstgespräch bleibt, bietet der Dialog der Körperlichkeiten beides: die überraschende Intensität und einen, dessen Zuwendung wir uns wünschen und den wir darum auch näher an uns lassen. Was man miteinander erlebt, ist nicht entscheidend. Es kommt darauf an, die alten Assoziationen nicht weiter zu verfestigen, sondern noch das Unwissen des Anderen zu nutzen, um bewusst Eigenes zu schaffen. Zwei Menschen, die davon wissen, können einander grundlegendes Lernen ermöglichen und so gemeinsam an der Geschichte ihrer Körperlichkeit schreiben, weil die Möglichkeiten des Anderen größer sind, etwas gegen meine Erinnerung auszurichten, die ich mir ja auch nicht selber erzählt habe.

Menschen, die sich so begegnen, riskieren das Verbotene: sich so zu verändern, dass erst mal nichts mehr selbstverständlich funktioniert. Im Unterschied zum flüchtigen Rauschzustand, der nicht verhindert, dass ich früher oder etwas später wieder zum gewohnten Leben erwache, ist für mich nichts mehr, wie es vorher war, wenn ich mich in meiner Körperlichkeit verändere. Denn genau hier, im Wechselspiel der Bedeutungen von Erlebtem und Gelebtem, bildet sich die Grundlage meines Umgangs mit allem, was mich umgibt. Sexualität ist nicht darum wesentlich, weil sie das Tier in uns beträfe, ohne das man nicht leben könnte, auch wenn man es gelegentlich nicht im Griff hat. Die Entwicklung unserer Sexualität bedingt, wie wir uns die Welt erschließen, wie sich unser Verhältnis zur Welt weiterentwickelt und was ich zu lernen imstande bin. Eine Veränderung meines sexuellen Erlebens ist im harmlosesten Fall eine Erweiterung der Perspektiven, im extremsten eine Neubewertung meiner Prioritäten, und das nicht nur in Bezug auf die Menschen, die mir bisher nahestanden, oder das Leben, das ich geführt habe. Es verändert meine Denkungsart. Schon die Übung darin, die Blickrichtung zu ändern und das Denken zu verlangsamen, damit es das Erleben vor lauter Angst davor nicht schneller ordnet, als man es erfahren könnte, entzaubert jede totalitäre Versuchung. Wer entdeckt, dass er nicht mehr braucht, was lange Zeit als Schutzwall ganz selbstverständlich notwendig schien, versteht auch die Verlockung einer Repressionsordnung nicht mehr, und käme sie auch in den schönsten Farben. Nichts ist für die wohlgeordnete Gesellschaft gefährlicher als zwei Menschen, die wissen, wie man einander die Angst vor seiner eigenen Erregung nimmt und noch das Natürlichste der Welt nutzt, um sich in Freiheit zu setzen. Wundert es immer noch jemanden, dass einem zum sexuellen Akt der Tanz zweier Götter einfallen konnte? Wäre da nicht ein Problem: Nur die Götter tanzen ewig.

FALLHÖHE

Winter must be cold for those
with no warm memories.

Terry Mc Kay, An Affair to Remember (1957)

ätten Romeo und Julia einfach nur von zu Hause
weglaufen müssen? Günter Amendt hielt genau das
für die Lösung. Es gibt ein Recht auf Glück vor der
Literatur. Alle Probleme, die Menschen mit der Sexkultur haben, so überlegte Amendt 1970 in seinem Aufklärungsbuch
Sexfront, wären doch ganz einfach zu erledigen, wenn man
nur den Mut hat, sich den allgemeinen Maßstäben zu entziehen. Sind es also, so lautet doch der Umkehrschluss, nur
Gewohnheit und Bequemlichkeit, die uns glauben machen,
dass man sich letztlich immer zwischen Kultur und Begehren zerreißen müsse, statt auf eine Kultur zu pfeifen, die mir
verbietet, was einfach Spaß macht? Von seiner eigenen Lust
hat Amendt dennoch leise gesungen, weil er offenbar bleiben und am Glauben festhalten wollte, dass sich eine Kultur
von innen besser verändern lässt. Auch Theodor W. Adorno
schimpfte lieber über die repressive Gesellschaft und das
unwiderstehliche Verführungswerk der Konsumindustrie,

als vom Sex zu schwärmen. Aber er machte sich doch Gedanken, was nach ihrer Flucht tatsächlich aus Romeo und Julia geworden wäre. Hätte sie überhaupt noch etwas verbunden ohne eine Gesellschaft, die gegen sie war? Würde die romantische Liebe nach dem Vorbild von Romeo und Julia, die Adorno durchaus sexuell verstanden wissen wollte, in einer idealen Gesellschaft ohne repressive Sexualmoral sogar unmöglich werden? Es müsste doch so kommen, räsoniert er 1967 in Wien, wenn «überhaupt das sexuelle, das erotische Glück geradezu sich bildet an dem Widerstand, den es den Tabus gegenüber bietet»? Auch darum verwende er lieber das Wort «große Passion». «Passion» geht auf das altgriechische *páschein* zurück: *leiden, erleiden, erdulden, ausstehen, erleben*, und *Langenscheidts Großwörterbuch* vergisst keineswegs den Zusatz: «insb. etw. Übles, Schlimmes erleiden». Der ehemalige Priesterseminarist Martin Heidegger nannte seine Verbindung mit Hannah Arendt bekanntlich ebenfalls so.

Es ist das Konzept von Sexkultur als doppelter Negation, das in diese Sackgasse führt und schließlich dem Phänomen nicht gerecht wird. Wenn es tatsächlich nur darum geht, den unterdrückten Sexualtrieb wieder von der Unterdrückung zu befreien, und wenn diese Befreiung nur darum als solche empfunden wird, weil man sich zuvor als unterdrückt erlebt hat, dann wäre die sexuelle Spannung ebenso künstlich übersteigert wie das Befreiungsgefühl. Es ist die Logik der besonderen Süße einer verbotenen Frucht, die nur so lange verlockt, wie das Verbot bestehen bleibt. Sobald sie erlaubt ist, ist sie viel weniger interessant. Adorno führt den Gedanken nicht weiter aus, und er wird gewusst haben, warum. Denn wenn er recht hätte, dann müsste er sich auch die Frage gefallen lassen, was tatsächlich von der Kritik an einer

Gesellschaft zu halten ist, weil sie den Sexus desexualisiert und so einen potenziell gefährlichen Tiger in ein unterhaltsames Kätzchen verwandelt, das man von Zeit zu Zeit gern beim Spielen sieht. Die unterdrückte Libido aber nur anzusprechen, weil man in ihr eine Kraft vermutet, die der Geist allein durch Argumente niemals entfesseln könnte, wenn es um die Veränderung der Gesellschaft geht, zeugt von allem anderen als von Respekt vor dem Sex. Schlimmer noch, es wäre doch ebenfalls instrumentelle Vernunft, nämlich die konsequente Instrumentalisierung der vermeintlichen Naturgewalt gegen die instrumentelle Vernunft der Anderen. Wie groß die Gefahr ist, dass die Geister, die man hier rufen kann, ihre ganz eigene Agenda haben, traf Adorno dann bekanntlich völlig überraschend. Dabei steht eines außer Zweifel: Adorno wusste ganz genau, wovon er sprach, und wollte das auch zumindest nach seinem Tod nicht versteckt haben. Die Protokolle seiner Träume lassen ahnen, warum für ihn das intensive sexuelle Erleben eine «Passion» war. Seine «sexuelle Utopie» hat er schon zu Lebzeiten nicht verschwiegen. Es wäre die Absage an jede Forderung einer Gesellschaft zur Beherrschung der Natur, insbesondere der eigenen, und stattdessen das gerade Gegenteil. Es klingt beinahe buddhistisch, wenn Adorno es sich als Ideal vorstellt, «nicht mehr man selber zu sein, auch in der Geliebten nicht bloß sich selber zu lieben: Negation des Ichprinzips», also die Auflösung von dem, was Adorno für die Grundlage der bürgerlichen Gesellschaft hielt. Wer den anschwellenden Triebstau braucht, weil seine Widerstände erst überwunden werden müssen, um auch nur einen Zustand zuzulassen, der ihm die Triebentladung erlaubt, kann auch die sexuelle Erregung nur noch als Konflikt erleben und den Orgasmus als Selbstauflösung.

Die Vorstellung, dass überhaupt jeder bewusste Umgang mit der sexuellen Begierde nur verkehrt sein kann, beruht auf einer interessanten Verengung des Sexuellen auf einen einzigen Moment, der schon darum nicht mehr von dieser Welt sein kann, weil das «Ichprinzip» eben nicht nur eine Forderung der bürgerlichen Gesellschaft ist, sondern eine menschliche Grunderfahrung. Bewusstes Denken, das auch Adorno selbstverständlich liebte, ist immer auch die Lust am *cogito*, am *Ich denke*. Der Wunsch zu verstehen ist gar nicht anders denkbar denn als Bedürfnis, wenigstens im eigenen Denken alles in einen Sinnzusammenhang zu bringen, was vor meinen Sinnen auch noch so wirr erscheinen mag. Das ist es doch, was einem das Denken so verdächtig machen kann. Denn was wird wirklich mit Erscheinungen, die nicht hätten passieren dürfen, wenn ich sie denke? Ich kann immer wieder fassungslos sein, wenn ich mich mit den deutschen Verbrechen konfrontiere, und doch ist das Wissen darum ebenso wie die Fassungslosigkeit in meinem Bewusstsein. Ich stelle mir das vor, von dem ich gleichzeitig wünschte, dass es das Unvorstellbare überhaupt wäre. Bei allem Willen, eine Singularität zu denken, gelingt genau das doch nicht, eben weil *ich* sie denke, denn über etwas nachzudenken heißt, das, was erscheint, in eine Verbindung zu bringen. Noch die Negation bleibt eine Beziehung zu Anderem.

Der Mensch, der in seine eigene Tiefe blickt und Angst vor dem Fliegen hat, fürchtet vielleicht auch den Absturz, denn es könnte ja sein, dass zu viel Beschäftigung mit Abgründen einen nur umso schneller fallen lässt. Aber vor allem fürchtet er doch, dass diese Höhenunterschiede wirklich seine eigenen sind, dass er also tatsächlich all das sein könnte und dass vielleicht genau das sogar sein Ich ausmacht. Menschen können sich vor den eigenen Gedanken ängstigen, weil wir unvermeidlich noch das größte Chaos nur aus dem Einen denken: *Ich denke.*

Die Frage, die uns mehr bedrängen kann als jede andere, lautet also: Was wird aus mir durch die sexuelle Erfahrung? Wie gehe ich damit um, wenn ich plötzlich mehr von mir weiß?

LA PETITE MORT

**Wer wüßte nicht, daß das Auge
in Zeiten bittern Grams gleichsam wie
ein zertrümmerter Spiegel die Bilder
seines Schmerzes vervielfältigt,
und alles Weh, das in greifbarer Nähe ist,
in weiter, weiter Ferne an jedem Punkt
zu schauen vermeint?**

Edgar Allan Poe, Das Stelldichein (1834)

Wenn Aristoteles recht hat und die Philosophie mit dem Staunen beginnt, dann böte der sogenannte sexuelle Höhepunkt reichlich Anlass zum Denken. Ob große Philosophien aber je aus einem Orgasmus entstanden sind, wissen wir nicht, weil uns niemand davon erzählt hat, und das mag weniger damit zu tun haben, dass es Philosophen ohnehin schon einige Mühe bereitet, der Gesellschaft verständlich zu machen, warum das, was sie versuchen, keine Privatangelegenheit ist. Die Sinne zu verlieren, nicht mehr ganz bei sich zu sein, der Kontrollverlust – das mag sich noch so gut anfühlen, als Ausgangspunkt für ein philosophisches Selbstverständnis eignet es sich doch nicht. Philosophie gilt, jedenfalls in dem Teil der Welt, der glaubt, sie überhaupt erst erfunden zu haben, als Versuch, genauer herauszufinden, wie sich die Welt denkend erfassen lässt. Sie ist damit also auch die Antwort auf die große Angst des bewusst denkenden Lebewesens: die Angst, den Verstand zu verlieren.

Zum Respekt vor dem menschlichen Geist als dem bisher

mächtigsten Instrument, sich in der Welt zu behaupten oder sich ihrer zu bemächtigen, gehören selbstverständlich die Bedenken, dass die eigenen Geisteskräfte nicht ganz so verlässlich sind, wie wir glauben, oder einem sogar abhandenkommen könnten. Die Warnung, dass Autoerotik nur zur Verblödung führt, weil der Orgasmus das Rückenmark und schließlich das Gehirn schädige, war nicht nur ein abschreckendes Märchen für allzu selbstverliebte Jungen, sondern eine anerkannte wissenschaftliche Theorie. Die lange so selbstverständliche Verengung des Orgasmusbegriffs auf die Ejakulation, genau genommen sogar allein auf den sichtbaren Samenerguss, als gäbe es nur diesen, erlaubte es nicht nur, mit messerscharfem Verstand zu schließen, dass der weibliche Orgasmus irgendwie kein echter und nur Luxus sein könne. Diese Theorie förderte außerdem eine verhängnisvolle Selbstbeschränkung, die bis heute nachwirkt. Dass das schon deshalb Unsinn ist, weil die Ejakulation ein vom Orgasmus tatsächlich ganz unabhängiger neurophysiologischer Vorgang ist (ja, auch beim Mann!), konnte man bis vor wenigen Jahren noch nicht wissen. Heute wissen viele immer noch nicht, dass das Orgasmuserleben nichts damit zu tun hat, wie viel wie weit wohin zu fliegen vermag. Und doch ist es der Orgasmus selbst, der den Zusammenhang unseres zentralen Nervensystems mit der Denkfähigkeit erlebbar macht und tatsächlich Fragen über die Leistungsfähigkeit unseres Geistes aufwirft. Wer einmal versucht hat, sich dabei wenigstens das Bild eines geliebten Menschen gegenwärtig zu halten, wird wissen, dass das gelinde gesagt schwierig ist. Wenn man sich über das bewusste Denken definiert, kann die Erfahrung, dass es einem abhandenkommt, selbstverständlich nur beunruhigend sein, zumal wenn man wenig darüber weiß und es einen so sehr erschreckt, dass man sich nicht traut, genug Erfahrung zuzulassen, um zu wissen, dass die Denkfähigkeit uneingeschränkt zurückkommt.

Die Angst mag uns albern erscheinen, aber immerhin weiß man heute auch, dass sie nicht nur die Folge einer kollektiven Körperfeindlichkeit ist. Selbst wenn erregende Phantasien im Einzelfall zweifellos auch durch die Zeit geprägte Wahnbilder sind, vor denen man erschrecken kann, ist es doch vor allem unsere Physiologie, die uns hier vorübergehend die Großhirnaktivität herunterdimmt. Zunehmende Erregung geht mit einem Zustand geminderter Denkfähigkeit einher. Wer wie Philosophen trainiert darauf ist, sich schon der Form seines Denkens bewusst zu sein, nimmt die Schwerfälligkeit seines Denkvermögens deutlich wahr. Er fühlt sich wie ein Spitzensportler, der kaum aus der Umkleidekabine kommt, geschweige denn, dass er sich warmlaufen könnte. So gut es tut, heute mehr darüber zu wissen, dass es sich dabei nämlich um ganz normale biologische Vorgänge handelt – erschreckend ist die Erfahrung immer noch, sobald man sich darauf konzentriert. Wer wird es also übelnehmen, wenn ein Philosoph nicht auch noch offen über Existenzangst reden mag? Und schließlich erzählt auch ein Virologe nicht zuerst von seinem Urlaub, wenn man ihn fragt, woran er gerade arbeitet.

Aber es ist noch etwas anderes. Schon die so romantisch klingende Rede vom «kleinen Tod», *la petite mort*, die offenbar erst Ende des 19. Jahrhunderts als Synonym für den Orgasmus aufkam, setzt eine bestimmte Vorstellung vom Tod voraus. Ob nun klein oder groß – wer vor allem von Todesangst geplagt ist, wird ihn sich kaum als die lustvolle Überwältigung denken können, die der Orgasmus ist. Der Gedanke, dass der sexuelle Höhepunkt eine metaphysische Ebene haben könnte, ist kein Zufall, weil Sex tatsächlich etwas mit dem Tod gemeinsam hat. Es gibt einen Zeitpunkt, von dem aus es kein Zurück mehr gibt. Wenn man nicht gelernt hat, dass sich sogar ein Orgasmus nicht nur hinauszögern, sondern auch aktiv beeinflussen lässt, erfährt man ihn als Gewalt. Er ist ein Gefühlszustand, den man sich zwar bewusst erarbeiten kann, dann aber tatsächlich erleidet. Wenn uns etwas lustvoll überwältigt, von Grübeleien und damit auch Sorgen befreit und außerdem noch euphorisiert, sodass nicht einmal unser Geist uns noch zu dissoziieren vermag, neigen Menschen aber nicht zum Denken, sondern zur Andacht: zur maximalen Aufmerksamkeit durch Anteilnahme. Wir sagen, wir seien ergriffen, weil es sich genau so anfühlt. Auch wenn die Kultur, in der man lebt, verschiedene Wertungen mit der Erfahrung einer Fremdbestimmung verbinden kann, ändert das nichts daran, dass sich die Orgasmuserfahrung einfacher mit Sinn verknüpfen lässt, wenn man den religiösen Deutungsrahmen wählt. Ob Fluch oder Offenbarung, ob Göttergeschenk oder Teufelspakt, ist eine sekundäre Frage, die bekanntlich nicht selten noch die Erfahrung verändern kann.

Wer wie Adorno den Orgasmus als Selbstauflösung ersehnt, will keinen Geistlichen, der ihn begleitet. Er will nicht denken, vor allem nicht mehr denken müssen, sich nicht mehr fragen, was er ist und ob er das auch darf. Mit anderen Worten: Wenn es schon die Rückkehr zur natürlichen Unschuld nicht gibt, dann wenigstens nicht noch mehr Sexkultur. Das ist nicht nur die Befreiung von Selbstzweifeln, sondern zumindest ebenso die Abwehr der Sinnstiftung mit allen ihren Folgen. Es ist die Verweigerung der Kontextualisierung. Und wer wäre nicht gern das unselige Geschwätz über richtige und falsche, infantile und erwachsene, profane und geadelte

Orgasmen los, die ganz genau wie in phantasievollen Lehr-büchern beschrieben und für Aufklärungsfilmchen insze-niert aussehen «müssen», weil sie irgendwer für bare Münze genommen hat? Ganz zu schweigen von irgendwelchen Turn-anleitungen oder dem Spermafetisch, weil man Männern offenbar immer noch weismachen kann, dass sie sich nur dann am Belohnungszentrum ihres eigenen Hirns erfreuen dürfen, wenn dabei auch eine unübersehbare Leistung er-bracht wird. Und selbstverständlich sind Handreichungen zur Orgasmuskosmetik für alles und jeden, den man im Ver-gleich zum Manne ohnehin für unproduktiv hält, auch nicht viel besser. (Vielleicht doch ein kleiner Insidertipp? Es ist keine gute Idee, einer Frau, die gerade eben das Zusammen-sein sehr genossen hat, frauenoberkundig zu erklären, dass man das Vortäuschen des Höhepunkts ganz genau erkannt habe, weil er «zu schnell» oder «zu lang» ausgesehen habe. Es ist sogar eine ausgesprochen schlechte Idee.) Um seine Orgasmen angenehm zu finden, braucht es jedenfalls nicht noch irgendjemanden, der uns ein Attest ausstellt, damit wir auch sicher sein können, nicht versehentlich falsch überwäl-tigt zu werden und diesen oder jenen heiligen Sinn des so er-habenen Gefühls zu entehren. Der Orgasmus ist der schlag-artige Abbau einer psycho-physiologischen Spannung, dem man sogar nachsagt, gegen Kopfschmerzen zu helfen, was ja wirklich eine gute Sache wäre. Er hilft aber garantiert dabei, für einen Moment den grassierenden Unsinn zu vergessen, und wer würde es Adorno verdenken, wenn ihm das schon genug gewesen wäre?

Hier liegt vermutlich auch der Grund dafür, dass der Or-gasmus oft mit dem Schmerz verglichen wurde. Denn auch die Schmerzerfahrung macht den Menschen auf die von Adorno ersehnte Weise für einen Moment asozial. Wer von einem Schmerz überrascht wird, ist so sehr von dem Gefühl ergriffen, dass er nicht selten vergisst, welches Benehmen die Gesellschaft, in der er sich befindet, von ihm erwartet, und auch nicht mehr darauf achtet, wie er gern in dieser Gesellschaft erscheinen würde. Donatien Alphonse François de Sade glaubte darum sogar, dass der Schmerz die einzige ehrliche Gefühlsäußerung des Menschen sei, was ihm zumindest dabei geholfen haben dürfte, sich seine Neigung, Menschen Schmerzen zuzufügen, zur Wahrheitssuche zu verklären. Aber noch die Selbstbeherrschung ist mit unserem Belohnungszentrum verknüpfbar, wovon auch Menschen immer wieder berichten, die zu Selbstverletzungen neigen.

Dass man sich gelegentlich eine «Auszeit» zu nehmen habe, scheint zwar zu den Lebensweisheiten unserer Zeit zu gehören, steckt doch aber schon in Erscheinungen wie dem Karneval, der kirchlich genehmigten Zeit gelockerter Sitten. Wenn eine Maschine dauerhaft laufen soll, braucht es das Überdruckventil, das allerdings so anzubringen ist, dass es möglichst keinen Schaden anrichtet. Selbstverständlich kann man auch nur deshalb immer noch schamlos behaupten, dass sich die monogame Beziehung nun einmal kulturell als überlegene Lebensform erwiesen habe, aber gleichzeitig wissen, was mit Monogamie und Fremdgehen gemeint ist. Wie der Insel-Urlaub und die Drogenexperimente am Wochenende ist auch Sex längst als Freizeitbeschäftigung einkalkuliert und sogar von der Gesellschaft abgesichert, die etwaige Folgekosten mitfinanziert.

Aber Adorno wusste natürlich besser als die meisten, dass jeder Eskapismus seinen Preis hat. Die Lust, in die man vor der Welt, den Anderen und auch den eigenen Gedanken flieht, wird nicht nur mit dem Gang durch die eigenen irritierenden

Phantasien, sondern auch mit einem immer noch größer werdenden Gefühl der Entfremdung bezahlt. Es ist wie das vertraute Gespräch mit einem Denkgefährten, nach dem man sich auch mit der nettesten Nachbarin erst mal nicht unterhalten mag. Jeder Fluchtpunkt, sei es nun der vor der Welt oder der vor dem eigenen Bewusstsein, ist immer auch ein Isolationsraum, mit dem verglichen alles nur noch laut erscheint. Wenn die Flucht ihrerseits zum Ritual wird, ist der Unterschied zum reinen Konsumverhalten kaum noch auszumachen. Und ein Stimulus für die Gesellschaftskritik ist sie auch nur dadurch, dass die gelegentliche Entspannung bekanntlich die Kraftreserven auflädt. Adorno kann nicht entgangen sein, dass seine sexuelle Utopie Merkmale der Resignation in sich trägt, auch wenn es eine vergleichsweise bescheidene Vorstellung von einem privaten Glück ist, das nicht politisch werden sollte.

Aber wer die Denkarbeit so betreibt wie Adorno, kennt nicht nur *la petite mort*, sondern auch *le petit orgasme*. Denken zu lernen schließt ein, auch Übung darin zu haben, sich verschiedene Hirnzustände bewusst zu machen. Man lernt dabei unvermeidlich, dass es besonders eine Denkerfahrung gibt, die durchaus lustvoll genannt werden kann: das plötzlich sich einstellende Gefühl, durch das einem klar wird, dass man etwas begriffen hat. Der Hirnforscher Wolf Singer ist nicht nur für steile Thesen bekannt, sondern hat auch eine beeindruckende Forschungsarbeit mit Menschen geleistet, die über eine langjährige Meditationserfahrung verfügen und ihm erlaubt haben, sie zu untersuchen. Ihre Körperkompetenz unterscheidet sich messbar von der anderer Menschen. Die Aufmerksamkeit auf die Formen des Denkens schafft eine ungewöhnlich große kognitive Kontrolle. Denken ist nicht nur darum ein so wirkungsvolles Instrument, weil wir ständig Sinnesdaten aufnehmen und verarbeiten, sondern vor allem, weil wir bemerken, wann man mit dem Denken aufhören kann, weil ein belastbares Resultat vorliegt. Das Hirn fällt in einen Zustand plötzlicher Entspannung, der sich ebenfalls wie eine Befreiung anfühlt. Es ist wie beim Orgasmus das Belohnungszentrum unseres zentralen Nervensystems, das das Bewusstsein, etwas verstanden zu haben, so reizvoll macht, dass man diesen Moment gern wieder hätte. Durch eine Meditation, die sich ganz auf die inneren Zustände richtet, lässt sich mit viel Übung eine lustvolle Routine der Selbstbelohnung erreichen, die genau die Ausgeglichenheit und Harmonie ermöglicht, in der einem nur noch nach dem satten Lächeln der Zufriedenheit ist. Aber auch das kritische Denken, das eher den Streit als Harmonie sucht, ermöglicht immer wieder diese besondere Denkerfahrung. Denken und Verstehen macht mehr als nur Spaß, wenn man es kann. Man wird annehmen dürfen, dass Adorno weniger Probleme hatte, diesen Zustand ganz bewusst zu genießen. Auch wenn die deutsche Gesellschaft einige besondere Vorbehalte gegen die Existenzform des Intellektuellen pflegt, so ist es doch nicht schwer, die Freude am Denken ganz offen zu zeigen. Anders als im Orgasmus als Selbstauflösung konnte Adorno durch öffentliches Denken sogar etwas auslösen, das über den eigenen Lustmoment hinaus Bestand und eine gewisse Wirkung entfaltet hat.

Der bewusste Umgang mit unserer Körper-Geist-Natur ermöglicht das Erkennen von Lustzuständen, die sich durch bestimmte Denkformen auslösen lassen. Es eröffnet damit auch die Möglichkeit, den Körper zu manipulieren, um diese Lust zu erzeugen, wie schon jeder weiß, der gern Rätsel löst. Aber es bleibt eine einsame Erfahrung, von der man zwar denen berichten kann, die sie auch kennen, die aber dennoch als gemeinsamer Akt kaum möglich ist, solange man nicht bewusst das dialogische Denken übt, wofür aber noch etwas mehr nötig ist als geistige Disziplin. Wer den Orgasmus als Erlösung in der Selbstauflösung anstrebt, bleibt auf dem Weg dahin ganz bei sich. Alles davor und darum herum wird zum Mittel, es ist Mechanik. Aber auch wenn der Orgasmus der natürliche Höhepunkt des sexuellen Erlebens ist, ist er doch damit nicht schon identisch. So nützlich und sicher befreiend es auch ist, der Furcht vor der eigenen Zerfaserung wenigstens zeitweise zu entkommen, so wenig verhilft es zu einem komplexeren sexuellen Erleben oder zu einem konstruktiven Umgang mit dem eigenen Begehren, das mehr zu bieten hat als das Abtauchen ins Nichts. Es ist die voreilige Abwehr einer eigenen Sexkultur, die nur darum als einzig mögliche erscheint, weil man sich nicht vorstellen kann, dass Sex eben keine neutrale Körperreaktion ist, die es gegen jede weitere Störung zu verteidigen gilt. Sie kann auch der Schlüssel zu einer Körperlichkeit sein, die nicht mehr stärker von den Anderen geprägt ist als von mir. Aber das setzt nicht nur den mutigen Blick in die Tiefe voraus, sondern auch den nach oben.

Im Unterschied zu anderen Auszeiten ist die Orgasmuserfahrung mehr als ein kurzer Blick ins Nirwana. Anders als der Schmerz, der zwar auch das Potenzial hat, für einen Moment alles verschwimmen zu lassen, ist die Ekstase nicht nur die große Nichtung. Sie liefert auch eine besondere Erkenntnis, die sich ebenso wenig vergessen lässt wie ein Riss im Vorhang, durch den das Licht noch scheint, auch wenn er lange gefallen ist. Das neuronale Feuerwerk in meinem Kopf mag mir für einen Moment das Gefühl verschaffen, einfach nur zu sein und von mir abzufallen. Aber falle ich damit auch vom Anderen weg?

BILDUNGSREISEN

Zum Programm der touristischen Reise
gehört als letzter Punkt die Heimkehr,
die den Touristen selbst zur
Sehenswürdigkeit macht.

Hans Magnus Enzensberger, Vergebliche
Brandung der Ferne (1958)

Wenn die Frage aufkommt, warum Menschen beieinander bleiben, dann wird man schnell rational, weil es meist nicht mehr darum geht, warum sie es wohl tun, sondern warum sie es unbedingt sollten. Das Bedürfnis, das Miteinander zu sichern, wird aber nicht etwa nur von außen an Menschen herangetragen. Die Vorstellung, dass ein Miteinander als Institut – im Lateinischen *in-stituare*, hinein- oder hin-stellen – möglich sein müsste, also von Menschen eingerichtet werden könnte, ist mehr als nur die Hoffnung einer kontrollsüchtigen Gesellschaft, die gern genau wissen möchte, wer wohin gehört und wie man mit den frei flottierenden sexuellen Begierden in einer Gruppe so umgehen kann, dass sie nicht zu Fliehkräften werden. Stabilität nützt zwar jedem Gemeinwesen, das mit seinen Mitgliedern gern verlässlich rechnen möchte. Sie ist aber auch das, was der begehrende Mensch ersehnt, um seine größte Angst zu bekämpfen, die komplizierter ist, als sie klingt: die Angst vor dem Verlust.

Dass ausgerechnet die sexuelle Erfahrung zur sozialen Bindung taugen könnte, muss unrealistisch erscheinen, wenn man sich die sexuelle Begierde nur als Passion vorstellen kann. Wer kann wissen, was ihn morgen treibt und zieht, nur weil ihn heute etwas fesseln konnte? Gerade das sexuelle Verlangen gilt nicht selten als das Verlangen nach dem Sensationellen und den Extremen. Im Unterschied zu gemeinsamen Unternehmungen, also der verabredeten Orientierung in der Welt, scheint es im Sex vor allem keine Dinge zu geben, die wirklich greifbar wären und so wenigstens zeitweise Halt für alle Beteiligten versprechen. Selbst die Hoffnung auf die so viel gewaltiger klingende Liebe scheint realistischer. Denn ein Bund, der im Himmel geschlossen wurde, wird doch wohl halten?

In der Besorgnis, ob der Andere auch gern bleiben möchte, äußert sich die unvermeidliche Verunsicherung in jeder Beziehung von Lebewesen, die einander fragen müssen, wenn sie wissen wollen, was sie denken und fühlen, und sich doch bewusst sind, dass niemand die Wahrheit sagen muss. Genau darum wird die Konzentration auf äußere Verhältnisse so verlockend. Hier lassen sich Fakten schaffen, sei es durch das gemeinsame Tun oder eine Gesellschaft, die auf das Beieinanderbleiben achtet, seien es Verträge, die zu brechen das öffentliche Ansehen beschädigt, sei es sogar die allgemeine Ächtung, die Ausgegrenzte zusammenschweißt. In den Anderen kann ich nichts hineinstellen, das unverrückbar bliebe, auch wenn ich noch so tief in ihn dringen mag. In meiner Bedürftigkeit bin ich dem gegenüber machtlos, den ich will. Wir sagen interessanterweise: «Ich muss mich verlassen», wenn wir meinen, dass uns nur das Vertrauen bleibt. Selbst Poeten, die sich rühmen, wesentlich unzuverlässig zu sein, müssen darauf vertrauen, dass das wenigstens zeitweise jemanden interessiert. Wer am leichtesten zu verunsichern ist, weiß die Verunsicherung des Anderen umso mehr zu schätzen.

Aber liegt das im Wesen der Dinge oder nicht eher daran, dass der ängstliche Mensch ein Talent dazu hat, zu viel zu denken?

Zunächst einmal liegt es an unserem Mangel an Talent, Neues zuzulassen. Das Neue ist eine Katastrophe für das Bedürfnis nach Orientierung. Wenn mir etwas widerfährt, das mir bisher unbekannt ist, verursacht es Stress, weil alles darauf drängt, es sofort einzuordnen. Wer seiner Neugierde nachgeht, gilt nicht ohne Grund schnell als Abenteurer und fühlt, wie man sagt, sein Adrenalin. Das Drauflosgehen ist für uns nicht so selbstverständlich, dass wir es gern ganz ohne Absicherung täten. Oder zumindest unternehmen wir es doch ungern ohne die Sicherheit, jederzeit umkehren zu können. Dass man genau das bei der sexuellen Erfahrung nicht kann, macht ihre Faszination, für die meisten aber nur ihren Schrecken aus.

Einfach losgehen. Das ist die romantische Vorstellung, dass man sich treiben lassen könnte, und genau damit beginnt schon die nächste Illusion. Wer sich treiben lässt, mag sich wie ein Blatt im Fluss oder frei wie der Wind fühlen und weiß doch noch, dass er gewählt hat, genau das zu sein, weil er es davor nicht war. Die Kalenderblattweisheit, dass der Weg das Ziel zu sein habe, mag zur Motivation für den ersten Schritt reichen, lenkt aber auch von der wesentlichen Frage ab: Wenn das Gehen das Ziel ist, was lenkt dann unsere Schritte? Es ist erstaunlich schwer, sich abhandenzukommen.

Das sympathische Bild von der Biene, die von Blüte zu Blüte fliegt und mal diese, mal jene Erfahrung macht, bringt zwar vielleicht das Neue zu den Blüten, aber allen Mythen vom schönen Wanderleben zum Trotz kippt gerade diese Orientierungsform in genau die Wiederholung, der man durch sie zu entrinnen sucht. Es ist nicht anders als das Leben als *Urban Nomad*, das einiges an Ressourcen voraussetzt, wenn nicht das erste verlorene Ladekabel die Existenzweise beenden soll. Netzwerke, Stundenhotels, Restaurantrechnungen, Blumen – auch das ist eine Infrastruktur, deren Regeln genauso zu befolgen sind, also auch wie die Regeln jeder anderen Gemeinschaft gelernt werden müssen. Denn das User-Profil allein entscheidet, wie viel sozialen Kredit man noch hat, wie lange man also in ihr geduldet wird. Wer den Sex mit wechselnden Partnern für eine immerwährende Reise hält, merkt schnell, dass er vor allem zu einem sehr wenig kommt: zum Sex. Die einzige Erfahrung, die sich so sammeln lässt, sind kuriose Geschichten über diverse Einrichtungen, Dessous und Vorlieben, nämlich diejenigen der Anderen. Sexuelle Freiheit ist das kaum, auch wenn die Erlebnisse einen Vorzug haben: Sie sind erzählbar.

Gerade wer das Neue sucht, ist vor allem auf das Wissen des Alten angewiesen, wenn er losgeht. Vermutlich ist niemand so sehr auf das längst Gewusste konzentriert wie der, der einfach mal drauflosprobiert, weil nur das rechtzeitige Wiedererkennen des Vertrauten das Leben erhält. Man sollte schon einschätzen können, ob eine Chance besteht, überhaupt wieder aufzuwachen, bevor man sich neben jemanden legt. Genau darum neigt der Mensch eher zum Tourismus. Hans Magnus Enzensberger hat erhellend beschrieben, dass der Tourist wie ein Reisender aussehen und sich auch so fühlen mag, als wenn er die Freiheit sucht. Aber er reist mit einer klaren Perspektive. So wie er das Sensationelle sucht und dabei nur die Sensationen meint, von denen andere berichtet haben, ist auch eine Sexkultur attraktiv, die verspricht, eine Bildungsreise zu sein. Es gilt, ein Pflichtenheft abzuarbeiten: mal mit einem Mann, mal mit einer Frau, mit beiden, mit Lack, mit Latex, mal im Club, wenigstens einmal in der Brandung, im höchsten Hotelzimmer der Stadt und im Kuhstall. Und dann die ganzen schönen Variationen an Haar-, Haut- und Geschlechtsfarben, die man alle unbedingt einmal erlebt haben muss, um mitreden zu können. Wir reisen auch hier mit Geschichten im Kopf, die nachgeliebt werden sollen. Auch wenn es hier und da vielleicht nicht ganz so exotisch, sondern eher peinlich wird, bleibt die Erzählbarkeit der Maßstab des eigenen Erlebens.

Vielleicht braucht es eine Erklärung, denn gerade von sexuellen Erlebnissen spricht man doch nicht gern? Selbst in Zeiten, in denen das vielleicht zutraf, blieben doch insbesondere die Frauen- und Männergeschichten selten unbesprochen. Aber es geht um etwas anderes als die Frage, was man tatsächlich jemandem von dem letzten wilden Wochenende anvertraut. Die Erzählung ist die Form, in der uns die Welt, aus der wir kommen, maßgeblich für das Erleben wird, wenn wir es bewusst tun wollen, weil es die Welt ist, die wir nicht verlassen wollen. Wir denken uns auf einem vertrauten Weg. Ein anderer Weg darf nur ein Umweg sein, der außerdem landschaftlich reizvoll sein muss, weil ich einen Grund dafür brauche, wenn er nicht nötig war. Man spricht von sexueller Eskapade, nicht von einer Reise in ein unentdecktes Land. Wenn ich wirklich etwas Einzigartiges finde, ist es schon darum kein Sensationelles mehr, weil ich es niemandem mehr vermitteln kann, wo ich es selber doch nicht glaube, obwohl ich es eindeutig erlebe. Souvenirs dürfen nicht allzu exotisch sein, wenn sie als Mitbringsel erkennbar bleiben sollen. Das gilt natürlich auch für die Wissenschaft, denn auch ein Forscher darf nichts präsentieren, das nicht sofort als glaubhaftes Zeugnis erkannt wird, was schon bei einem wiederentdeckten Dokument schwierig sein kann, wenn es den etablierten Theorien zu sehr widerspricht. Auch hier unterscheidet sich eine gründliche Recherche manchmal allzu deutlich vom vorgeschriebenen «Archivbesuch», der allein darum unternommen wird, damit man - auch sich! - hinterher sagen kann, ebenfalls dort gewesen zu sein.

Enzensberger vermutete, dass der Tourist eigentlich der großen romantischen Sehnsucht folgt, das Unberührte zu finden. Es sei eben doch der Wunsch, die Natur an sich zu sehen, und zwar als Erster, oder doch als erster Wiederentdecker nach langer Zeit, weil der Reiz der Eroberung unwiderstehlich sei. Aber nicht jeder, der losgeht, sucht glücklicherweise nach der reinen Natur, sondern auch manchmal das, was anderen gar nicht wichtig und banal ist. Nicht jeder kommt als Entdecker und Eroberer, weil mancher die Gesellschaft vorzieht, für die man keine Eintrittskarten braucht, und in der man sich die Antworten nicht erarbeiten muss, sondern erfragen kann. Dafür, dass Enzensbergers Theorie der Sehnsucht nach dem Unberührten allerdings auch auf der Suche nach sexueller Erfahrung immer wieder eine verhängnisvolle Rolle gespielt hat, spricht die Faszination für Jugendkult und Jungfernschaft samt allen ihren Folgen. Denn wie sollte man hier die Natur an sich finden, wo ein Mensch schon mit den ersten Erfahrungen eine Körperlichkeit mit Geschichte entwickelt? Es gibt den «unschuldigen» Körper als Gegenstand der sexuellen Erfahrung nicht, ohne sich auch des Verbrechens schuldig zu machen, sich an Unschuld zu vergreifen. Dass Sextourismus zu «Nymphen» keine Bildungsreise und auch keine Entwicklungshilfe, sondern bestenfalls unverschämte Autoerotik, vor allem aber unverkennbar Lust an der Gewalt ist, muss man offenbar dennoch immer wieder erklären.

Es ist der große Vorzug der sexuellen Wanderschaft,

dass die Angst vor Verlust nicht aufkommen kann. Wer Sex touristisch betreibt, geht gern dorthin zurück, wo er sich heimisch fühlt - erholt, belebt und erfrischt, nicht selten beneidet. Und wenn das Fernweh größer wird, dann findet sich schon ein anderes Reiseziel, bei dem einem das Selbst, das man angeblich finden will, garantiert nicht abhandenkommt. Jedenfalls nicht, wenn alles nach Plan verläuft. Denn es gibt auch Geschichten von denen, die nur einen Klosterurlaub gebucht hatten und dann nie zurückgekommen sind.

Die Verlustangst nach dem gemeinsamen sexuellen Erleben ist nicht nur darum so stark, weil wir immer noch genau wissen, wie es ohne den Anderen war, und die Vorstellung, ohne ihn zu sein, uns nicht gefällt. Was zumindest ebenso gefürchtet wird, ist der Selbstverlust, wenn das Miteinander über den gelegentlichen Smalltalk hinausgeht. Weil der erregende Körper etwas ganz anderes ist als irgendein Ding in der Welt, verändert mich schon die bloße Anwesenheit. Wir sprechen gern von der Attraktivität des Anderen und vergleichen uns sogar mit Motten und ihn mit Licht. Aber unsere Verlustangst ist mehr als die Sorge, dass jemand das Licht ausschaltet und wir uns nach einem anderen umsehen müssen.

Wer einen Menschen erregend findet, erlebt ihn in einem anderen Verhältnis zur eigenen Körperlichkeit als alles andere. Man denkt nicht etwa, dass er dem eigenen Ideal von einem Mann doch erfreulich entspräche oder sein Denken interessant sei. Wir nehmen Nähe wahr. Wir entdecken uns als Resonanzraum für einen Anderen, und fühlen ein besonderes Interesse, das wir sonst nur für unseren eigenen Körper und Geist aufbringen können. Sachlich ist es nicht. Vor allem aber ist es nicht mehr erzählbar. Die Annäherung ähnelt auffällig dem vorsichtigen Erkunden dessen, was mein Körper sein könnte, das ich aber nur wissen kann, wenn ich festzustellen versuche, wie weit mein Körper wirklich reicht. Ein Mensch, den ich erregend finde, ist jemand, der nicht nur irgendwie in meiner Umgebung auftaucht und wieder geht. Es ist jemand, der mir wesentlich werden kann, weil er sich längst so anfühlt. Die saubere Vorstellung, dass sich zwei autonome Wesen zu ein bisschen Spaß verabreden, ist zwar ungemein praktisch, aber bekanntlich kein Garant dafür, dass es auch so funktioniert, und das schon darum, weil kein Mensch alles über sich weiß, sich also nicht einmal auf sich selbst verlassen kann. Niemand ist die Maske, die er trägt, auch wenn er es noch so gern wäre.

Wenn Menschen zulassen wollen, einander auch bewusst wesentlich zu werden, dann setzt es vor allem einen Anfang voraus, der sich vom gegenseitigen Belauern der Jäger und Fallensteller wesentlich unterscheidet. Die Theorie, dass es ohne Geheimnisse und Verwegenheit gar keine Erotik gebe, beruht nicht nur auf der Voraussetzung, dass jeder immer etwas für geheimhaltenswert hält, sondern auch auf der Idee, dass es Sexualität nur als Machtspiel darum gibt, wer heute der Marionettenspieler ist und wer die Puppe. Der Wunsch, nicht derjenige zu sein, der sich zuerst ausgezogen hat, ist aber nicht der einzige Weg zum vermeintlichen Ziel, ganz abgesehen von der Frage, ob man das ewig reizvoll finden kann. Das sogenannte erotische Spiel des Verbergens und Zeigens, Lockens und Verweigerns, der Provokation und des Wagnisses mag sich ganz selbstverständlich als das wesentlich Sexuelle anfühlen. Es ist aber doch eine Form der Annäherung, die viel weniger mit dem Anderen als mit den Grenzen des Öffentlichen, also mit dem Verbotenen spielt. Das kann selbstverständlich lustvoll sein, wenn es nicht zur Verlegenheit führt, am Ende vielleicht gar nicht zu wissen, warum genau man den Anderen eigentlich entblößt sehen wollte. Wenn man in tantrischen Praktiken nur Orgasmusverzögerung erkennen kann, sollte einen auch diese Sexverzögerungskultur doch etwas nachdenklich stimmen.

Katzen bringen gelegentlich Mäuse mit von der Jagd, weil sie auch ihre menschlichen Mitbewohner an dem teilhaben lassen wollen, was ihnen Lust bereitet. Der eigene Hunger, der davon unabhängige Jagdtrieb und die soziale Bindung sind Motive, zwischen denen sich auch eine Katze entscheiden muss. Der logische Katzen-Schluss ist offenbar der auch uns nur zu vertraute: Ich zeige meine Zuneigung in aller Vorsicht durch zelebrierten Verzicht auf eigene Begierden. Darum hat, so lehrt es das Brevier für Katzendiener, der Mensch auch die scheußlichste zerfetzte Maus anzunehmen, weil das ein Liebesbeweis sei. Und die Liebe ändert sowieso alle Dinge.

Nie geht es mehr um die Frage nach der Absicht als bei der Zuneigung. Aber das benennt auch gleich unser größtes Problem. Zuneigung kann man nicht sehen, weil man die Absicht nicht sieht. Wir müssen immer erst für möglich halten, dass jemand uns zugeneigt sein könnte, bevor wir noch das seltsamste Verhalten, unpassende Dinge, ja, insbesondere das völlige Versagen im Sozialverhalten als Ausdruck von besonderer Zuneigung verstehen können. Die Befürchtung, sich zum Deppen zu machen, liegt in der Vorstellung begründet, dass eine besondere Zuneigung immer auch eines besonderen Tuns zu bedürfen scheint, das quasi notwendig unpassend ist und auch sein muss, auch wenn man dazu von dem unwahrscheinlichsten aller Fälle ausgeht, nämlich dass eine hilflose Ersatzhandlung als starkes Bekenntnis verstanden wird. Menschen können erstaunlich viel Zeit damit verbringen, den passenden Ausdruck für ihr ganz unpassendes Verlangen zu finden – in der Hoffnung, der Begehrte müsse doch genau daran erkennen, was nur die Berührung zu vermitteln vermag.

Sex jenseits dieser Anstandsfragen setzt voraus, nicht zu verbergen, dass man begehrt, denn das Begehren ist ein Faktum. Ich befinde mich nicht etwa in meiner Gefühlswelt, sondern in einer konkreten Situation, weil ein Anderer auf besondere Weise anwesend ist, nämlich für mich. Das zu respektieren und nicht schnellstmöglich wegzurationalisieren ist schon darum angemessen, weil es nun einmal ein rares Ereignis ist, sich in der Nähe eines Menschen so wohl zu fühlen, dass man sich seinen Körper und seinen Geist nicht nur einmal kurz ausleihen, sondern ihn am liebsten behalten möchte. Das Spiel mit Nähe und Distanz als ewiges Austesten der Grenzen des Erlaubten und des Anderen hilft dabei nicht. Nicht ungesagt zu lassen, wie es ist, heißt nicht nur, auf das Sicherungsseil zu verzichten in der Hoffnung, dass man es bei dem Anderen nicht braucht, weil er sogar genau das sein könnte. Es ist auch die einzige Möglichkeit, der Dankbarkeit Ausdruck zu verleihen, weil schon die Erfahrung ein unverdientes Geschenk ist, sich einmal nicht von der Welt verworfen, sondern mit ihr zumindest in einem Teil einfach nur verbunden zu fühlen. Das Risiko mag noch so groß erscheinen, weil in einer Bekenntniskultur der Unterschied zwischen Sprechen und Versprechen so schnell verwischt, aber es ist doch die einzige Möglichkeit, das zu stiften, was Menschen wirklich stiften müssen, damit es da ist: den sicheren Grund für alle weiteren Schritte. Wer herausfinden möchte, ob es möglich ist, miteinander Neues zu erleben und die eigene Körperlichkeit weiter zu ergründen, wird das nur können, wenn beide sich einander versichern. Und das gilt nicht weniger, wenn es sich um ein nur einseitiges Begehren handeln sollte. Der Abgrund unter der Brücke ist zu tief, um ihn nicht ebenso zu respektieren wie die Wünsche des Anderen. Man möchte es doch lieber wissen, wenn die Brücke gar nicht halten kann, bevor man sie betritt.

Diese Umkehr der üblichen Rituale der Annäherung beruht auf der Anerkennung des sexuellen Begehrens als dialogisches Vermögen, das sich nur dann entfalten kann, wenn man das Gespräch, um das es hier geht, nicht für ein geistiges Unternehmen oder eine intellektuelle Übung hält. Die ideale Kommunikation ist schon im Selbstverhältnis genau das nicht. Es ist vielmehr der Versuch, sich zu sich in ein Verhältnis zu setzen, also nicht zu glauben, dass sich Körper und Geist eindeutig unterscheiden ließen, nur weil man durchaus seinen Körper als Instrument des Geistes oder den Geist als bloße Illusion eines etwas zu komplex geratenen Reiz-Reaktions-Systems zu beschreiben vermag. Ebensowenig darf man sich aber einbilden, dass das Wahrnehmen eines anderen Menschen als ein erregendes Anderes zu den Dingen gehört, die im Selbstgespräch zu klären wären. Erregung ist immer das Zeichen von Bedürftigkeit und wird das nicht weniger sein, nur weil man es lieber geheim halten möchte, statt gemeinsam herauszufinden, was aus der besonderen Sympathie zu machen ist. Wer es nicht beim bestmöglichen gegenseitigen Benutzen belassen will, also auch nicht bei dem «wechselseitigen Besitz ihrer Geschlechtseigenthümlichkeiten», den Kant als einzigen Gegenstand eines Ehevertrages gelten lassen wollte, wird das nicht ohne die gegenseitige Versicherung beginnen können. Nur wenn beide das Risiko des offenen Umgangs mit den eigenen Abgründen und Ängsten wagen wollen, können sie auch miteinander herausfinden, wie weit der Zusammenhang von Denken und Fühlen reicht. «Siehe, du bist schön, mein Geliebter» ist nicht notwendig ein Satz höchster Erregung, den man einander mit Glück und Geschick abnötigen kann. Es kann auch die Ermunterung sein, sich auf die eigenen körperlichen Signale zu verlassen, weil zumindest in den Augen des Anderen offensichtlich nichts an einem falsch ist.

Wir haben gelernt, dass Offenheit immer auch Leichtsinn ist, weil sich jeder, der sich einem Anderen offenbart, damit auch ausliefert. Zum verbreiteten Reden über Sexualität gehört auch die Unterstellung, dass Frauen sich Männern ausliefern würden, sobald sie ihr Begehren kundtun, und jeder Mann verloren sei, wenn es ihm nicht gelingt, seine Erektion so lange zu verstecken, bis sie ihm mit Sicherheit nützlich ist. Aber mehr noch als in anderen Zusammenhängen ist das vor allem ein falsches Vertrauen in die Macht der Lüge. Offenheit mag dort besonders naiv scheinen, wo es um Körperlichkeit geht, in der man zurecht mehr vermutet als nur ein Ding. Wer aber auf das offene Bekenntnis, begehrt zu sein, mit Taktik reagiert, weil er meint, es ließe sich vielleicht für andere Zwecke nutzen, entblößt sich damit schneller, als er sich je ausziehen könnte. Dass das so paradox erscheint, liegt auch an einem zu engen Begriff der Sexualität. Einseitige Offenheit schafft nicht nur andere Möglichkeiten, sie ist längst eine neue Situation. Wer sich entschließt, auf Taktik zu verzichten, befreit seine eigene Wahrnehmung von der Zweckhaftigkeit. Wenn es heißt, etwas habe uns die Augen geöffnet, dann sind es doch zunächst einmal wir, die plötzlich auf andere Weise sehen. Wenn Wahrnehmung dem Interesse an Orientierung untergeordnet ist, filtert es unvermeidlich die Daten, die unsere Sinne erfassen können, nach ihrer Nützlichkeit. Wer die Nützlichkeit im Bezug zu einem Ding aufgibt - denn was könnte nützlich daran sein, einen Menschen von Kopf bis Fuß mit allen Sinnen kennenlernen zu wollen? –, sieht wortwörtlich mehr. Vor allem aber erkennt man den, der immer noch den Nutzen und die Risiken der nächsten Worte und Gesten abwägt und schon darum einge-schränkter wahrnimmt. Die einzige Gefahr, in die man sich begibt, ist die mögliche Erkenntnis, dass nicht jeder Mensch weiß, wie schnell man an seinen Taten erkannt werden kann. Dass die Welt uns nicht immer so aufgeschlossen entgegen-kommt wie wir ihr, ist eine so alltägliche Erfahrung, dass ein Mensch mehr oder weniger, der uns nicht ebenso will wie wir ihn, den möglichen Gewinn nicht aufwiegen kann.

Die gegenseitige Versicherung ist aber noch aus einem ganz anderen Grund unumgänglich. Für die Reise, die man hier gemeinsam antritt, ist die Erzählbarkeit wesentlich kein Maßstab mehr. In der bewussten Sexkultur wird jene «Deskription der Sexualerfahrung», die Forscher so vermis-sen, zur vielleicht größten Herausforderung. Der besondere Erfahrungsraum, den zwei Menschen, die einander begeh-ren, zwischen sich wahrnehmen, stabilisieren und erfüllen können, ist wesentlich einzigartig, weil er von vornherein das Undenkbare realisiert: den Dialog zweier Singularitäten. So richtig es ist, dass Kultur kein Müssen, sondern ein Kön-nen ist, und so naheliegend es scheint, dass ich alles, was ich auf diese Weise zu können gelernt habe, auch beizubrin-gen und damit weiterzugeben vermag, so eindeutig endet hier die allgemein vermittelbare Welt. Es endet die Sprache. Worte sind als verstehbare Worte wenigstens die Suche nach dem Allgemeinen und nicht nach dem Einzigartigen, das aber gerade das ist, was die sexuelle Erfahrung ermöglicht. Vermutlich ist das sogar eine Antwort auf die Frage, war-um es in der abendländisch-christlichen Kultur nie zu einer Symbolisierung von Sex gekommen ist, sondern immer nur zu sexuellen Anspielungen. Ein Abbild des sexuellen Akts taugt vor allem zum Symbol der Einheit, die in irreduzibler Zweiheit wirklich ist. Für ein monotheistisches Denken gibt es keinen größeren Widerspruch als diesen Respekt vor dem Dualistischen. Menschen, die sich bewusst auf Sexkultur einlassen, werden vermutlich dennoch immer irgendwann ihre eigene Sprache finden. Nur was nützt es, davon zu erzählen, solange niemand mit etwas anderem rechnet als mit kitschigen Souvenirs?

In welcher Intensität zwei Menschen, die einander offen sagen können, dass sie sich begehren, diese lustvolle Nähe letztlich ausdifferenzieren, hängt von den Möglichkeiten ab, die sie für das Gemeinsame zu schaffen bereit sind. Aber es ist vom ersten Moment an Sexkultur und wird es so lange bleiben, wie es auf der aufrichtigen Körperlichkeit beider beruht und beide schon darum verändert. Und noch die größte Flughöhe ist weniger erschreckend, wenn man sich auf einen Fallschirm (oder für die Freunde des Dramas auch auf das Bungeeseil) verlassen kann. Wer will denn tatsächlich den freien Fall?

Wer sich darauf einlässt, dass sich zwei Dialoge zu einem verschränken, sucht nicht die große Harmonie, auch wenn man sie genießen kann. Es ist die besondere Erfahrung, die Möglichkeiten der eigenen Körperlichkeit durch die eines Anderen zu erweitern, also nicht nur das sachliche Gespräch zu pflegen, sondern die Welt durch mehr Sinne zu ergründen als die eigenen. Man macht sich die Erlebnisfähigkeit des Anderen umso leichter zu eigen, als sie nicht mit denselben Erfahrungen verbunden ist, mit denen man für die eigene gezahlt hat. Lust noch einmal von einem Anderen lernen zu dürfen, ist wohl das größte Moment sexueller Freiheit. Miteinander mein Lieblingsbuch zu lesen verändert das Buch für beide, und es wird dieses veränderte Buch bleiben, auch wenn man mit der Zeit entscheidet, künftig lieber entfernter voneinander zu gehen. Einen Weg zurück gibt es aber nicht. Je mehr sich dieser Dialog zu einem einzigen Selbstgespräch vertieft, desto mehr verändert sich auch die Angst vor dem Verlust: Aus der Angst, den Anderen zu verlieren, wird die unausweichliche Erkenntnis, dass es für mich mehr als einen Tod gibt.

KEIN AUGENBLICK
WIRD EWIGKEIT

**Wir denken über das Selbst, als gehörte es uns,
als sei es ein Besitz, den wir dauerhaft
bei uns haben, eigenhändig gemacht oder
erworben, aber das ist Schein. Das Selbst folgt
einem entgegengesetzten Kurs: Es geht nicht
von innen nach außen, sondern kommt
von außen ins Innere. [...] «Arm und beschämt,
so arm zu sein.» In der Literatur über Trauer
werden zwei Elemente unterschätzt: die Scham
und das sexuelle Verlangen.**

Connie Palmen, Logbuch eines unbarmherzigen
Jahres (2011/13)

T od ist der Sünde Sold. Dass Sex tatsächlich lebens-
gefährlich sein kann, fällt Menschen spätestens
dann wieder ein, wenn von Geschlechtskrankheiten
die Rede ist oder gar eine Seuche über die Welt kommt, auch
wenn es nicht gleich die «Lustseuche AIDS» ist. Schon die
große Furcht vor der wollüstigen Berührung, die Europa
spätestens ab dem 4. Jahrhundert ganz im Griff hat, kennt
nur diesen Zusammenhang zwischen Sex und Tod. Tod ist
das, was der Mensch riskiert, wenn er sich auf gefährliche
Gedanken einlässt, nämlich Gedanken über sein Begehren,
weil das nur unaufhaltsam in den eigenen Untergang führen
kann. Wollust ist selbstverständlich eine der sogenannten
Todsünden. Dass die Warnung vor der Unkeuschheit zeit-

weise noch für das Eheleben galt, ist nur der Gipfelpunkt dieser gründlichen Dämonisierung der Lust, die wir nicht müde wurden über den Globus zu verbreiten. Es kann also nicht verwundern, dass Sexkultur vor allem in der Unterdrückung der Triebe und dem Bildersturm gegen Zeugnisse anderer Kulturen bestand. Auch von den wilden Partys der römischen Oberschicht blieben allenfalls die Geschichten ihrer Exzesse. Heute kennen vermutlich die wenigsten Messalina und Caligula aus dem Schulunterricht und dem Theater. Angst hat Vorteile für den, der sie verbreitet, und gibt es eine größere Angst als die vor dem Tod?

Wenn Männer wie Jean-Paul Sartre und Maurice Merleau-Ponty sich fragten, was an der Begegnung mit anderen Menschen am gefährlichsten sei, dann fällt die Antwort der zerstrittenen Freunde ganz einmütig aus: Ein Mensch, der mich anschaut und mich sieht, wie ich bin, sieht mich vor allem so, wie ich nicht gesehen werden möchte. Zuwendung scheitert demnach immer an dem Paradox, dass ich einen Menschen will, der sich aber meinetwegen zum Ding macht, das mir unbedingt gefallen will, damit ich es faszinierend finde und mich dann zum Ding mache. Oder andersherum. Sartre war sich sicher, dass genau darum Liebe zum Scheitern verdammt sei. Scham ist das Gefühl meines Ausgeliefertseins, das umso gefährlicher wird, wenn ich auch noch ein sexuelles Interesse habe. Mein Begehren macht also bestenfalls nur den Anderen zum Ding, der mich aber dann allenfalls noch zur Triebbefriedigung nützt, aber so doch nicht mehr der ganze Mensch ist, den ich wollte, oder es macht mich zum Sklaven, sobald der Andere seine Macht über mich erkennt. Der Wunsch, begehrt zu werden, wie ich begehre, vernichtet also notwendig meine Freiheit und damit mich, weil ich nur noch ein bezauberndes Objekt sein will.

Das klingt genauso ausweglos, wie sich ein Miteinander anfühlt, in dem nur einer der Beteiligten wirklich begehrt. Aber es hat doch einen Vorteil: Es ist ein recht abstrakter Tod, der hier zu fürchten wäre. Denn aller Freude am theatralischen Selbstmitleid zum Trotz macht mein Begehren mich zweifellos bedürftig, aber Bedürftigkeit ist etwas ganz anderes als das Ende der Freiheit, wie jeder weiß, der einmal Hunger hatte und die Lebensmittel doch erst mal zur Kasse und dann nach Hause getragen hat. Auch wenn man den beiden Männern zugestehen muss, eben Männer gewesen zu sein: Wer eine Erregungskurve mit einer sehr stabilen Plateauphase erlebt, kann sich auch länger wie ein Bittsteller vorkommen. Aber das heißt doch bekanntlich weder, dass Erregung jede Kontrolle ausschließt, noch, dass die Verbindung zwischen zwei Menschen auch schon genauso zu beschreiben wäre wie der Abschluss des sexuellen Akts, den sie erst ermöglicht. Zumal es doch hier offenbar mehr darum geht, dass man genau zu dem Akt gern öfter käme.

Wer sich einmal durchgerungen hat, den Anderen nicht nur aus der eigenen Angst heraus zu denken und Begehren nicht ausschließlich als den Wunsch nach einem Menschen zu verstehen, der bettelnd vor Verlangen nach mir zerfließt, hat sehr viel mehr zu fürchten. Bewusst gelebte Sexkultur vervielfacht den Tod, vor dem wir auch so schon die größte Angst haben.

Wenn Menschen sich einander mehr nähern, als es notwendig ist, sprechen wir von «Intimität». Man stellt sich vor, dass hier das - *intimus* - Innerste berührt wird, so wie es auch heißt, dass ein Mensch uns unter die Haut gehen kann oder uns mit seinen Blicken durchbohrt. Spätestens jetzt kommt auch niemand mehr um die Geschichte vom Kugelmenschen herum, die Platon vor über zweitausend Jahren aufgeschrieben hat: Es war einmal eine Zeit, in der alle Menschen vollkommene Kugeln waren, aber dann wurden sie den Göttern zu frech, sie schnitten die Kugeln entzwei. Und wenn sie nicht gestorben sind, dann suchen die Unvollkommenen noch immer nach ihrer Ergänzung, um wieder Eines zu sein. Aber passt all das wirklich zu unserem Erleben?

Der Andere, der mich offen begehrt wie ich ihn, gibt mir doch etwas ganz anderes als die Ergänzung, denn er schafft vor allem das, was ich nicht vermag: Mich zu begehren, wie ich bin. Er schaut mich auch gerade nicht so an wie alle anderen oder wie ich mich anschaue. Sein Blick ist weder vernichtend, noch macht er mich wehrlos, denn das gegenseitige Verlangen ist längst ausgesprochen. Blicke sind hier nichts anders als mich berührende Hände oder sogar Fragen. Es gibt nicht nur die Angst davor, sondern auch die Sehnsucht danach, angeschaut, berührt und gefragt zu werden. Während ich mich noch dann denken muss, wenn ich mich fühle, und mir ständig unklar vorkomme, weil sich alles, was ich fühle und noch denke, auf so unterschiedliche Weisen deuten lässt, die auch noch alle einen unterschiedlichen Sinn ergeben, bin ich für den Anderen jemand, der einfach ist. Wie und was ich bisher begehrt habe, wie ich wurde, was ich bin, ist zwar für mich eine wesentliche Frage. Für denjenigen, der meine Nähe möchte, ist es eine Geschichte, die er vom Ende her kennenlernt. Ich mag immer meine Geschichte sein, für den Anderen bin ich der Anfang von etwas Neuem, so wie das Wir, das Gemeinsame, irgendwann eine Geschichte sein, von uns jetzt aber erlebt wird. Und während ich mich jedes Mal zerlege, weil mir für alles, was ich denke, fühle und tue, etliche Gründe und Anlässe einfallen, bin ich für den Anderen derjenige, der sich ihm zuwendet. Mein Bemühen, mich verständlich zu machen, indem ich mich in gelernten Kategorien verstehe und in allgemeinen Wörtern beschreibe, ist im Vergleich dazu nicht relevant. Wenn ich mich selber missverstehe, denke und fühle ich haltlos in die Irre. Zwischen einander bewusst zugewandten Menschen ist noch ein Missverständnis etwas sehr Schönes, wenn man einander die Chance gibt, es als solches zu erkennen, weil wir eben keine Symbiose bilden, sondern gerade in der Verschiedenheit den Vorzug erkennen. Wir sind nicht dasselbe, wir verschwinden miteinander, aber nicht ineinander. Darum braucht es auch keine Analysen und Worte, wenn die körperliche Nähe und das Begehren mir vor allem die Erfahrung vermitteln, wie gut es offenbar ist, dass ich bin. Es ist ein Anderer, der es mir zeigt. Und wenn mein Körper so eindeutig antworten kann, wie mein nach allgemein verständlichen Worten und Erzählungen suchender Verstand es nie könnte, dann, weil ein Anderer mich gefragt hat. Dieser Andere erinnert mich nicht daran, dass ich mir selbst nicht in den eigenen Blick zu geraten vermag, ohne zu erröten. Niemand kann mir so überzeugend meine Scham ausreden wie ein Mensch, der nicht vor mir verbirgt, dass ich ihm so wohltue, wie ich bin. Und je länger wir einander zugewandt bleiben, obwohl ich immer mehr von dem sehen und fühlen lasse, was ich nie zeigen wollte, desto freier erlebe ich mich, gerade weil ein Anderer mich nicht zu dem zwingt, was ich ständig von mir erwarte: dazu, mich mit mir zu versöhnen.

Ein Mensch, der diese bewusste Nähe mit mir genießen kann, berührt nicht mein Innerstes, sondern fordert es für mich heraus, um mich sogar dagegen zu verteidigen. Miteinander bewusst gepflegtes Verlangen erschüttert ein Denken, mit dem Menschen sich zu gängeln und zu quälen gelernt haben, weil der Blick dieses Anderen mich dazu nötigt zu akzeptieren, dass auch ein Blick auf mich möglich ist, der frei von diesem Denken ist. Der beschämende Blick der Menschen, den ich mir zu eigen gemacht und wiederholt als sinnvolles Urteil gerechtfertigt habe, verliert hier spürbar seine absolute Geltung. Der Raum, der zwischen Menschen entsteht, wenn man das gegenseitige Begehren akzeptiert und nicht darum ringt, es voreinander zu verbergen, ist eben nicht die Vernichtung meiner Freiheit, sondern befreit die Sinne zu einer Erfahrung, die endlich auch mein Denken mehr zu korrigieren und zu verbessern vermag als alles sonst. Wenn wir sagen: «Es ist stärker als ich», dann kann das auch heißen, dass ich offenbar stärker bin, als ich es dachte.

Kaum ein Mensch hat so schonungslos offenbart, was der Tod eines Menschen bedeutet, mit dem ein solcher Raum möglich war. «Nicht nur er ist tot», heißt es im *Logbuch eines unbarmherzigen Jahres* der Philosophin Connie Palmen, «mein liebstes Ich ist es auch.»

Das, was die Kultivierung unserer sexuellen Anlage zur wohl mächtigsten Veränderung macht, die wir entwickeln können, ist auch das, was den Tod des Anderen schlimmer macht als den eigenen: Ich erlebe nicht nur die Angst davor, sondern ich erlebe diesen Tod am lebendigen Leib. Alles, was uns begehren ließ, ist unverändert vorhanden und kraftvoll. Nur ich weiß, dass mich diese Empfindungen nicht mehr in Freiheit setzen können. Der Körper hat nicht vergessen, dass sich meine Angst vor dem Wahnsinn und dem Verlust durch die Nähe des Anderen beruhigten. Doch der gute Rat des Körpers, gerade jetzt den Anderen aufzusuchen, also die Flut von Hormonen, mit denen mein Körper versucht, diese Stresssituation aufzulösen, vergrößern nur noch alle Ängste. «Die dummen Organe erzählen von Unruhe und Begierde, ohne eine Ahnung zu haben, dass das Verlangen nach einem Lebenden ein ganz anderes ist als das nach einem Toten.» Wie Verliebte zu sterben glauben, wenn sie ihrer Sehnsucht nicht folgen, so hat auch derjenige Todesängste, der weiß, dass der Andere nicht mehr da ist. Der Gedanke kann noch so klar ins Bewusstsein dringen, meine Körperlichkeit hält umso stärker dagegen. Wenn die Orientierungslosigkeit zu groß wird, zwingt auch noch die Erinnerung Bilder verlockender Lebendigkeit auf, während wir doch längst wissen, dass es nicht mal mehr eine Erzählung gibt, mit der wir sie uns erträglich machen könnten. So zerreißt unvermeidlich das Selbst, das wir mit dem Anderen fanden, weil unser Geist schneller als der Körper lernt, der nur Gewohnheit kennt und darum vor allem für eines keinen Sinn hat: für die absolute Gewissheit.

Das unterscheidet den Tod des Anderen von jedem sonstigen Verlust. Der Tod ist das Ende aller Erzählungen, für die Vergangenheit ebenso notwendig ist wie die Zukunft, denn Erzählen ist das Denken im Rückgriff auf das Erlebte für das zu Erlebende, das es hier aber nicht mehr geben wird. Während Martin Heidegger aus dem gedanklichen Vorlaufen in den Tod den abstrakten Gedanken der Endlichkeit gewinnen und so eine Perspektive etablieren konnte, die ihm zu einer kritischen Einschätzung der Alltäglichkeit verhalf, schließt der Tod des Anderen endgültig den Raum, der uns befreit hat. Es gibt kein Ritual, keine Sinnstiftung der Menschen, die dann noch erträglich wäre. Man kann es nicht überstehen, sondern sich allenfalls daran gewöhnen, dass das Einzige, was von diesem Teil der Welt übrig bleiben kann, das ist, was davon in mir ist, ohne dass es in vergleichbarer Weise stärkend wäre, weil mein Innerstes erneut tun kann, was es will, ohne dass ihm jemand für mich widerspricht.

Auch wenn ich das Glück habe, mehrere Menschen zu kennen, mit denen bewusste Sexkultur lebbar ist, ja, sogar wenn ich sie zur gleichen Zeit leben darf, hilft es nicht gegen das vom Körper verursachte Brennen. Ich kann nicht einfach in einen anderen Raum flüchten, weil jeder dieser Räume einzigartig ist. Wer gelernt hat, Situationen als körperliche Zustände wahrzunehmen und das Besondere als Besonderes zu schätzen, kann das zentrale Nervensystem nicht mehr austricksen. Dieser Verlust ist unersetzlich. Auch jeder Tod ist einzigartig.

Es war die Offenheit, das unverstellte Zuwenden zum Anderen, das es ermöglichte, anders wahrzunehmen. Aber auch wenn ich noch weiß, was möglich war, überfordert mich die Erinnerung, obwohl Erinnern doch das Einzige ist, was ich überhaupt tun könnte. Aber insbesondere das mächtigste unserer Werkzeuge ist hier das ganz falsche. Denken hieße, das Erlebte auf das zu reduzieren, was sich im Erleben so eindrücklich relativiert hatte. Wer das Einzigartige denkbar macht, zwingt es zurück in Sinnzusammenhänge, weil sich aus der erlebten Einheit heraus nicht allgemein sprechen lässt, ohne die Einheit wieder aufzulösen. Die überwältigende Kraft des Erlebens in verdauliche Happen für die Allgemeinheit zu schneiden macht die Kraft unkenntlich, weil das nicht geht, ohne genau die Frage wieder zu stellen, von der man weiß, was sie aus dem eindeutigen Selbst machen wird, das man dem Miteinander verdankt. Erzählen besteht immer auch darin, Erfahrung vieldeutig zu machen, weil sich jeder auf seine eigene Weise darin spiegeln wird. Damit vermehrt sich nur das Wissen um das, was man verloren hat.

Die Warnung, sich nicht zu sehr auf die lustvollen Gedanken und erst recht nicht in die bewusste Entwicklung seines Begehrungsvermögens einzulassen, war immer berechtigt. Die Versicherung, dass alles gut wird, sobald man nur seine Ergänzung gefunden hat, war immer ein falsches Versprechen. Kein Wunder, dass Menschen es für besser halten, einander weiter zu erzählen, dass die große Literatur nur aus Geschichten besteht, in denen wir niemals finden, was wir begehren. «Der Tod von Jenny ist mir unverwindbar», schrieb 1963 Kurt Blumenfeld an seine Freundin Hannah Arendt. «Ich komme immer mehr zu der Ansicht, daß Witwerverbrennung das einzig Richtige ist für Menschen in meiner Situation.» Der Tod des Anderen nimmt noch dem eigenen seinen Schrecken.

VOM REST DER WELT

Der untergehende Mond, rot wie Gold,
legte eine glänzende Bahn den Strom hinauf,
und auf dieser kam das Schiff langsam
überquer gefahren. Als es sich der Stadt näherte,
glitten im Froste des Herbstmorgens zwei
bleiche Gestalten, die sich fest umwanden, von der
dunklen Masse herunter in die kalten Fluten.

Gottfried Keller, Romeo und Julia auf dem Dorfe

(1855)

Gegen die beschämende Erkenntnis, allein nie mehr
genug zu sein, kann nur die Achtung vor dem treten, was sich in dem einzigartigen Miteinander in
die eigene Körperlichkeit geschrieben hat. Zum Bewusstsein, etwas verloren zu haben, gehört auch das Eingeständnis, dass ich mir des Verlustes doch gar nicht so schmerzhaft
bewusst werden könnte, wenn ich nicht so genau von dem
wüsste, was einem Menschen fehlen kann – wie der Blick, der
nur Wohlwollen, Nachsicht und Begehren ist. Der Versuch,
so viel wie möglich von der Kraft zu bewahren, die sich entfaltet, wenn man so gesehen wird, ist Dankbarkeit, die aber
nur zeigen kann, wer lebt und von der leidenschaftlichen
Liebe singen darf. Auch wenn es zurück zur alten Schwierigkeit führt: Wie erzählt man davon in einer Welt, die eine
andere Sprache spricht?

Der Versuch, körperliches Lernen allgemeinverständlich
zu vermitteln, indem man alle zum Nachempfinden auf-
fordert, gelingt nur als Lehre der Disziplin zuverlässig, die

aber das gerade Gegenteil einer positiven Kultivierung ist. Statt eine Ahnung von Freiheit zu wecken, käme man nur wieder mit Regeln und Kategorien daher, die sich für den bewussten Umgang mit Sex noch nie als besonders hilfreich erwiesen haben. Es ist vermutlich unmöglich, zur Nachahmung des Einzigartigen zu ermuntern, ohne nur wieder einen schädlichen Kult zu stiften. Aber es ist vor allem ein Problem: Die gemeinsame Entwicklung des Erlebens unterscheidet sich wesentlich von dem Alltäglichen. Auch wenn das bewusste sexuelle Miteinander keinen äußeren Druck braucht, um zu entstehen und Bestand zu haben, so ist es doch allgemeinen Belangen überhaupt nicht dienlich und darum auch gar nicht erwünscht, und das zurecht. Selbst die gedankliche Zuwendung beruht auf einem Umgang mit der Zeit, also auch einer Rhythmik, die auf eine außerordentliche Weise ermöglicht, die Wechselwirkung von Vorstellungskraft und Einbildungsvermögen bewusst zu erfahren und weiterzuentwickeln. Doch auch wenn das eine unvergleichlich intensivere Wahrnehmung erlaubt, taugt dieses besondere Zeitmaß einfach nicht zur Orientierung in der Welt und hat schon allein darum immer das Misstrauen der Gesellschaft geweckt. Der Rückzug in die Zweisamkeit ist ein Rückzug in zumindest zweifacher Weise. Warum also sollte man jetzt hören wollen, wovor seit je vor allem gewarnt worden ist? Und warum sollte jemand ausgerechnet das Verlangen haben, dennoch davon zu erzählen, obwohl es einen so viel mehr drängt, über all die Hindernisse zu schimpfen, die alles so schwer gemacht haben? Niemand kann frei erzählen, wenn er sich schon dafür rechtfertigen müsste. Man wird auch nicht groß hoffen können, dass irgendwen eine doch so einfache Geschichte interessiert. Wer das Risiko gewagt hat, trotz allem zu begehren, ist selten gut auf eine Gesellschaft zu sprechen, die sich schon mit dem Wort «Sex» schwertut.

Aber selbstverständlich sind Menschen, die sich nicht einmal um allgemeine Sprachregeln, geschweige denn um Tabus scheren, für die Allgemeinheit auch einfach nur eine Zumutung. Wer über Sex so selbstverständlich sprechen kann wie andere nur über die Nachrichten oder das Wetter, weiß genau, dass er provoziert, vor allem aber überfordert. In einer Kultur, die schon das Spiel von Fast-Verbergen und Beinahe-Enthüllen zum Erröten erregend findet, ist man vielleicht durchaus ein paar nackte Tatsachen gewohnt, aber man möchte doch keinesfalls daran erinnert werden. Wenn sich einmal einer findet, der all die aufgestauten Fragen geduldig zu beantworten versucht, dann sprudelt mancher zwar unversehens wie ein Wasserfall, weil sich schon die Neugierde nicht mehr beherrschen lässt. Aber Gespräche wie diese bleiben Bildungsreisen, von denen man lieber nichts erzählt und schon gar keine Souvenirs herumzeigt. So mancher, der eine Vorliebe dafür hat, seine Abendgäste mit exotischen Erscheinungen zu amüsieren, und sich für die eigene «Toleranz» bewundert, erinnert sich schnell an seine Grenzen, wenn der exotische Gast dann mit drei Frauen vor der Tür steht und jede davon als seine langjährige Geliebte vorstellt. Besonders eine Gesellschaft, die sich nicht entscheiden kann, ob sie mit der Verlegenheit der Menschen lieber Schabernack treiben oder Geld verdienen will, kann ausgesprochen unfreundlich reagieren, wenn jemand nur schwer in Verlegenheit zu bringen ist und das allgemeine Gekicher auch noch sichtlich ermüdend findet. Nicht zuletzt fühlt sich auch gehobene Sexkultur wie Arroganz an, wenn der Kultivierte zwar wirklich einer ist, aber doch nur damit renommieren will, als Einziger zu wissen, welches Stück gespielt wird, wie man das Besteck hält und woher der offensichtlich teure Wein kommt.

Insbesondere zwei Menschen, die einander wesentlich zugewandt sind, vermitteln eine Geschlossenheit, bei der sich jeder wie ein Ausgesperrter vorkommen muss. Die Erfahrung, hier weder gebraucht zu werden noch etwas ausrichten zu können, ist für die Mehrheit so ungewohnt, dass eine souveräne Haltung nahezu unmöglich erscheint. Man fürchtet schon das schlechte Beispiel für die Kinder. Ein Paar, das sich selbst genug ist, bringt nicht nur die Macht, sondern mit der Ordnung auch den Sinn ins Wanken, und vermutlich ist es gar nicht nur Bosheit, sondern vor allem das hilflose Bedürfnis nach Kohärenz, das Menschen so ungeahnt kreativ im Erfinden noch der absurdesten «Erklärungen» macht, warum die beiden sicher überhaupt nicht zusammenpassen, weil alles ja nur ganz anders sein kann, als es aussieht. Auch in den revolutionärsten Kommunen war die unstörbare leidenschaftliche Liebe zwischen zwei Menschen tabu. Nichts ist politischer als etwas so öffentlich Privates.

So notwendig und ehrenwert es war, für ein Recht auf sexuelle Selbstbestimmung zu kämpfen, so trauten die Befreier offenbar der Kraft des natürlichen Sexualtriebs doch nicht zu, den Menschen auf den rechten Weg zurückzuführen. Das Missverständnis lag vermutlich schon in der Überzeugung, dass der Widerstand, den es zu überwinden galt, die romantische Liebe war, genauer gesagt jene bürgerliche Dekadenz mit ihrer Spießbürger-Moral, die mit all ihren Ritualen und großen Versprechen doch nur davon ablenken will, worum es wirklich geht. Interessant ist dabei vor allem die Übereinstimmung in einer sexuellen Praxis, die über die negative Sexkultur nicht hinauskommt. Die repressive bürgerliche Gesellschaft, die darauf beharrte, dass nur konsequente Triebkontrolle gesund und anständig sei, als auch Vertreter der «freien Liebe», die ein tabufreies Ausleben der sexuellen Wünsche propagierten, teilten nicht nur die Überzeugung, dass es ohne strikte Sexualregeln nicht gehe, sondern auch ein seltsam sexualisiertes Interesse an der Tradition, mit der keiner von ihnen ganz brechen wollte. Die erotische Literatur und Kunst im christlichen Europa besteht auffällig konsistent nicht nur in der Entblößung der Tugend, also dem ewig wiederholten Nachweis, dass es mit der Tugend eben doch nicht so weit her sei, wenn man ihr nur die rechte Gelegenheit bietet. Es geht außerdem um Schändung. Es reicht nicht, den Unsinn der Verbote vorzuführen, indem man die Unschuld auf schönste Weise zu Besserem verführt. Der viel größere Reiz besteht offenbar darin, die Tabus auch noch bewusst zu verletzen. Wer die freie Sexualität ausruft, aber dann den Sex mit wechselnden Partnern verbindlich zu machen versucht, kippt auf die gleiche Weise von der Entdeckung einer Freiheit in die Lust an der Gewalt, die neuen Regeln gegen individuelle Wünsche durchsetzen zu können. Wer ein Verbot erotisch finden kann, sabotiert nicht nur seine eigene Kraftquelle, aus der sich tatsächlich Freiheit wagen ließe, sondern wird auch eine neue Regel, ein neues Ideal immer unter dem Gesichtspunkt betrachten, ob es ein erregendes Gegenan und die Sündenlust erlaubt. Das erklärt nicht nur, woran so viele Experimente sexueller Gemeinschaft gescheitert sind, sondern auch, warum schon die Erzählung von Menschen, die ihre Lust tatsächlich leben können, nicht wahr sein darf. Romeo und Julia brauchen kein Umfeld, das gegen ihre Verbindung ist, um sich weiter aneinander zu erfreuen, aber das Umfeld ersehnt die Verbindung, weil ihr Scheitern erfreut, zumindest aber den Nachweis liefert, dass es eben doch wieder nur eine schwache Verbindung wie jede sonst bekannte war.

Es gibt offenbar eine verhängnisvolle Lust am Bildersturm, eine heimliche Erregung aus der Skepsis als Sinnstiftung gegen den Augenschein, die jeder Aufklärung unter dem offenen Mantel einer besseren Aufklärung entgegensteht und die es so schwer macht, mehr zu erzählen als Geschichten von Elend, Verfolgung, Unterdrückung und Gewalt, denn mit den schlimmen Geschichten kennen wir uns einfach besser aus. Schon die pelztragende Venus seufzte 1870 im Traum Leopold von Sacher-Masochs über diese «Kinder der Reflexion»: «Sobald Ihr natürlich sein wollt, werdet Ihr gemein.»

Aber auch wer Sex zur Quelle des Überirdischen erklärt und gleich noch die Kunst aus dem Natürlichen oder doch dem Wahn erwartet und nichts außer dem Ideal der *Ars erotica* als Liebesverrücktheit gelten lassen will, ist kein freundlicher Zuhörer. Diese eine, diese einzige wahre Sexualität, mit der sich die Welt verbrennen und eine neue zeugen ließe und die man nur anbeten darf, entwertet vor allem jede andere. Vielleicht sucht man sie besser in den Autobiographien der religiösen Liebeskünstler?

Und dann gibt es sie machmal doch, die Geschichten, bei denen es plötzlich still wird. Wenn jemand es einfach wagt, von einer Zugeneigtheit zu erzählen, die wir uns nur im Himmel geschlossen denken können und die dennoch unerbittlich ein Ende findet, weil es nun einmal die Körper sind, aus denen sie erwuchs, und die sie zusammenhielt wie beide einander. So unverschämt lebendig, so innig und solange es ging. Dann wollen wir hören, dass sogar die Götter ein Einsehen haben so wie Zeus, der Philemon und Baucis erlaubte, gemeinsam uralt zu werden, um sie schließlich in eine Eiche und Linde zu verwandeln, damit sie sich auf Phrygiens Höhen von der kleinen Mauer unserer Sehnsucht umgeben in alle Ewigkeit weiter ineinander schlingen können.

Dass es nie gut ausgehen kann, wissen die Anderen, und sie haben recht. Wer einmal das Glück hatte, Menschen zu begegnen, mit denen man auch noch bis in den Himmel wachsen könnte, weiß besser, dass es darauf noch nie angekommen ist.

LIEBESLEBEN

Ich bin. In tausend Qualen – ich bin! Und auf die
Folter gespannt – aber ich bin! Und wenn
ich im Turm sitze, ich existiere doch, ich sehe die Sonne,
und wenn ich die Sonne auch nicht sähe,
so weiß ich doch, dass sie da ist. Und das Wissen,
dass die Sonne ist …

Fjodor Dostojewskij, Die Brüder
Karamasow (1880)

J eder Mensch ist seine Sexkultur. Wir sind der konkrete
Umgang mit unserer Uneindeutigkeit, auch wenn wir
von außen betrachtet noch so eindeutig erscheinen. Wir
sind unsere Geschichte, herauszufinden, was wir sind. Darum ist die bewusste Entwicklung unserer Körperlichkeit
nicht irgendeine Kultur, die man sich vielleicht einmal leisten könnte oder eben lieber nicht. Wenn uns dennoch die gelegentliche Ergänzung unserer Künste und Wissenschaften
um das, was uns zu erregen vermag, also Sexualkultur, viel
leichter fällt, dann ist auch das vor allem ein Hinweis auf die
Unterbestimmung von Sex, in der wir so viel Übung haben.

Sex ist nicht ein Beiwerk zur Kultur. Sex ist auch nicht
ihre existenzielle Bedingtheit. Mein Sex ist das, was ich bin.
Meine Art, ihn zu erfahren und zu denken, ist mein Ringen
darum, das zusammenzuhalten, das mir so unvereinbar erscheinen kann. Denn ich bin weder ein Körper, der gegen

einen hybriden Geist sein natürliches Recht einfordert, noch ein geklärtes Denken, das einen Körper nur noch aus einer überwundenen Stufe der Evolution mitschleppt. Der Körper ist nicht mein Hindernis. Der menschliche Körper ist vernunftfähig. Nur darum können wir bewusst denken, und nur darum sind wir überhaupt für Gedanken empfänglich. Ja, nur darum können wir uns für das Denken und die Welt begeistern und auch dort lernen, wo wir es nicht unbedingt müssen. Noch das ausschweifendste sexuelle Erleben ist niemals ganz unvernünftig, weil Bewusstsein und Denken in allem nicht nur theoretisch wirksam, sondern lebendig sind. Zu beobachten, dass es so ist, und zu lernen, wie es tatsächlich geschieht, ist immer auch die Ausdifferenzierung meiner Persönlichkeit in der Kultivierung einer allen Menschen gegebenen Grundlage. Niemand kann diese Verfasstheit überwinden, sondern nur herausfinden, wie sie sich in der eigenen Körperlichkeit mit der Zeit konkretisiert und welche Möglichkeiten des Erlebens sich dadurch ergeben.

Kultur ist gerade nicht mit der Sublimierung von libidinöser Energie identisch, die nicht einmal ihre wesentliche Bedingung ist. Wer glaubt, dass sich unsere diversen Interessen gegen das ausspielen ließen, was wir sind, verwechselt die Vielfalt möglicher Kulturen mit der Bedingung ihrer Möglichkeit.

Dass Philosophie sich mit Sex so schwertut, hat damit zu tun, dass der systematische Ort von dem, was uns Systematisches erst notwendig erscheinen lässt, nicht so einfach bestimmt werden kann. Das, was ausmacht, was wir sind, ließe sich nicht einmal mit Gewalt an einem Ort halten, so wie sich auch unser Pulsschlag nicht davon überzeugen lässt, dass wir gern mal etwas ohne ihn unternehmen würden. Wenn sich die Sexualwissenschaft so schwertut, Sexsucht als eindeutiges Krankheitsbild zu bestimmen, dann liegt es vermutlich einfach daran, dass Sex überhaupt der Grund dafür ist, dass wir Süchte entwickeln können?

So verständlich der Wunsch ist, besonders das zu ordnen, was in uns überhaupt erst den Wunsch zu ordnen aufkommen lässt, und möglichst schnell eine unmissverständliche Terminologie zu finden, so aussichtslos bleibt dieses Bemühen. Es ist vor allem gefährlich. Jedenfalls dann, wenn man den Drang zu ordnen nicht ebenfalls aus dem begreift, wohin er drängt: zur Befriedigung. Die Lust an der Diversität ist uns nicht natürlich. Wir müssen die Neugierde auf Vielfalt immer erst kultivieren, weil wir erst lernen müssen, wie man sich einmal nicht schnellstmöglich orientiert, sondern langsam fühlt und denkt.

Wer hier verstehen will, muss Erleben bewusst zulassen. Auch das Erleben der Anderen. Das aber wird nur möglich, wenn wir lernen, Sex nicht mit Angst zu begegnen, sondern mit Ehrfurcht. Sex als mein Wesen zu achten, auch wenn es zu den schlimmsten Befürchtungen Anlass gibt, bedeutet vor allem, den Raum dafür zu schaffen, in dem sich auch jeder traut, mit dem Erzählen von seiner Lust zunächst einmal zu scheitern. Denn was uns fehlt, ist schon die Sprache, weil niemand für einen Anderen entwickeln kann, was seinem konkreten Erleben Ausdruck verleiht. Die eine oder andere Reparatur am Vokabular kann schon darum nicht helfen, weil es im Wesen der Begriffe liegt, sogleich wieder normierend zu wirken und den einzuschüchtern, der sich darzustellen versucht.

Was so einfach ist, wenn ich mich jemandem körperlich erzählen kann, wird zur Mutprobe, die man aus gutem Grund nur selten wagt, wenn man dabei nur noch auf das eigene Denken hoffen darf. Doch es ließe sich wenigstens leichter einrichten. Es braucht den Raum, der mehr Menschen ermuntert, von Begehren und Lust zu erzählen, weil nicht noch die Angst herrscht, dabei «falsche» Wörter zu verwenden, wo man doch eh schon froh ist, wenn es wenigstens zum Stottern reicht. Es braucht eine Umgebung, in der alle wissen, dass schon ihr Wunsch zu verstehen die Gefahr birgt, einfach nur zu schnell zu ordnen oder gar helfen zu wollen, und damit doch nur jeden zum Schweigen zu bringen, dem die Angst vor der Diversität in sich schon mehr als genug zu schaffen macht.

Diversität ist weder in der Sprache noch im Erleben ein Zerfasern. Sie ist auch keine taktische Idee, uns unsere schöne Kultur gar wieder wegzunehmen, die nämlich mehr als Ordnungswahn sein sollte. Vielfalt ist genau die Wirklichkeit, die wir erst einmal zur Kenntnis zu nehmen haben, bevor das Verlangen nach der schnellen Orientierung und dem möglichst einfachen Sinn uns die Freiheit aus allen Sinnen nimmt. Das ist es, was sich in der sexuellen Begegnung auf so eindrückliche Weise lernen lässt: das lustvolle Entdecken des je Besonderen als Befreiung unserer Wahrnehmung von der eigenen Erwartung.

Wer wirklich mutig erzählen soll, was er ist, muss auf Wörter verzichten dürfen, die sich nur nach erneutem Verstummen anfühlen, sobald er sie probiert. Denn ich bin meine Beziehung zur sexuellen Erregung und nehme nicht nur Stellung zu einem theoretischen Problem. Wer Liebeserfahrungen kennenlernen will, muss erst einmal den Menschen für möglich halten, den er so gern zum Sprechen ermutigen möchte. Und keine Erfahrung wird allein dadurch unrealistisch, dass die meisten sie nicht kennen oder wollen. Schon gar nicht verschwindet sie aus der Welt, nur weil wir überzeugt sind, dass das alte oder neue Wortkorsett, das uns so unvergleichlich angenehm zusammenhält, etwas anderes als eine Maßanfertigung wäre. Bewusste Sexkultur bedeutet schließlich doch auch, das schönste Schnürwerk nur zu tragen, solange es mir Lust bereitet, und nicht, weil mir meine eigene Nacktheit unerträglich scheint.

Ehrfurcht vor Sex ist etwas anderes als Toleranz vor anderen Liebensweisen oder das nachsichtige Lächeln über fremde Rituale, die wie unsere eigenen nicht immer klug und freundlich sind. Es ist die Anerkennung des Grundes, der uns alle beunruhigt und der besonders dann durchscheint, wenn jemand einmal direkt damit umzugehen versuchte. Den Zeugnissen dieses Mutes lässt sich nur begegnen, wenn man sich nicht hinter der Lupe des Inspizienten versteckt, der minuziös Materialfragen klärt und nebenbei noch die vermutliche Erregung der Anderen kartographiert, sondern die Aufforderung annimmt und die eigene Erregung zu ergründen versucht.

Jeder, der von seiner Lust spricht, hofft darauf, dass noch das Sprechen über Einzigartiges einen Resonanzraum findet, in dem es klingt, auch wenn sich jeder Versuch eines Hohelieds der leidenschaftlichen Liebe manchmal so anfühlt wie der Abschiedsbrief an eine Welt, die nicht liebt.

WILLI WINKLER
VON DER SCHAULUST

D er große Kunsthistoriker John Ruskin, so geht die Sage, verlor jegliches Interesse an seiner jungen Frau, als sie sich in der Hochzeitsnacht entkleidete und Proportionen und vor allem Haare zeigte, die er von seinen geliebten Marmorstatuen nicht kannte. Dem Mann war auf Erden nicht zu helfen, es hatte ihn die Kunst fürs Leben verdorben. Idealist, der er war – wo sollte er denn hin?

Die Griechen, erst recht die sie industriell kopierenden Römer, folgten einem Ideal der Kalokagathia, dem nicht ohne Weiteres zu widersprechen ist: dass sich die inneren Werte durch äußere Schönheit ausdrückten. Die Kunst war dafür da, die Schönheit festzuhalten, und der Idealist Ruskin glaubte an die Kunst.

Praxiteles schuf die erste nackte Frau der neueren Kunstgeschichte, die Aphrodite von Knidos, und er formte sie, heißt es, nach einer realen Vorlage, nach dem Bild und Gleichnis der Phryne. Keine war schöner, deshalb konnte man sich die Aphrodite nur als Phryne vorstellen. So ebenmäßig war das Abbild, dass sich jede Scham von selbst verbat; nackt musste sie deshalb sein. Die Griechen feierten Nacktheit als Kunst in höchster Vollendung. Phryne-Aphrodite ist vollkommen oder, wie wir Griechen sagen: göttlich.

Über Phryne sind verschiedene Geschichten im Umlauf, und sie alle haben mit ihrem Körper, also mit Kunst zu tun. Im 4. Jahrhundert vor Christus scheint sie tatsächlich gelebt zu haben. Plutarch erwähnt sie, und dass sie mit ihrem schönen Körper unglaublich viel Geld verdient habe, so viel

sogar, dass sie sich erlauben konnte, züchtig bekleidet auf-
zutreten und die Stadt Theben mit dem Angebot zu beschä-
men, die von Alexander zerstörten Mauern mit ihrem Vermögen wieder aufzubauen. Das scheiterte nur daran, dass
die Wohltäterin als Finanzierungsquelle dieses Bauwerks
genannt werden wollte, was den braven Bürgern von Theben
dann doch zu weit ging. Dass Schönheit sich auch noch aus-
zahlen sollte, war zu viel des Guten. Denn Kunst, reine Kunst,
dies Märchen glauben wir doch unbesehen, scheint selig in
sich selbst.

Jean-Léon Gérôme bestätigt das Märchen und widerlegt
es zugleich. Der französische Maler hat die bekannteste Geschichte der Hetäre überliefert, ihren Auftritt vor dem Areopag. Phryne war, möglicherweise wegen Gotteslästerung,
vielleicht auch wirklich wegen einer Schamverletzung, aber
vermutlich wegen eines simplen Wirtschaftsvergehens an-
geklagt. Ihr Anwalt Hypereides soll sein Plädoyer mit einem
unschlagbaren Argument abgekürzt haben, mit Phrynes
Schönheit. Wer so schön war, konnte nichts Schlechtes tun.
Indem Hypereides seine Mandantin plötzlich entkleidete,
konnte er die Ratsherren auf die schiere Göttlichkeit ver-
weisen, gegen die Widerspruch zwecklos war.

Eine Frau zu entblößen, sie nackt zu zeigen, ist keine
Kunst und doch seit einem halben Jahrtausend eine ihre
Hauptaufgaben. Bis etwa 1500 war in der christlich ge-
stimmten Malerei das Äußerste der Gefühle eine laktierende
Madonna, die aber als eiserne Jungfrau für Männergelüste
ohnehin nicht zur Verfügung stand. (Eine bemerkenswerte
Ausnahme gelingt Matthew Gregory Lewis in seinem Roman
«The Monk» von 1796.) Mit Verweis auf die Antike wurde es in
der Renaissance möglich, den nackten Körper zur Schau zu
stellen, und notfalls musste die moralische Erzählung den

Vorwand liefern. Die unendlich vielen Tafeln mit Heiligenbildern wurden durch unendlich viele Venusse, Lukretien, Susannen und die Töchter von Lot ergänzt. Die Bilder boten endlich unbefleckte Schaulust.

Nach den bukolischen Szenen, in denen Barock und Rokoko schwelgen, sind es vor allem die Akademiemaler des 19. Jahrhunderts, die ihr Personal frohgemut ausziehen. Die Freude an exotischen Sujets bietet einen schönen Vorwand, die nackte Sklavin aus dem Orient in die europäischen Salons einzuführen. Niemand geht weiter als Courbet mit seinem «Ursprung der Welt», aber das war ein Auftragswerk für einen Sammler und nie für fremde Augen gedacht.

Sein Zeitgenosse Gérôme hat in klassischer Manier eine Reihe an antikischen Motiven aufgegriffen, doch bei «Phryne vor den Richtern» (1861) leistet er sich sehr viel mehr. Er bietet alles, was die Schaulust begehrt, und kritisiert sie gleichzeitig mit fast pädagogischer Strenge. Niemand wird sich hier über einen Mangel an entblößter Frau beklagen können, doch bei ihrer Betrachtung muss sich der Betrachter beobachtet und für seine Neugier getadelt fühlen. Phryne steht nackt da, aber auch vollkommen, marmorweiß und der schamlosen Anschauung preisgegeben, und dieser Anblick erschreckt die ausschließlich männliche Versammlung. Die Gruppe ist, in wiederum klassischer Weise, wie vom Donner gerührt, es ist aber die Schönheit und vor allem die Unerreichbarkeit der Schönheit, die sie ergreift. Die Männer, alle in die Amtstoga gewickelt, alle mit einem Stirnband verziert, reißen vor Schreck die Arme hoch, wehren den Anblick mit den Händen ab und können doch nicht anders, als gebannt auf das zu starren, was sich ihnen unverhofft darbietet.

Jeder für sich ist ein John Ruskin, aber hier übermannt nicht von der Normalität einer Frau, sondern vom Anblick überirdischer, göttlicher, vollkommener Schönheit. Hier sind sie die Irdischen, die Hässlichen, die Normalen. Platen könnte ihnen ein finsteres Schicksal zugedacht haben: «Wer die Schönheit angeschaut mit Augen, / ist dem Tode schon anheimgegeben.»

Wie sehr diese Schönheit außerhalb von dieser Welt ist, beweist eine Fotografie, die Gérôme im Kreise seiner Schüler zeigt. Anders als die Männer auf seinem Gemälde sind die Herren alle warm angezogen, doch in ihrer Mitte steht ein Modell, ein nacktes junges Mädchen, das in diesem Moment, den der Fotograf für alle Zeiten festhält, selbst die sie umgebenden jungen Männer zu Lustgreisen werden lässt, ungewollt eine moralische Erzählung.

Vom Dach seines Palastes aus erblickte König David Bathseba, die Frau seines Feldherrn, und verliebte sich auf der Stelle. Gérôme hat dieses Motiv natürlich auch gemalt, aber ihm ist dazu weit weniger eingefallen als beispielsweise Hans Memling vierhundert Jahre zuvor. Bei dessen «Bathseba im Bade» (1485) darf ebenfalls geglotzt werden, aber auf ganz unerwartete Weise. Memling entzieht seine Bathseba dem Blick Davids. Der König bekommt die Frau, die er so rücksichtslos begehrt, dass er ihren Ehemann im Krieg umkommen lässt, überhaupt nicht zu sehen. Die Magd schützt nämlich ihre Herrin mit einem Tuch und liefert sie gleichzeitig dem Betrachter des Bildes aus.

Gérômes «Phryne vor den Richtern» hat nichts mit der in diesem Genre üblichen Schaustellung einer Frau zu tun. Sein Thema ist gar nicht die makellose Nackte, sondern die Schaulust der Männer. Sie glotzen, stieren und staunen alle, und sie sind sprachlos. Vor diesem Bild - und ein Bild von einer Frau ist die Phryne doch - versagen die Worte. Eine Blickumkehr findet statt: Nicht Phryne steht im Mittelpunkt und ist zur Betrachtung und Benutzung freigegeben, sondern es geht um jene, die sie betrachten, also um den gewöhnlichen Voyeurismus.

Scheinbar wie ein Kind, das glaubt, nicht gesehen zu werden, wenn es sich die Hand vor die Augen hält, hat Phryne den Arm hochgenommen und verbirgt die Augen in der Beuge. Das ist aber keine Scham, sondern Notwehr. Der Anblick, den sie sich ersparen will und dem der Bildbetrachter nur umso stärker ausgeliefert wird, ist einfach furchtbar: Lauter Männer, nicht unbedingt lüstern, aber fast alle alt, zum Teil auch noch, zu Vergleichszwecken, brustfrei. Anders als Phryne sind die Männer vollkommen reizlos, in jeder Hinsicht das Gegenteil der schönen Frau, nichts Klassisches, Ebenmäßiges, nichts, was da lockte. Diese Männer staunen mit offenem Mund und wissen nicht, was anfangen mit dieser Schönheit. Nicht die nackte Frau ist wehrlos, sie sind es und einfach lächerlich, wie sie, in ihr amtliches Rot gewandet, so ernsthaft dasitzen; der älteste zeigt auch noch wenig schöne Männertitten.

Die Männerversammlung nimmt zwei Drittel des Bildes ein, ein angedeutetes Halbrund, die Herren zum Teil bebartet und damit tatsächlich nicht dem vorchristlichen Athen, sondern dem zeitgenössischen 19. Jahrhundert entstammend, dem naturwissenschaftlichen Zeitalter. Die Anordnung erinnert an einen Hörsaal, nur dass auf der Lehrbühne nichts zu erfahren und keine Erkenntnis über das Offensichtliche hinaus zu gewinnen ist. Es könnte sich auch um die Karikatur einer kunstrichterlichen Gesellschaft handeln, die über die Qualität eines Gemäldes oder einer Plastik zu entscheiden hat und kläglich daran scheitert.

Zu sehen ist aber zunächst einmal ein Gericht. Der Areopag ist der Ort der Ratsversammlung, der staatspolitischen

Entscheidungen, vielleicht auch der Diskussion, in jedem Fall der Ort der Männer, die hier aber nicht über die politischen Geschicke der Stadt entscheiden, sondern unvermutet ihrer Machtlosigkeit innewerden. Phryne führt sie vor als impotent. Was schließlich vermöchten sie gegen das schlagende Argument des Anwalts? So viel Schönheit ist zum Fürchten.

Ort der Handlung ist Athen, was durch die Figurine der Stadtheiligen Athene angezeigt wird, die genau in der Mitte platziert ist. Anders als Phryne ist Athene nicht nackt und anders als die Männer auch nicht wehrlos. Bewaffnet, vollverpanzert sogar steht sie da, unangreifbar, wie eine Schildwache zwischen Phryne und den Männern, eine jungfräuliche Göttin verteidigt die stadtbekannte Hetäre. Das allerdings auch umgekehrt: Die wehrhafte Athene schützt die Männer vor Phryne, denn muss nicht das Leben weitergehen, die Geschäfte, die Politik, das Leben des Geistes? Athene ist die Göttin der Weisheit und im Zweifel auf der Seite der ebenfalls überwiegend asexuellen Männer. Nicht zu sehen auf dem Gemälde ist der Schild, mit dem sie sonst ausstaffiert ist. Darauf fände sich das Gorgonenhaupt mit den schlangenringelnden Haaren, das Männer wie Frauen bei ihrem Anblick versteinern lässt, die Steigerungsform des Liebesrasens, das die Männer der Ratsversammlung zu befallen droht.

Als Warnung ist dieses zweite Bild jedoch gegenwärtig. Das Medusenhaupt droht jedem Betrachter mit Strafe, denn Kunst muss Kunst bleiben, sie darf nicht ins Leben geraten. Wenn sich der Bildhauer Pygmalion in die von ihm geschaffene Statue verliebt (Gérôme hat die Geschichte selbstverständlich auch gemalt), versteht er sein Handwerk gleichzeitig zu gut und doch zu wenig davon. Zwar lautet sein

Auftrag, aus Marmor eine vollendete Gestalt zu erschaffen, aber er muss sie am Ende doch verkaufen, also fortgeben. Diesen Jammer hat schon Jean Cocteau damit beschrieben, dass jeder Besucher einer Prostituierten die Illusion hege, er sei der erste, der sein Haupt neben dem ihren aufs Kissen bettet. Das wäre ein zwar schönes, aber es ist doch auch ein schreckliches Missverständnis, wie sich bereits am Schicksal Pygmalions erwiesen hat.

Als Künstler hätte Pygmalion wissen müssen, dass Kunst nicht das Leben ist und auch für ihn nur ein Broterwerb. Dennoch musste er sich unbedingt in sein vollkommenes Kunstwerk verlieben, das ihm Aphrodite (wer auch sonst?) dann gnadenhalber tatsächlich zum Leben erweckt. Dass solche Phantasien nicht immer gut ausgehen, hat niemand sinnfälliger geschildert als Günter Grass in der «Blechtrommel». Da bespringt der Museumsaufseher eine hölzerne Niobe und tötet sich dabei mit ihrem Beil.

Weil sie selber unendlich weit entfernt sind vom Idealmaß huldigen die Männer seit je der idealen Frau. Der Anwalt, der die Phryne an ihrer Stelle auszieht, weist den rechtschaffen geilen Ratsherren das Idealbild der Weiblichkeit, schöner als jede Statue und lebendig dazu, aber trotzdem nicht für sie bestimmt. Angeschaut darf sie werden, mehr nicht. Und das genau ist das Unglück der Pornographie: die Frau zum Greifen nah und doch unerreichbar wie ein Traumgespinst.

Dennoch, und auch da hilft die Kunst, muss diese ewige Geschichte von Begehren und Entbehren nicht traurig ausgehen. Von F. K. Waechter gibt es eine Zeichnung mit der komischen Version des Phryne-Motivs, «Adele zeigt ihren Brüsten die Männer», auf der genau das zu sehen ist, die schönste Blickumkehr. So muss doch niemand sterben.

ZUM NACH- UND
WEITERLESEN

Zitierte und im Text erwähnte Bücher, Texte und Filme, ergänzt durch einige Lesehinweise.

Theodor W. Adorno, Sexualtabus und Recht heute. Vortrag gehalten am 16. Oktober 1967 an der Universität Wien auf Einladung des Verbands sozialistischer Studenten Österreichs. Tonbandaufnahme: YouTube https://youtu.be/vgdMTUBb3yE (letzter Aufruf 1. März 2020).

Theodor W. Adorno, Eingriffe. Neun kritische Modelle. Frankfurt a. M. 1963. Zitat zur sexuellen Utopie Seiten 104-105.

Günter Amendt, Sexfront. Darmstadt 1970. Zitiert nach der Ausgabe Reinbek bei Hamburg 1982. Zitate Seite 22 und 16.

Hannah Arendt, Kurt Blumenfeld, «... in keinem Besitz verwurzelt». Die Korrespondenz. Hg. von Ingeborg Nordmann und Iris Pilling. Hamburg 1995. Zitat Seite 267.

Bruce Bagemihl, Biological Exuberance. Animal Homosexuality and Natural Diversity. New York 1999.

Roy F. Baumeister, Kathleen R. Catanese, Kathleen D. Vohs, Is there a Gender Difference in Strength of Sex Drive? Theoretical Views, Conceptual Distinctions, and a Review of Relevant Evidence. In: Personality and Social Psychology 5, 2001, Seiten 242-273.

Benoît XVI, Cardinal Robert Sarah, Des profondeurs de nos cœurs. La Flèche 2020. Zitat Seite 49.

Michel Beurdeley u. a., Uta-Makura. Die Kunst der Liebe im alten Japan. Übersetzer ungenannt. München 1979.

Aron Ronald Bodenheimer, Warum? Von der Obszönität des Fragens. Stuttgart 1992. Zitat Seite 93.

Boris Cyrulnik, Rette dich, das Leben ruft! Übersetzt von Hainer Kober. Berlin 2013. Zitat Seite 86.

Boris Cyrulnik, Scham. Die vielen Facetten eines tabuisierten Gefühls. Übersetzt von Maria Buchwald und Andrea Alvermann. Munderfing 2018. Zitat Seite 28.

Dalin Liu, Zhongguo Xing Shi Tu Jian [Illustrated Hard Book of Chinese Sex History], China Times Literary Press 2003 (ISBN 7-5387-1355-7). - Reich illustrierter Katalog des Gründers des Museums für antike chinesische Sexualkultur, eröffnet 1999 in Shanghai, 2004 verlegt nach Tongli Town, Provinz Jiangsu.

Dalin Liu, Erwin J. Haeberle, Die Harmonie von Yin und Yang. 5000 Jahre Sexualkultur in China. Online-Publikation 1996, 2004. http:/www.sexarchive.info/GESUND/ARCHIV/YuY.htm (letzter Aufruf: 1. März 2020).

Jean Delumeau, Angst im Abendland. Die Geschichte kollektiver Ängste im Europa des 14. bis 18. Jahrhunderts. Übersetzt von Monika Hübner, Gabriele Konder und Martina Roters-Burck. Reinbek bei Hamburg 1985. Zehntes Kapitel: Die Agenten Satans III: Die Frau.

Fjodor Dostojewskij, Die Brüder Karamasow. Übersetzt von Swetlana Geier. Zürich 2003. Zitat Seite 942.

Umberto Eco, Wie man einen Pornofilm erkennt (1989). In: Ds., Sämtliche Glossen und Parodien. Übersetzt von Burkhart Kroeber. München, Wien 1990. Seiten 321-323.

Hans Magnus Enzensberger, Vergebliche Brandung der Ferne. In: Merkur, Heft 126, August 1958. Seiten 701-720. Zitat Seite 718.

Martha Feldman, Bonnie Gordon, The Courtesan's Art. Cross-Cultural Perspectives. Oxford 2006.

Sigmund Freud, Neue Folge der Vorlesungen zur Einführung in die Psychoanalyse. Frankfurt a. M. 1986. Zitat Seite 91.

Michel Foucault, Die Anormalen. Vorlesungen am Collège de France

(1974-1975). Übersetzt von Michaela Ott. Frankfurt a. M. 2003. Hier insb. die Vorlesung vom 12. März 1975.

Michel Foucault. Sexualität und Wahrheit I-IV. Verschiedene Übersetzer. Frankfurt a. M. 1983-2019.

Frühlingsträume. Erotische Kunst aus China. Die Sammlung Bertholet. Amsterdam 1997.

Ute Gahlings, Phänomenologie der weiblichen Leiberfahrung. Freiburg, München 2016. Zitat Seite 245.

Ali Ghandour, Liebe, Sex und Allah. Das unterdrückte erotische Erbe der Muslime. München 2019.

Heinrich Heine, Reisebilder. In: Bibliothek deutscher Klassiker, Heines Werke in fünf Bänden. Berlin, Weimar 1976. Zitat Band 3, Seite 195.

Michael Henss, Von rechtem Maß und richtiger Zahl - Die Ikonometrie in der buddhistischen Kunst Tibets. In: Kulturstiftung Ruhr Essen, Tibet. Klöster öffnen ihre Schatzkammern. Essen, München 2006, Seiten 105-113.

Max Horkheimer im Rundfunkgespräch, 4. September 1950. In: Ds., Gesammelte Schriften Band 13. Nachgelassene Schriften 1949-1972. Frankfurt a. M. 1989, Seiten 121-142. Zitat Seite 130.

Leyla Hussein. In: Female Pleasure. Dokumentation. Regie Barbara Miller. Schweiz, Deutschland 2018.

Franz Kafka, Briefe 1902-1924. Frankfurt a. M. 1998. Zitat Seite 27 f.

Immanuel Kant, Reflexionen zur Anthropologie. Akademie-Ausgabe Band XV, Reflexion Nr. 313. Seite 122.

Gottfried Keller, Romeo und Julia auf dem Dorfe. In: Ds., Die Leute von Seldwyla. Erster Band. Zitiert nach: Werke in zwei Bänden hg. von Hannes Kraft, Wiesbaden o. J. (Tempel-Klassiker). Band 2, Seite 121.

Walter Kendrick, The Secret Museum. Pornography in Modern Culture. Berkeley 1987.

Søren Kierkegaard, Tagebuch aus der Irrzeit. In: Ds., Gesammelte Werke und Tagebücher. Band 28. Die Tagebücher. Erster Band. Übersetzt von Hayo Gerdes. Düsseldorf 1962.

Trilok Ch. Majupuria, Rohit Kumar, God, Goddesses & Religious Symbols of Hinduism, Buddhism & Tantrism including Tibetan Deities. Kathmandu 2011.

Thomas Mann, Tonio Kröger. In: Ds., Die Erzählungen. Frankfurt a. M. 1986. Zitat Seiten 323-324.

Maurice Merleau-Ponty, Phänomenologie der Wahrnehmung. Übersetzt von Rudolf Boehm. Berlin 1966. 6. Auflage 1974. Zitat Seite 184.

Ovid, Metamorphosen. Übersetzt von Thassilo von Scheffer. Zürich 1998. Die Geschichte von Philemon und Baucis frei zitiert nach Seiten 228-232.

Connie Palmen, Logbuch eines unbarmherzigen Jahres. Übersetzt von Hanni Ehlers. Zürich 2013. Zitate Seiten 68, 131, 28, 10.

Jean Paul, Untersuchungen. 1790-1800. In: Jean Paul's Literarischer Nachlass. Dritter Band. Berlin 1838. Zitat Seite 123.

Jean Paulhan, Die Blumen von Tarbes und weitere Schriften zur Theorie der Literatur. Übersetzt von Hans-Jost Frey und Friedhelm Kemp. Basel, Weil am Rhein 2009. Zitat Seite 55.

Fernando Pessoa / Antónia Mora, Die Rückkehr der Götter. Erinnerungen an den Meister Caeiro. Übersetzt von Steffen Dix. Zürich 2006. Zitate Seiten 7, 223.

Platon, Alkibiades major. In: Ioannes Burnet (Hg.), Platonis Opera. Band II, Oxford 1988. Zitat 348 (meine Übersetzung).

Edgar Allan Poe, Das Stelldichein. Übersetzt von Marianne Bretschneider. In: Ds., Erzählungen. Stuttgart, Hamburg 1979. Zitat Seite 39.

Philip Rawson, Tantra. The Indian Cult of Ecstasy. London 1973. - Inzwischen in vielen Aspekten zwar kritisch zu lesen, aber reich illustriert.

Philip Rawson, Weltgeschichte der erotischen Kunst. Einführung von Alex Comfort. Übersetzt von Uwe Lassen und Oscar Wolfbauer. Hamburg 1969.

Wilhelm Reich, Die sexuelle Revolution. Frankfurt a. M. 1971. Zitat Seite 122.

Jean-Paul Sartre, Das Sein und das Nichts. Versuch einer phänomenologischen Ontologie. Übersetzt von Werner Bökenkamp. Reinbek bei Hamburg 1993.

Matthias Scheutz, Thomas Arnold, Intimacy, Bonding, and Sex Robots: Examing Empirical Results and Exploring Ethical Ramifications. In: John Danaher et al. (Hg.), Robot Sex. Social and Ethical Implications. Cambridge, London 2017. Studie Seiten 247-260.

Wolf Singer, Matthieu Ricard, Jenseits des Selbst. Dialoge zwischen einem Hirnforscher und einem buddhistischen Mönch. Verschiedene Übersetzer. Berlin 2018.

Miranda Shaw, Passionate Enlightenment. Women in Tantric Buddhism. Princeton 1995. (Revised Edition.)

Wu-Shan Sheng (Pseudonym), Die Erotik in China. Hg. von Lo Duca. Übersetzt von Martin Schulte. Basel 1966.

Sherlock. Fernsehserie von Hartswood Films, BBC Wales 2010-2017. Folge: The Six Thatchers. Großbritannien 2017.

Susan Sontag, The Pornographic Imagination (1967). In: A Susan Sontag Reader. New York 1982. Seiten 205-233.

George Steiner, Nach Babel. Aspekte der Sprache und des Übersetzens. (Zweite Ausgabe.) Übersetzt von Monika Plessner unter Mitwirkung von Henriette Beese. Frankfurt a. M. 2004. Zitat Seiten 184-185.

Wilhelm Stekel, Die Geschlechtskälte der Frau. Eine Psychopathologie des weiblichen Liebeslebens. Berlin, Wien 1921. Das gewidmete Buch findet sich in der Staats- und Universitätsbibliothek Hamburg unter der Signatur A 1952/4257.

Louis Tan, zitiert in: Connie Palmen (2013). Seite 68.

Isabel Tang, Pornography. The Secret History of Civilization. London 1999.

Dylan Thomas, Do Not Go Gentle Into That Good Night. In: The Poems of Dylan Thomas. New York 1952/1953.

Kurt Tucholsky / Ignaz Wrobel zu Ernst Röhm. In: Die Weltbühne Nr. 17 vom 26. April 1932. Zitat Seite 641.

Helmut Uhlig, Das Leben als kosmisches Fest. Magische Welt des Tantrismus. Bergisch Gladbach 1998.

Helmut Uhlig, Kunst des Buddhismus. Unter Mitarbeit von Heidi und Ulrich von Schroeder. Frankfurt a. M., Wien 1981.

Paul Valéry, Schlimme Gedanken und andere. Übersetzt von Werner Riemerschmid. Frankfurt a. M. 1963. Zitat Seite 5.

Paul L. Vasey, Homosexual Bahaviour in Primates. A Review of Evidence and Theory. In: International Journal of Primatology 13, 1995, Seiten 173–204. Zitat Seite 197.

Unveiling a Mystery of Ancient China's Sexual Culture. 19-teilige TV-Dokumentation Dokumentation. Chinesisch mit englischen Untertiteln. China 2008 (ISBN 7-88518-020-4).

Wien Museum, Sex in Wien. Lust. Kontrolle. Ungehorsam. Katalog zur Sonderausstellung 15. September 2016 bis 22. Januar 2017. Wien 2016.

Wiener Psychoanalytische Vereinigung, Protokoll der 9. Sitzung am 20. Dezember 1911. III. Onanie-Debatte. https://www.psyalpha.net/de/archiv/archivkatalog-wpv/sammlung-wpv/protokolle-wpv-1906-1922/protokoll-155-sitzung-wiener-psychoanalytischen-vereinigung (letzter Zugriff 8. Juni 2020).

HINWEISE ZU DEN
BILDERN

Je nach Kulturkreis kann eine Ritualbronze unterschiedliche
Namen und auch eine unterschiedliche Bedeutung haben. Eine
Beschreibung kann also nur erste Hinweise geben.

TAFEL 1

Gautama als Asket. Tibet / Nepal. Bronze vergoldet. Größe 19 × 15
× 10 cm. 20. Jahrhundert. Seltene Darstellung des Buddha Shakya-
muni, der auf seiner Suche nach Erkenntnis auch für eine kurze
Zeit ein asketisches Leben versuchte.

TAFEL 2

Vulva und Penis. Japan. Filigranes Schnitzwerk aus Hirschgeweih.
Größe 5 × 4 × 14 cm. Vermutlich 20. Jahrhundert.

TAFEL 3

Jadestab mit Drachenkopf, aus schwarzem Mineralgestein. Größe
12 × 5 × 20 cm. Jadestäbe entstanden durch die Jahrhunderte in un-
zähligen Formen, Farben und Größen. In vielen «Kopfkissenbü-
chern» lässt sich studieren, dass sie nicht nur als Zierde gedacht
waren.

1   2   3

4   5   6   7

TAFEL 4

Yamantaka mit halbzorniger gekrönter Gefährtin. Tibet / Nepal. 19. Jahrhundert. Stark kupferhaltige massive Bronzefigur, dreiteilig. Größe 24 × 15 × 9 cm. Im Buddhismus einer der acht Krodha-Götter: der «Besieger des Todes».

TAFEL 5

Naga Kanya. Nepal. Bronze. Größe 23 × 20 × 17 cm. Frühes 20. Jahrhundert, jüngere Kaltvergoldung. Aus der indischen Volksreligion, hinduistische Schützerin der Unterweisung, Königin der Schlangengeister. Im Buddhismus eine tantrische Göttin.

TAFEL 6

Flatternder Vogel auf Penis. China. Schwarz-grünes Mineralgestein. Größe 19 × 6 × 15 cm. Wie in vielen Kulturen wird der Penis auch in China mit einem Vogel in Verbindung gebracht. Die aufgespreizten Flügel formen je nach Blickwinkel auch weibliche Symbole. 20. Jahrhundert.

TAFEL 7

Uddiyana-Kurukulla, Tibet. Bronze vergoldet. Größe 19 × 14 × 6 cm. Aus dem Hinduismus in den Buddhismus übernommene oberste Göttin aller Dakinis, die mit Waffen aus Utpalablüten auch Gegner bezaubert. Sie tanzt auf einem weiblichen bösen Geist. Im Hevajra-Tantra das Symbol für die Liebesmacht.

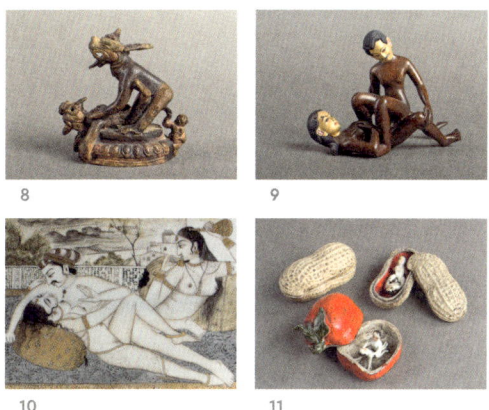

TAFEL 8

Phantasiewesen. Indien. Bronze. Größe 6,5 × 7 × 3,5 cm. Um 1900.

TAFEL 9

Kamasutra-Figur. Nepal. Bronze im Stil klassischer Sakralfiguren, kaltvergoldet. 11 × 15 × 6 cm. In der indischen Kultur kommt dem Spiel von Hin- und Wegsehen eine besondere Bedeutung zu. Wegsehen ist hier also kein Hinweis auf Desinteresse oder Uneinigkeit. Mitte 20. Jahrhundert.

TAFEL 10

Menage à trois ou deux? Indien. Einhaarpinsel-Zeichnung auf Bakelit. 12 × 18 cm. Platte verzogen. Anfang 20. Jahrhundert.

TAFEL 11

Wäschebeschwerer. China. Bemalte Porzellanschalen mit verschiedenen Figuren aus glasiertem Porzellan. Pfirsichfrucht Größe 6 × 7 × 5 cm. Erdnüsse Größe 4 × 10 × 4 cm. 19. Jahrhundert.

12 13–15

16 17

TAFEL 12

Vinayaha mit elefantenköpfiger Gefährtin. Indien. Bronze. Größe
13 × 12 × 10 cm. Zweite Hälfte 20. Jahrhundert. Tantrische Erscheinung des beliebten Ganesha, ein begabter Tänzer und Verführer.
Im Buddhismus Kangiten.

TAFEL 13–15

Shiva mit Göttin. Nepal, vierteilige vergoldete Bronze. Höhe 35 cm.
19. Jahrhundert. Ungewöhnlich komplexe hinduistisch-buddhisti-
sche Figurengruppe. Der Kopfschmuck weist beide als ebenbürtige
Götter aus, unbekleidet, geschmückt, mit zusätzlich vergoldeten
Genitalien. Ein interessantes Gegenstück zur populären Darstellung der gewalttätig-rasenden Göttin Kali, die nur durch die ver-
trauensvolle Hingabe ihres Geliebten Shiva zur Ruhe zu bringen ist.

TAFEL 16

Samvara. Gekröntes Götterpaar mit Lotus. Nepal / Tibet. Geschwärz-
te Bronze. Größe 15 × 11 × 6 cm. Statt der üblichen Symbole trägt der
Yidam in der linken Hand einen Lotus, auf den die rechte Hand in
eindeutiger Drohgeste gerichtet ist. Spätestens 19. Jahrhundert.

TAFEL 17

Vajrasattva mit Gefährtin, Tibet. Bronze vergoldet. Größe 10 × 6 ×
6 cm. Die Objekte in seinen Händen symbolisieren das Weibliche
(die Glocke) und das Männliche (das Zepter), sie hält hinter seinem
Kopf Hackbeil und Hirnschale für das Trankopfer.

BILD UMSCHLAG

Feuervogel. Frankreich. Öl auf Holz, signiert mit G. F., 80 × 40 cm,
gerahmt in Frankreich. Vermutlich inspiriert von Tamara Karsawi-
na, die am 25. Juni 1910 die Uraufführung des *Feuervogel* von Igor
Strawinsky in Paris tanzte und ebenfalls lange Zöpfe und ein Kos-
tüm in den Farben des Vogels trug.

BILD FRONTISPIZ

Teestunde. München. Öl auf Leinwand. Größe 37 × 29 cm. Signiert
Joseph Henfling, rückseitig datiert auf den 12. März 1924. Henfling,
Jg. 1877, Kunstakademie München, Meisterschüler bei Wilhelm
von Diez, freischaffender Kunstmaler, beendete 1929 das weltliche
Leben in München, malte nur noch Landschaften und Blumen und
starb 1950 als Bruder Angelicus OSB im Kloster Ettal.

BILD S. 264

Phryne vor den Richtern. Jean-Léon Gérôme 1861. Öl auf Leinwand.
Größe 80 × 128 cm.

BILDNACHWEIS

Alle Fotos, bis auf die Abbildung der Phryne, stammen vom Hamburger Fotografen Philipp Gensch.
Phryne vor den Richtern: bpk/Hamburger Kunsthalle/Elke Walford.

DANK

Ohne Moritz Schuller und seine unerschütterliche Autorenbetreuung wäre dieses Buch nicht fertig und ohne Anja Sicka nicht so schön geworden. Mein treuer Lektor hat mich vor so manchem Unsinn bewahrt, und das Korrektorat war bei Ralf Lay wieder in den besten Händen. Einen besonderen Dank verdient der Fotograf Philipp Gensch für seinen unerschrockenen und geduldigen Tanz mit so vielen Göttern. Die Liste all derer, die in den letzten Jahrzehnten so unschätzbar großzügig waren, mit mir über ihre intimsten Erfahrungen nachzudenken, wäre zu lang, obwohl ich nicht mal alle beim Namen kenne.

Ungebändigter Zorn, so gerecht er auch sein mag, kann nur verrauchen, warnte Jean Améry, und nichts wird sein als ein stickiger Geruch von gestern und vorgestern. Aber selbst Kali würde vermutlich heute noch metzelnd über die Schlacht- und Leichenfelder ziehen, wenn Shiva nicht den Mut aufgebracht hätte, sich sogar einer rasenden Göttin ganz unbewaffnet in den Weg zu legen, weil er darauf vertrauen wollte, dass es Mächtigeres gibt als Zorn. So gilt mein größter Dank den Männern, die mich daran erinnert haben, wenn ich mich zu vergessen drohte:

Dieter Rielk, der immer weiß, wann ich erst mal einen Tee trinken sollte.

Willi Winkler, meinem mutigen Anwalt vor dem inneren Areopag.

Und Michael Langer (†), dem unübertroffenen Meister in der hohen Kunst, niemals obszön zu fragen. Er hat die Autorin bis kurz vor dem Abschluss dieses Buches mit seiner wohltuenden Neugierde begleitet. Unsere Gespräche fehlen mir schon jetzt.

BETTINA STANGNETH, geboren 1966, ist unabhängige Philosophin. Sie studierte in Hamburg Philosophie, promovierte über Immanuel Kant und das Radikal Böse, hat über Antisemitismus im 18. Jahrhundert geschrieben und Werke von Kant, Saul Ascher und Marcus Herz ediert. Ihr Buch «Eichmann vor Jerusalem» zählte die «New York Times» 2014 zu den besten Büchern des Jahres. Bei Rowohlt erschien zuletzt ihre hochgelobte Essay-Trilogie zur Kritik des dialogischen Denkens: «Böses Denken» (2016), «Lügen lesen» (2017) und «Hässliches Sehen» (2019).

WILLI WINKLER, geboren 1957, ist Journalist, Übersetzer und Autor. Er hat in München und St. Louis (USA) studiert, für die «Zeit» und den «Spiegel» gewirkt und schreibt heute für die «Süddeutsche Zeitung». Sein Werk reicht von Büchern zum links- und rechtsradikalen Terrorismus bis zu Biographien, u. a. von Karl Philipp Moritz, Bob Dylan und Martin Luther. Zuletzt erschienen «Das braune Netz» (2019, Rowohlt · Berlin) und seine Übersetzung von Desmond Morris' «Das Leben der Surrealisten» (2020, Unionsverlag).